图说餐饮管理

连锁餐饮运营与管理

匡仲潇 主编

化学工业出版社
·北京·

《连锁餐饮运营与管理》一书，从连锁餐饮企业市场开发、单店运营管理、采购管理、厨务管理、菜品研发与推广管理、单店餐厅服务管理、人力资源管理七个方面对连锁餐饮企业的运营与管理进行了深入浅出的讲解和分析，并附以大量实际案例。

《连锁餐饮运营与管理》一书理念新颖，实用性和可操作性强，是一套行之有效的餐饮企业管理与操作实务读本，可以作为中小餐饮企业创业者、管理人员、基层员工参考使用的工作手册和指导用书。

图书在版编目（CIP）数据

连锁餐饮运营与管理/匡仲潇主编． —北京：化学工业出版社，2018.2（2024.5重印）
（图说餐饮管理系列）
ISBN 978-7-122-31007-1

Ⅰ.①连⋯ Ⅱ.①匡⋯ Ⅲ.①饮食业-连锁企业-运营管理-图解 Ⅳ.①F719.3-64

中国版本图书馆CIP数据核字（2017）第281060号

责任编辑：陈 蕾　　　　　　　　　　　　装帧设计：尹琳琳
责任校对：边 涛

出版发行：化学工业出版社（北京市东城区青年湖南街13号　邮政编码100011）
印　　装：北京天宇星印刷厂
710mm×1000mm 1/16　印张22¼　字数395千字　2024年5月北京第1版第8次印刷

购书咨询：010-64518888（传真：010-64519686） 售后服务：010-64518899
网　　址：http://www.cip.com.cn
凡购买本书，如有缺损质量问题，本社销售中心负责调换。

定　　价：88.00元　　　　　　　　　　　　　　　　版权所有　违者必究

前 言

近年来，餐饮市场可谓是异常火爆。尤其是近两年，大小企业都进军餐饮市场，很多餐饮品牌扎堆出现的同时，大批品牌悄然消失。餐饮行业新一轮的大洗牌，使得只有不断创新的优质品牌才能够在竞争激烈的市场上逆势而上。

有业内人士指出，未来餐饮业只有两种形态：一是以外卖为核心的产品模式；二是以社交为核心，创造不同场景与体验的餐厅模式。无论是哪种形态，都需要"独一无二"的产品与体验。然而，并不是每个品牌都能够做到。那么，哪些品牌关注度最高？哪些品牌才能够在市场上脱颖而出呢？

根据赢商网大数据中心与汉博商业研究院联合发布的数据显示，在2016年第一季度最受关注的餐饮品牌前50名中，外婆家位列第一，成为一季度最受关注的餐饮品牌；西贝莜面村、火炉火、胡桃里音乐酒馆、原麦山丘、禄鼎记、乐凯撒比萨、奈雪の茶、天泰餐厅与70后饭吧等餐厅分别位列前十。从整体榜单看，占比最多的餐饮类型是中式正餐、休闲餐饮与火锅，分别占据15席、8席与7席。另外，在本季度的前50名餐饮品牌中，新兴品牌共有24席上榜，几乎占据了榜单的一半。可以看出，越来越多的优质新兴品牌已经开始渗透国内餐饮市场，并受到了市场与消费者的关注。

中式正餐主打性价比、融合创新的地域特色及品质化。上榜的中式正餐品牌依然是以川菜、江浙菜受关注度最高。中式正餐人均消费价格集中在60元左右，且消费者偏年轻化，因此创新的菜品与独特的就餐环境成为了此类餐饮品牌的重要因素之一。值得关注的是，上榜的新兴品牌前期多以周边城市进行试点布局，嫁接互联网或微信圈等进行商业模式创新，后期成熟后迅速向全国拓展。

此外，随着消费者的年轻化，越来越多的品牌都在想方设法地抢占年轻消费者的市场，以"创意"为品牌附加值取得消费者关注的品牌为数不少。如通过"爆款单品""有格调的就餐环境""嫁接互联网思维的商业模式"等创新的招数吸引顾客，相信这种方式也将成为未来餐饮品牌的发展趋势之一。

因此，只有向大众化餐饮市场、年轻化消费趋势、品牌效应、菜品的创新、有格调的就餐环境、嫁接互联网思维的商业模式等转变，才能顺应时代潮流，抢占餐饮先机，发现餐饮机遇，轻松地挖掘财富，成为成功的掘金人。

然而，除了创意之外，日常的经营管理也非常重要，一个好的创意，必须有好的经营，才可能走向成功。经营则须从细微处入手，做好采购控制、员工培训、营销促销等一系列工作。笔者针对目前餐饮市场的状况，凭借多年的管理和培训经验，组织编写了《图说餐饮管理系列》图书，包括《餐饮运营与管理》《餐饮营销与促销》《餐饮成本控制与核算》《餐饮岗位·制度·流程·表格》《连锁餐饮运营与管理》《餐饮电商营销》，为餐饮企业经营者和从业人员提供全方位的指导和参考。

本书理念新颖，实用性和可操作性强，是一套行之有效的餐饮企业管理与操作实务读本，可以作为中小餐饮企业创业者、管理人员、基层员工参考使用的工作手册和指导用书。

本书由匡仲潇主编，在编写过程中，得到多家餐饮企业和餐饮一线从业人员的帮助及支持，其中参与编写和提供资料的有王红、王健、王春华、李建华、李景吉、李汉东、李春兰、刘婷、刘春海、刘海江、李牧苇、冯飞、宋健、张君、许华、陈丽、陈素娥、周军、周亮、高健、匡粉前、杨雯、赵建学、黄彪，最后全书由匡仲潇审核完成。同时本书还吸收了国内外有关专家、学者的最新研究成果，在此对他们一并表示感谢。

由于编者水平有限，书中难免出现疏漏与缺憾，敬请读者批评指正。

编者

目 录

第一章　连锁餐饮企业市场开发

餐饮店要做大，特别是处于发展阶段的连锁餐饮企业，其面临的首要问题，就是迅速扩张问题。而其快速扩张之道就是快速扩张加盟店数量。连锁餐饮企业不要期望能够"锁"遍天下，也不能漫无目的随意开发，而应该"有的放矢"，根据实际情况选择目标市场。因而连锁餐饮企业必须明确单店开发流程，明细各岗位在开发流程中所承担的责任，规范开发作业的原则和标准，针对单店开发的各个阶段及各岗位对单店开发工作权责划分、作业流程、作业规范进行解释和描述。

第一节　连锁开发的组织及管理 ·· 2
　一、连锁开发组织及职责划分 ··· 2
　二、连锁开发计划管理 ··· 3
　三、连锁开发信息管理 ··· 6
　四、连锁开发合同管理 ··· 8

第二节　加盟招募 ·· 9
　一、连锁（特许）加盟招募程序 ··· 9
　　　【实战范本】某连锁餐饮店加盟招募流程 ······························ 11
　二、连锁开发加盟商评估 ·· 16

第三节　连锁开发选址 ·· 21
　一、餐厅连锁经营选址中应考虑的因素 ····································· 21
　二、连锁餐厅选址的原则 ·· 25
　三、连锁餐厅选址的模式和方法 ·· 26
　　　相关知识：城市类型 ·· 27
　　　相关知识：商圈 ·· 29

【实战范本】餐饮店选址调查表 ………………………………… 32
【实战范本】餐厅选址调查表 …………………………………… 34
【实战范本】店铺选址及店面评估表 …………………………… 36
【实战范本】选址评分表 ………………………………………… 37
【实战范本】选址评分标准 ……………………………………… 39
【实战范本】18个知名中餐品牌选址标准 ……………………… 40

第二章　连锁餐饮企业单店营运管理

单店是在连锁总部的统一指导和监督下，直接面向顾客，服务于顾客，完成餐饮服务交易，并承担客户信息反馈等职能。单店管理者要驻留现场，随时监控单店运营各项活动的实施。

第一节　单店人员管理 ……………………………………… 52
一、人员招聘 ………………………………………………… 52
二、人员培训 ………………………………………………… 58

第二节　单店运营管理 ……………………………………… 64
一、物料管理 ………………………………………………… 64
二、工时管理 ………………………………………………… 69
三、单店财务管理 …………………………………………… 70
四、品质管理 ………………………………………………… 75
五、服务管理 ………………………………………………… 85
六、环境管理 ………………………………………………… 87
七、保全管理 ………………………………………………… 88
八、设备管理 ………………………………………………… 90
九、门店营运分析 …………………………………………… 90

第三节　顾客管理 …………………………………………… 99
一、顾客信息管理 …………………………………………… 99
二、顾客投诉管理 …………………………………………… 102

第四节　促销管理 ··· 104
　　一、市场信息管理 ··· 104
　　二、促销管理 ··· 105

第三章　连锁餐饮企业采购管理

　　众所周知，餐饮的服务与食物的供给均依赖物料的取得。作为餐饮业务之始的采购行为，其成本是餐厅成本的"半边天"，而其工作对餐厅资金周转、菜品质量优劣所起的作用也是不容忽视的。

第一节　采购计划 ··· 109
　　一、采购计划制订的依据 ··· 109
　　二、采购计划种类 ··· 109
　　三、采购申请的提出及审批权限 ·· 110
　　四、采购计划的管理 ··· 111
第二节　采购执行 ··· 111
　　一、采购方式的选择 ··· 111
　　二、采购询价的发出 ··· 112
　　三、询价资料的整理 ··· 113
　　四、采购价格平台的建立 ··· 113
　　五、采购价格核准 ··· 114
　　六、订购 ·· 114
　　七、交货及验收 ··· 115
　　八、进度控制与事务联系 ··· 116
　　九、采购结算 ··· 116
第三节　采购成本控制 ··· 117
　　一、采购成本控制关键点 ··· 117
　　二、最优采购价格的确定 ··· 118
　　三、合理采购订货量的确定 ·· 118

四、最佳物品运输配送方式的确定 ································ 119

第四节　供应商管理 ·· 119
　　一、供应商信息收集与调查 ·· 119
　　二、选择供应商原则及方法 ·· 120
　　三、供应商的条件与评审 ·· 120
　　四、供应商业绩考评 ·· 121
　　五、建立供应商档案 ·· 122

第五节　采购招标管理 ·· 122
　　一、招标程序 ·· 122
　　二、招标采购的方式及要求 ·· 123
　　三、招标文件的制作 ·· 123
　　四、投标文件 ·· 123
　　五、开标 ·· 124
　　六、评标 ·· 124
　　七、中标 ·· 125

第四章　连锁餐饮企业厨务管理

　　餐厅厨房是整个餐厅的"心脏",所有的有形售卖产品都来自于厨房这个重要的地方。厨房管理的重要性自然不言而喻,虽然厨房的具体内容是不直接接触顾客的,但通过产品好与坏就能判断整个厨房的管理情况如何。

第一节　厨房岗位描述 ·· 127
　　一、厨房组织机构设置 ·· 127
　　二、行政总厨岗位说明 ·· 128
　　三、热菜领班岗位说明 ·· 130
　　四、烹调厨师岗位说明 ·· 131
　　五、配菜厨师岗位说明 ·· 132

六、冷荤领班岗位说明 ……………………………………… 133
　　七、制作厨师岗位说明 ……………………………………… 134
　　八、拼摆（切制）厨师岗位说明 …………………………… 135
　　九、面点领班岗位说明 ……………………………………… 136
　　十、面点厨师岗位说明 ……………………………………… 137
　　十一、原料加工领班岗位说明 ……………………………… 138
　　十二、青菜加工厨师岗位说明 ……………………………… 139
　　十三、红案加工厨师岗位说明 ……………………………… 140
第二节　厨房生产控制 ……………………………………………… 140
　　一、制定控制菜品标准 ……………………………………… 141
　　二、厨房生产控制过程 ……………………………………… 142
　　三、厨房生产控制方法 ……………………………………… 143
第三节　厨房管理主要程序 ………………………………………… 143
　　一、厨房计划管理程序 ……………………………………… 143
　　二、厨房运作主程序 ………………………………………… 145
　　三、冷荤菜品制作工作程序 ………………………………… 147
　　四、热菜工作程序 …………………………………………… 149
　　五、面点工作程序 …………………………………………… 151
　　六、原料加工程序 …………………………………………… 152
　　七、例外管理流程 …………………………………………… 154
第四节　厨房的六常管理 …………………………………………… 155
　　一、六常管理概述 …………………………………………… 155
　　二、六常管理实施的必要性 ………………………………… 155
　　三、常分类的实施 …………………………………………… 156
　　四、常整理的实施 …………………………………………… 157
　　五、常清洁的实施 …………………………………………… 159
　　六、常维护的实施 …………………………………………… 160
　　七、常规范的实施 …………………………………………… 161
　　八、常教育的实施 …………………………………………… 161
　　　　【实战范本】灶台岗位六常管理标示卡 ………………… 162

【实战范本】砧板岗位六常管理标示卡 163
【实战范本】凉菜岗位六常管理标示卡 164
【实战范本】面案岗位六常管理标示卡 165
【实战范本】海鲜养殖岗位六常管理标示卡 166
【实战范本】洗碗工岗位六常管理标示卡 167
【实战范本】洗碗工岗位六常管理标示卡 168
【实战范本】酒店六常管理法实施检查评比表 169

第五章 菜品研发与推广管理

菜品研发创新已成为餐饮企业经营策略的重要内容之一，是企业可持续发展的动力源泉。所以它必须紧紧围绕企业，围绕市场，紧扣时代脉搏，紧密结合社会需求，根据市场定位、企业文化及经营特点和消费者的心理与生理需求，利用各类新的原料，经过独特的构思设计，研发创作出较为新颖的菜品。

第一节 菜品创新与研发 174
一、菜品开发与创新的基本原则 174
二、菜品创新的实现途径 175
三、新菜品研发的程序 178
四、菜品创新与研发的权责部门（人员） 180
五、菜品研发的模式 181
六、菜品研发管理流程 182

第二节 新菜品上市推广 195
一、评估新品上市的合理性、可行性 195
二、制定新菜品推广方案 195
三、实体店新菜品的推广 196
四、统计、分析及反馈 201

第六章　连锁经营单店餐厅服务管理

餐厅服务是餐饮企业的员工为就餐客人提供餐饮产品的一系列活动。餐厅服务与管理的最终目标是获取效益，效益是衡量经营成败的依据。为保证餐饮业务活动的顺利开展并达到预期的管理目标，连锁餐饮企业必须建立科学的单店组织机构，明确餐饮管理的职能，并对各项服务工作进行规范化、标准化的管理。

第一节　餐厅岗位设置与职位说明……204
　　一、餐厅岗位设置……204
　　二、餐厅部经理（兼服务督导）职位说明……204
　　三、餐厅部领班职位说明……205
　　四、迎宾员职位说明……206
　　五、服务员职位说明……206
　　六、传菜员职位说明……207
　　七、收银员职位说明……208
　　八、洗碗工职位说明……208

第二节　餐厅服务操作总流程……209
　　一、零点服务总流程……209
　　二、餐厅团体包餐服务总流程……211
　　三、宴会服务总流程……214

第三节　餐厅部各岗位服务流程……217
　　一、餐厅部经理日常工作流程……217
　　二、餐厅领班工作流程……218
　　三、迎宾员迎宾服务流程……219
　　四、传菜员传菜服务流程……220
　　五、收银员收银工作流程……221
　　六、洗碗工洗碗工作流程……223
　　七、卫生间保洁员工作流程……224

第四节　服务员礼仪行为标准……225

一、服务员着装规范…………………………………………225
二、服务员仪表仪容…………………………………………225
三、服务语言规范……………………………………………226
四、服务员站立规范…………………………………………227
五、服务员坐姿规范…………………………………………228

第五节　餐厅服务操作规范……………………………………228

一、中式零点摆台……………………………………………228
二、中式宴会摆台……………………………………………228
三、门卫操作规范……………………………………………229
四、宴会接衣服务规范………………………………………229
五、拉、送餐椅操作规范……………………………………230
六、呈送菜单操作规范………………………………………231
七、接受客人点菜规范………………………………………231
八、为客人展铺口布操作规范………………………………232
九、递毛巾操作规范…………………………………………232
十、托盘操作规范……………………………………………233
十一、斟倒饮料服务规范……………………………………233
十二、斟倒啤酒服务规范……………………………………234
十三、斟倒红葡萄酒服务规范………………………………235
十四、斟倒白葡萄酒服务规范………………………………235
十五、冷菜的摆设操作规范…………………………………236
十六、宴会分菜服务规范……………………………………237
十七、上汤菜服务规范………………………………………238
十八、撤换餐具服务规范……………………………………238
十九、更换烟灰缸服务规范…………………………………239
二十、餐后水果服务规范……………………………………239
二十一、零点餐厅撤台操作规范……………………………240
二十二、宴会餐厅撤台操作规范……………………………241
二十三、客用洗手间卫生操作规范…………………………241

第六节　客户投诉处理规范……………………………………242

一、客户投诉的形式…………………………………………242
二、客户投诉的内容与解决措施……………………………242
三、客户投诉的处理…………………………………………245

第七节　特殊事宜处理规范 246
一、客人在进餐过程中损坏了餐具 246
二、客人与服务员发展私交 247
三、妥善处理醉酒客人 247
四、客人用餐后私拿餐具 247
五、客人在营业时间过后的用餐要求 248
六、宴会中原定菜肴不够 248
七、客人自带酒水 249
八、预订取消或减少 249
九、客人电话预订（散客预订） 249
十、用餐后未付款 249
十一、其他各类特殊事宜处理规范 250

第八节　餐厅质量管理标准 250
一、餐厅环境质量标准 250
二、餐厅用品配备标准 251
三、餐厅设备质量及日常保养标准 252
四、餐厅卫生质量标准 254

第七章　连锁餐饮企业人力资源管理

连锁餐饮经营企业因经营单位过于分散，大的挑战就是如何对其进行有效的实时管控。如果过于分权，可能造成经营单元自由权过大而导致失控；而过于集权，也可能造成经营单位自由度过小而消极怠工的局面。因而，对人力资源管理与掌控则尤显重要。

第一节　连锁餐饮企业招聘管理 257
一、招聘职责 257
二、招聘组织 257
三、招聘形式 261
四、招聘工作评估 270

第二节　连锁餐饮企业培训管理 ································ 271
　　一、培训的机构和责任 ······································ 271
　　二、培训的内容与类型 ······································ 272
　　三、连锁店开业前培训 ······································ 274
　　四、托管特许外派人员培训 ·································· 279
　　五、连锁店经营过程中培训 ·································· 282
　　六、经营期间连续性培训 ···································· 286
　　七、经营期间短期培训 ······································ 289
　　八、受训者的权利与义务 ···································· 292

第三节　连锁餐饮企业薪酬管理 ································ 292
　　一、薪酬体系 ·· 292
　　二、年薪制 ·· 293
　　三、结构工资制 ·· 294
　　四、固定工资制 ·· 296
　　五、工资定级与调整 ·· 296
　　六、工资特区 ·· 297

第四节　连锁餐饮企业绩效考核管理 ···························· 298
　　一、考核组织管理 ·· 298
　　二、考核方法 ·· 300
　　三、月度、季度考核 ·· 311
　　四、个人年度考核 ·· 312
　　五、部门考核 ·· 315
　　六、项目考核 ·· 316
　　七、申诉及其处理 ·· 317

第五节　连锁餐饮企业外派人员管理 ···························· 319
　　一、外派人员的职责与权利 ·································· 319
　　二、外派人员的外部招聘 ···································· 321
　　三、外派人员的内部选拔与储备 ······························ 324
　　四、外派人员的培训与派出 ·································· 328
　　五、外派人员的考核管理 ···································· 329
　　六、外派人员的回任管理 ···································· 339

第一章
连锁餐饮企业市场开发

引言

餐饮店要做大,特别是处于发展阶段的连锁餐饮企业,其面临的首要问题,就是迅速扩张问题。而其快速扩张之道就是快速扩张加盟店数量。连锁餐饮企业不要期望能够"锁"遍天下,也不能漫无目的随意开发,而应该"有的放矢",根据实际情况选择目标市场。因而连锁餐饮企业必须明确单店开发流程,明细各岗位在开发流程中所承担的责任,规范开发作业的原则和标准,针对单店开发的各个阶段及各岗位对单店开发工作权责划分、作业流程、作业规范进行解释和描述。

第一节 连锁开发的组织及管理

一、连锁开发组织及职责划分

（一）连锁开发部部门职责

（1）分店开发规划的拟定及批准执行。
（2）确定地点定位标准。
（3）商圈调查，确定网点。
（4）分店投资可行性分析，效益评估。
（5）加盟商评估标准的制定。
（6）加盟商评估。
（7）负责与加盟商签约。
（8）加盟店的营建支持。

（二）连锁开发部的组织结构

连锁开发部的组织结构如下图所示。

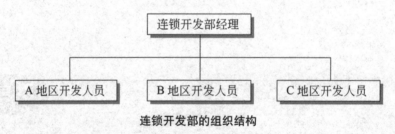

连锁开发部的组织结构

（三）连锁开发人员的主要职责

（1）负责加盟招募宣传。
（2）负责加盟商的初步选择和甄别。
（3）负责加盟商资信调查。
（4）负责商圈调查。
（5）负责选址调查。
（6）负责调查资料汇集。
（7）负责组织并报加盟评审委员会审批。
（8）负责与加盟商签约。

(9) 负责将加盟资料移交给营建工程部。
(10) 负责加盟商与总部各部门的协调工作。
(11) 负责营建过程中协调营运部、技术支持部、人力资源部、财务部、行政支持部与加盟商之间的工作。

（四）连锁开发部管理人员的主要职责

(1) 负责组织制订开发计划并分解下达。
(2) 负责指导、监督各计划的实施。
(3) 负责连锁开发人员商业调查、合同洽谈等业务的监督指导工作。
(4) 负责开发人员日常管理。
(5) 负责开发部门的日常组织协调工作。
(6) 负责协调各相关部门工作。

二、连锁开发计划管理

（一）开发计划内容

连锁开发计划的内容如下表所示。

连锁开发计划的内容

序号	项目	说明
1	年度方针	确定加盟商发展数量及质量方针，确定主要发展地区和城市方针，确定主要发展加盟商类型方针，确定主要加盟形式方针等
2	年度目标	确定加盟开发的具体数量、进度、质量要求
3	加盟相关费用收取计划	确定年度加盟金、保证金等各种费用的收取计划
4	开发费用计划	加盟开发的各项费用开支计划，如差旅费、广告费、招待费、会务费等
5	广告宣传计划	针对加盟招募的广告宣传计划
6	资金计划	确定年度内的资金使用计划

（二）开发计划管理流程

开发计划管理流程如下图所示。

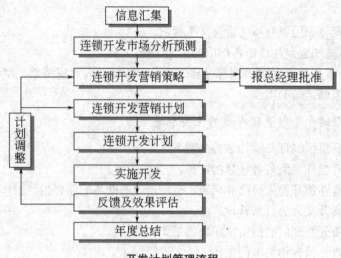

开发计划管理流程

（三）开发计划管理要领

市场开发管理的目标是掌握市场信息，适时调整特许经营方式，开拓市场，抓住投资者需求，提高市场竞争能力，沟通企业与社会，企业与加盟商的关系，提高企业和加盟商的经济效益。

1.原则

市场开发以双盈为原则，以服务为根本，在保证发展质量的前提下，力求以较快的开发速度迅速占领全国市场，确立品牌生命第一、加盟商第一、开发质量第一、服务第一理念，力求实现顾客、加盟商、盟主三得利。

2.市场预测

市场预测是经营决策的前提，对市场需求状况、竞争情况和市场覆盖状况要作全面的了解分析，并掌握下列各点。

（1）了解全国投资需求情况、投资工具种类及销售情况，分析饱和程度和投资市场结构。

（2）了解加盟者对投资额、投资利率和投资风险的需求情况。

（3）了解增加新的投资品种，满足投资者要求的可行性。

（4）了解竞争情况，做到知己知彼。

同时，要预测国内各地区开发潜力，确定年开发数量规模的总体计划，并且收集国外各连锁经营企业的新方式、新方法等情报，确定开发方向。

3.经营决策

根据企业中长期规划和企业能力状况，通过预测市场需求情况，进行全面综合分析，由开发部提出初步的年度营销策略，报总经理审查决策。

4.制订经营计划

依据年度开发方案与开发人员一起制订季度开发计划、地区开发计划。

5.组织开发的实施

① 组织开发人员进行加盟商开发工作。

② 监督指导开发人员的开发工作。

6.反馈和效果评估

依据开发中的信息反馈，对营销策略和开发计划进行评估，对评估结果不满意的，要分析原则，制定整改方案。

7.计划调整

确实因为内、外部环境改变资源受限，无法完成预定计划的，相应调整营销策略和开发计划并报总经理批准。

8.年度总结

年末对年度经营情况进行总结，报总经理批示，并把结果作为制订下一年度营销策略和开发计划的参考依据。

年度开发费用计划表

	科目	年度合计
销售变动费用	促销费	
	广告宣传费	
	消耗品费	
	调研费用	
	其他费用	
	小计	
销售固定费用	销售人员费用	工资	
		奖金	
		福利费	
		劳保费	
		其他费用	
		小计	
	销售经营费用	交通费	
		招待费	
		通信费	
		折旧费	
		保险费	
		小计	
	合计		

三、连锁开发信息管理

（一）连锁开发信息管理流程

连锁开发信息管理流程如下图所示。

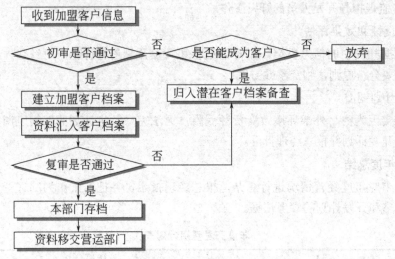

连锁开发信息管理流程

（二）加盟招募客户信息管理要求

企业应将与客户的往来资料，按统一的分类方法和客户类别汇总、收集在一起，往来客户名簿是公司对于往来客户在交易上的参考资料的整理，应将交易状况记录下来。例如：往来客户的信用度，及其营业方针与交易的态度等资料都在这里面。也就是说要将交易往来客户的现状经常性地记载到往来客户名簿中。

1. 资料的内容

资料的内容包括加盟商的法人简历、管理者简历、公司营业执照、公司简介、公司财务报表、资产情况评估结果、加盟项目可行性分析报告、房产证明文件、银行资信证明文件、经营场所位置图、经营场所结构图、特许经营加盟申请书、开发部加盟商考察报告、各项费用收缴记录、加盟店注册文件以及卫生、消防、许可证文件、培训记录等。

2. 加盟商的档案管理

① 加盟招募过程中的客户原始资料以档案方式，一家公司使用一个档案袋，由对应开发人员负责记载、订正等。由开发部经理收存管理。

② 档案首页应制作档案信息汇总速查表，将日常使用的数据摘入信息汇总速查表，以备日常查阅使用。

3. 加盟商的原始档案资料的保管和阅览

① 各相关部门在必要的时候，可随时向开发部借阅常备的加盟商档案资料，但需开发部经理批准。

② 开发部经理对于档案资料的保管要十分留意，避免污损、破损、遗失等。

4. 做成记录及订正

开发人员应在加盟商通过初审，并将复审所需加盟商提供的资料收集齐备后，报开发部经理批准建立档案，然后开始对加盟商进行考查，并将考查报告一并放入加盟商档案资料中。对于加盟招募过程中的资料变更，开发人员应及时进行订正。

5. 失效资料的整理及处理

资料期限超过10年或失去分析利用和开发价值的，取得主管经理的承认后将其销毁。

连锁开发档案信息汇总速查表

所在城市人口	所在城市人均收入	从事行业分类					档案编号
		一	二	三	四	五	
企业名称							
电话		往来日期	年 月 日		朝向	东□ 南□ 西□ 北□ 其他□____	
地址					临街面数	一面□ 两面□ 三面□ 四面□ 其他□____	
资本额		登记日期	年 月 日		临街面长度	____米	
负责人	出生时间		年龄	□已婚 □未婚	建筑风格	古典□ 现代□ 精细□ 粗犷□	
住址					外部广告面积	□尚可 □差 POP □少数 □无	
实际经营者	名称				店面店员		
	电话				餐客对象	政府□ 企业□ 家庭□ 朋友□ 旅游团体□ 其他□____	
	住址				总评人数	计____人 管理____ 服务____ 厨师____ 其他____	
	经营者	出生时间	年龄	□已婚 □未婚	向心力	□佳 □尚可 □差	
	住址				敬业精神	推销实力 □佳 □尚可 □差	
	个人爱好				交易条件	佳□ 尚可□ 差□ 待遇 □佳 □尚可 □差 结账日 票期 现金 %	

续表

业务联系人		地理位置	信用分析 1. 负责人或经营者： 2. 财务分析： 3. 销售实力： 4. 同业间地位： 5. 其他：
往来银行			
填卡		备注	

四、连锁开发合同管理

（一）合同管理流程

合同管理流程如下图所示

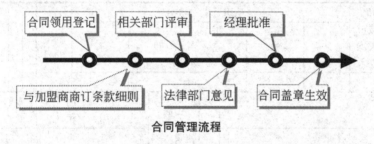

合同管理流程

（二）合同管理体系

合同管理工作不能仅靠餐饮加盟企业中某一个人的力量，而是要靠一个组织体系做保障。针对这一点，企业要设立一个三级管理体系。

① 要成立合同管理领导小组，主要职责是宣传、贯彻国家合同法律、法规及上级合同管理规章制度；制定本企业合同管理办法并组织实施；决定本企业合同管理方面的重大问题。

② 成立专门的业务部门作为本企业合同归口管理部门，具体负责合同管理工作。要配备政治素质高、专业知识强的专职合同管理人员（具有企业法律顾问资格证书），负责合同管理的具体业务。

③ 在下属企业配备专（兼）职合同管理员，负责本餐饮加盟企业的合同管理工作。从而使整个企业的合同管理形成一个严密的组织体系，为规范合同管理奠定坚实的基础。

（三）合同管理具体要求

合同管理具体要求如下。

① 由办公室统一负责制固定式样合同，由办公室负责进行领用登记管理。
② 合同由开发人员提供给加盟商浏览，进行商洽。
③ 商洽的结果报相关部门审批后报法律部门批准，最后报公司经理批准，由办公室盖章生效。
④ 生效合同由办公室存档，财务部、开发部、营运部、人力资源部保留复件。

合同使用登记表

合同编号	领用人	令用日期	状态（发出、签订、失效）	对方企事业名称	备注

第二节　加盟招募

一、连锁（特许）加盟招募程序

（一）媒体宣传，传递信息

在这一阶段主要以信息传达为主，把招募加盟店的开发地点及基本信息传给大众，如同招募方式中所讨论的，以不同的媒体或方式将招募信息传递给有意加盟者。

（二）回应电话或传真

连锁加盟企业多半设有专线电话或传真号码，以供有兴趣的人索取资料，除此之外也备有书面或口述材料，由专人提供解答，但一般都是仅就初步加盟状况做解说。因为这个步骤是为了回应有意加盟者，并且对加盟者作初步过滤。一般加盟广告并不能很清楚地说明细节，有些企业甚至提供24小时电话语音资料说明。

（三）提供有兴趣人士的基本加盟资料

如果加盟者符合基本要求，一般会提供较完整的书面资料以供参考，同时会要求与加盟者约谈，或出席连锁加盟企业的说明会，虽然电话或传真能提供比招募广告更详细的资料，但是经过初步过滤的有意加盟者，可以通过邮寄获得完整的书面资料，甚至包括加盟申请书。

（四）约谈与审核

由于很多加盟店主的特点，不容易由电话或传真资讯中判断，在约谈中观察加盟店主，是所有连锁加盟企业不可缺少的步骤，约谈方式有个别约谈、团体座谈，甚至包括模范门店参观。在约谈时，许多对加盟店主本身的审核观察，也会在这一步骤中进行，正式约谈的重点，除了观察、了解加盟者的理念及状况外，最重要的就是使加盟者认清相关的权利和义务。

（五）签约加盟预约

如果加盟申请者初步符合要求，在竞争激烈的加盟行业，会有所谓"加盟预约"的签订，以确保准加盟者不被同行抢夺。

（六）加盟店地点评估

除了特许加盟制外，加盟店都需要拥有自有店面或承租店面，所以加盟店必要的审查条件包括加盟店地点评估。

开店的地点对成败有决定性的影响，立地环境与连锁业者有密切的关系，加盟店的成败，会影响到整个加盟系统的形象，加盟店的营运成功与否，加盟店地点也是关键条件，所以在正式签约之前，一次或者多次到加盟店评估地点，是必要的措施。加盟店的门店大都由加盟主物色，企业则提供针对公司商品的市场专业调查和获利评估，其中包括专业的商圈评估、各时段人口流动的差异性、竞争对手状况、消费者及人口分布与结构、交通状况、未来趋势等。

（七）审查加盟店主财力及其他条件

一个优良的门店必须考虑门店本身、门店地点、资金、商品、人员5个条件。除了加盟店地点及加盟店主本人外，加盟店主对财力及其他条件也必须一并考虑，但通常是以财务状况为主。加盟时自然需缴交一定金额的加盟金或权利金，之后有的企业则规定加盟主每月固定缴费（也有按营业额抽成或直接供应原料或材料），除了一般财务条件审核外，有时也包括贷款及财务周转能力。

（八）事业经营计划的制订与沟通

根据所做的各项调查，为成立加盟店做事业经营计划，事业经营计划中以人力及资金的安排与运用最为重要。

1.人力的安排与运用

国内的加盟店人员安排与管理，除了个别公司的特殊关系外，大都由加盟店自行负责，加盟总部只负责招募的辅导及加盟店人员的训练。由于一个合适的加盟店主，如果不能有效地雇聘和管理正职、兼职人员，就无法将加盟店经营得很出色，所以虽然人力安排的能力不是第一考虑，但是多半会有一套完整的安排程序，提供给加盟店主参考，并定期给予辅导。

2.资金的安排与运用

加盟店的财务与总部基本上是分不开的，除了部分加盟店的收入必须先汇回公司，再由公司汇入加盟店的账户中之外，加盟店大都是独立的财务个体。

(九) 签约

如果有意加盟者符合连锁加盟企业的各项条件，接下来就是讨论签约事宜，尤其对加盟店与连锁加盟企业总部之间的权利义务条件，必须经过认定签署。

(十) 加盟店主对相关员工的培训

连锁加盟企业招募加盟店主，通常以具有相同或类似经验背景的对象为主，但也可招募缺乏经验但具潜力的加盟者施以训练。一般可分为对加盟店所做的店主训练，以及对加盟店员所做的员工培训两种。如果加盟店主无法或不愿意参加训练，可以以此拒绝加盟。

【实战范本】某连锁餐饮店加盟招募流程 ▶▶▶ ----------

一、加盟招募流程

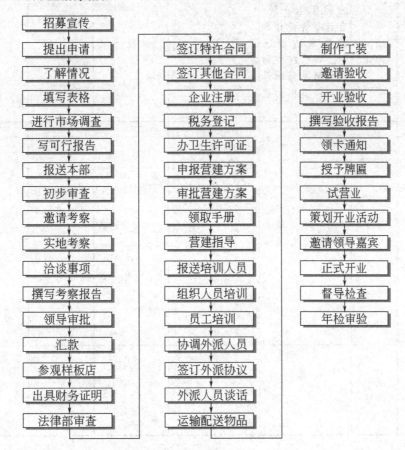

二、加盟招募作业内容及注意事项

序号	流程名称		加盟商工作	加盟总部工作	工件成果	注意事项	相关负责部门
1		招募宣传	熟悉连锁经营知识，阅读加盟招募宣传手册——《加盟商指南》，向加盟开发部咨询以明确加盟条件及加盟流程	以组织组织加盟招募说明会、直接拜访、媒体宣传、店面宣传等形式，分发加盟招募宣传手册——《加盟商指南》，宣传连锁经营知识，寻找有兴趣并且符合加盟条件的潜在加盟商	潜在加盟商名录联络方法、基本经营情况信息以及对参与加盟的兴趣评价	注意收集潜在加盟商的基本资料，建立拜访机会，注意每一个宣传对象，至少使他们成为加盟的宣传者	开发部、公关部
2	初步审查	提出申请	在确认与加盟总部理念一致、自身条件符合加盟要求的情况下，口头或书面向加盟总部的开发部门提出加盟申请	接收申请要求并记录申请者信息	加盟申请记录	真诚对待每一位申请者，认真回答申请者的提问	开发部
3		了解情况	进一步了解加盟总部情况	详细介绍加盟总部的情况，确保理念统一，初步审查加盟商是否符合加盟的基本条件，包括资金实力、所在区域、加盟利润目标、希望提供的支持等，对于达到基本要求的申请者发给《特许经营申请书》	加盟商访谈记录	注意详细记录，以确保其他人员可通过记录，了解全面情况	开发部
4		填写表格	按要求认真、如实填写申请表格	指导申请者填写表格，并指导申请者组织加盟商评审材料和选址评审材料	加盟申请表		开发部

续表

序号	流程名称	加盟商工作	加盟总部工作	工件成果	注意事项	相关负责部门
5	进行市场调查	对拟定开店区域进行市场调查	指导市场监督和市场调查	市场调查报告	要求真实、全面、准确	开发部
6	写可行报告	依据市场调查、企业情况、选址情况和加盟总部情况进行可行性分析，并撰写可行性分析报告	指导分析和撰写	可行性分析报告或不可行结论报告	要求客观、公正，以确保加盟商和加盟总部的整体利益	开发部
7	初步审查	报送本部	汇集材料，报送总部。包括《市场分析》《经营预测》《可行性报告》《企业法人营业执照复印件》《房屋产权证明或租赁合同》《银行资信证明》《申请方公司简介》《特许经营申请书》《申请人简历》以及经营场所位置图和结构图等	通知研发部组织加盟商和选址评审，指导加盟商收集和整理资料	加盟申请者信息档案	资料全面、格式符合要求、内容无遗漏	开发部、研发部
8		初步审查	等候审查结果	督促审查进度，通知申请者审查结果	审查结果通知，否决的注明，否决理由，通过的发合同草案	快速、及时、有据	开发部、研发部及相关评审部门
9	复审	邀请考察	审阅合同，向加盟总部发出邀请考察函	接受邀请，组织考察	邀请函和日程安排表	注意安排好日程	开发部
10		实地考察	安排接待工作	实地考察工作	各项工作记录		开发部、投资部、营建部、营运部
11		洽谈事项	洽谈合同相关内容	洽谈合同相关内容	各项工作记录		开发部

续表

序号	流程名称	加盟商工作	加盟总部工作	工件成果	注意事项	相关负责部门
12	复审	撰写考察报告	等待结果	资料分析整理，组织撰写考察报告	考察报告		开发部、投资部、营建部、营运部
13		领导审批	接收复审结果通知	报请领导审批			开发部
14		汇款	汇款加盟金、保证金等	收款			财务部、开发部
15		参观样板店	参观样板店	组织协调加盟商参观样板店			开发部、样板店
16	签约	出具财务证明					财务部、开发部
17		法律部审查	审查加盟合同	审查加盟合同			法律部
18		签订特许合同	签订特许经营合同	签订特许经营合同			开发部
19		签订其他合同	签订品牌使用许可合同、签订计算机租赁合同、签订委托管理合同等	签订品牌使用许可合同、签订计算机租赁合同、签订委托管理合同等			开发部
20	营建与培训	企业注册	加盟店工商注册	工商审批相关手续支持	加盟店营业执照		开发部
21		税务登记	加盟店税务登记		加盟店税务登记证		
22		办卫生许可证	申请办理加盟店卫生许可证				
23		申报营建方案	设计申报营建方案	接收申报			营建部
24		审批营建方案		审批营建方案			营建部

续表

序号	流程名称	加盟商工作	加盟总部工作	工件成果	注意事项	相关负责部门
25	领取手册	领取各项相关手册	发给手册			开发部
26	营建指导		指导实施			营建部
27	报送培训人员	申报培训人员	协调人员培训计划			人力资源部、开发部
28	组织人员培训	组织人员前往总部培训	接待培训人员并组织协调安排培训工作			人力资源部、开发部
29	员工培训	进行店内人员培训	培训指导			人力资源部、开发部
30	协调外派人员	协调外派人员	协调外派人员			开发部、营运部、人力资源部、营运部
31	签订外派协议					营运部、开发部、人力资源部
32	外派人员谈话					公司领导
33	运输配送物品	接收	组织发运			开发部、配中心送
34	制作工装					
35	邀请验收	消防验收、食品卫生验收				
36	开业验收	协助验收	组织建筑、装修、装饰、家具、器皿、设备、人员、服务、菜品等的全面验收工作			营运部

(序号30-36 左侧合并列: 营建与培训; 序号36 左侧合并列: 验收试营业)

续表

序号	流程名称	加盟商工作	加盟总部工作	工件成果	注意事项	相关负责部门
37	验收试营业	撰写验收报告		验收报告		营运部门
38		领卡通知	领取	发放		营运部
39		授予牌匾	领取	授予		营运部
40		试营业	日常运营	监督管理	试营业评价	营运部
41	开业经营	策划开业活动				营运部
42		邀请领导嘉宾				营运部
43		正式开业				营运部
44		督导检查				营运部
45		年检审验				营运部

二、连锁开发加盟商评估

（一）加盟商评估原则

① 业态适应。
② 有发展潜力的商圈。
③ 选择友好店为邻，避开竞争店。
④ 选择交通便捷的商圈。
⑤ 选择立店障碍少的商铺。

（二）加盟商评价指标

1. 指标设计的原则

指标设计应遵循下图所示原则。

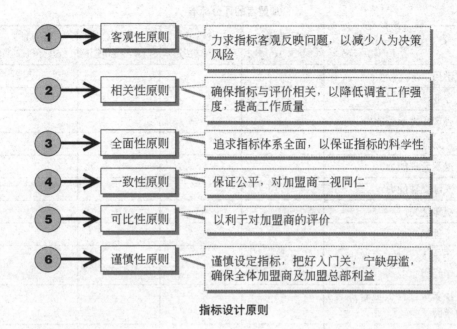

指标设计原则

2.指标体系设计

由企业内加盟开发与营运管理相关部门选择优秀人才组成专家组,以"头脑风暴"方法列出加盟商成功因素表,讨论分析各因素,排除相关联因素,力求各因素间相互独立。设计因素调查表,对过去成功、失败的和现有的加盟企业进行实地调查,统计汇总数据,进行数据分析,找出与加盟店成功的相关因素,总结出否决性指标和推荐性指标。

3.加盟者的常见指标及评分标准

(1)加盟者知识素质指标 学历、专业等。

(2)加盟者心理素质指标 心理压力承受能力、计划管理能力、组织管理能力、人际交往能力、决策能力、个性倾向(细致或粗放)等。

(3)加盟者从业经验指标 工作年限、决策人(法人或管理者)工作经历、工作业绩、失败经验教训等。

(4)加盟者其他指标 决策人(法人或管理者)的年龄、社会关系、家庭情况。

(5)加盟者资产指标 资产总额、资产负债率、资产投资行业及行业平均利润率、现金流量、有无突发性投资风险、资产性质(国有、个人、有限公司)等。

(6)加盟者潜力指标 可用人力资源情况、资金融通能力、政府支持可能。

(7)加盟者风险分析 房屋租赁期限或所有权、投资行业风险程度。

加盟者的评分标准

指标名称	评分A （91～100分）	评分B （81～90分）	评分C （60～80分）	评分D （60分以下）
学历				
专业				
心理压力承受能力				
计划管理能力				
组织管理能力				
人际交往能力				
决策能力				
个性倾向				
决策人（法人或管理者）工作经历				
决策人（法人或管理者）的年龄				
社会关系				
家庭情况				
工作年限				
工作业绩				
失败经验教训				
资产总额				
资产负债率				
资产投资行业及行业平均利润率				
现金流量				
有无突发性投资风险				
资产性质（国有、个人、有限公司）等				
可用人力资源情况				
资金融通能力				
政府支持可能				
房屋租赁期限或所有权				
投资行业风险程度				

（三）加盟商评价流程

开发人员将经过初选的加盟商的情况，依据加盟商情况调查表调查统计汇总后报研发部，由研发部组织加盟评审委员会对设定的指标进行评分，并依据评结果对该加盟商进行综合评估，最后讨论得出最终结果。评审通过的，将结果发回开发部，由开发部与加盟商签订加盟相关合同；评审未通过的，需整改的明确整改理由，由开发部指导加盟商整改；被否决的，明确否决理由，由开发部通知加盟商。

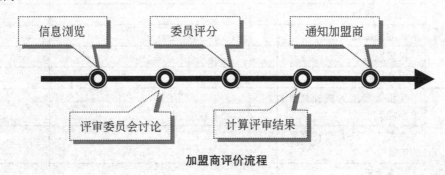

加盟商评价流程

加盟商加盟申请表

姓名		性别			
身份证号码		出生时间		照片	
地址					
电话					
学历		职业			
实际负责人		出生时间		性别	
身份证号码		学历			
预定开店地址					
使用面积		形状		店面宽度	
店面形式					
店当前现状					
现在人事业务内容		利润收入			
由何处得知消息					
期望每月获利		现可投资金额			
备注					
总经理	财务部	营运部		开发部	加盟商

加盟商评分表

加盟企业名称			负责人姓名	
评价指标		指标得分	评分原因	综合评分
知识素质	学历			
	专业			
心理素质	心理压力承受能力			
	计划管理能力			
	组织管理能力			
	人际交往能力			
	决策能力			
	个性倾向			
从业经验	决策人（法人或管理者）工作经历			
	决策人（法人或管理者）的年龄			
	社会关系			
	家庭情况			
	工作年限			
	工作业绩			
	失败经验教训			
资产指标	资产总额			
	资产负债率			
	资产投资行业及行业平均利润率			
	现金流量			
	有无突发性投资风险			
	资产性质（国有、个人、有限公司）等			
潜力指标	可用人力资源情况			
	资金融通能力			
	政府支持可能			
风险分析	房屋租赁期限或所有权			
	投资行业风险程度			
其他				

第三节 连锁开发选址

餐饮行业进行连锁经营，其连锁店的位置对连锁店的经营有着决定性的影响，选址不当，将导致经营的失败。

一、餐厅连锁经营选址中应考虑的因素

在餐厅连锁店选址的过程中，必须对所选定的潜在地址的相关因素进行详细的分析，影响餐厅连锁企业营业地址选择的因素从宏观上讲包括以下内容。

（一）地区经济

饮食消费是在人们有足够的资金满足日常衣、食、住、行等基本需要之后的可自由支配资金的支付。一个地区人们的收入水平、物价水平都会影响到人们可供消费的金钱数量和他们必须支付的价格。一般情况下，当人们的收入增加时，人们愿意支付更高价值的产品和服务，尤其在餐饮消费的质量和档次上会有所提高，因此，餐厅连锁企业一般应选择在经济繁荣、经济发展速度较快的地区。

（二）区域规划

在确定餐厅连锁店之前，必须要向当地有关部门咨询潜在地点的区域建筑规划，了解和掌握哪些地区被分别规划分为商业区、文化区、旅游区、交通中心、居民区、工业区等资料。因为区域规划往往会涉及建筑物的拆迁和重建，如果未经了解，盲目地选定连锁企业，在成本收回之前就遇到拆迁，会使企业蒙受巨大的经济损失，或者失去原有的地理优势。同时，掌握区域规划后便于我们根据不同的区域类型，确定不同的经营形式和经营规格等。

（三）文化环境

文化教育、民族习惯、宗教信仰、社会风尚、社会价值观念和文化氛围等因素构成了一个地区的社会文化环境。这些因素影响了人们的消费行为和消费方式，决定了人们收入的分配方向。一般而言，文化素质高的人，对餐饮消费的环境、档次的要求比文化素质低的人要高。文化环境的不同，会影响连锁经营的规格和规模。

（四）消费时尚

一段时期的流行时尚，往往能在很大程度上影响消费者的消费方式和方向。随着人们消费水平的提高、卫生观念的增强，人们在餐饮消费上越来越注意就餐的环境卫生，因此外表装修美观、舒适、洁净的连锁餐厅就越来越为人们所接受。

（五）竞争状况

一个地区餐饮行业的竞争状况可以分成两个不同的部分来考虑。

> **直接竞争**
> 即提供同种经营项目、同样规格、档次的餐饮企业可能会导致的竞争，这对餐饮企业来说，是消极的

> **非直接竞争**
> 非直接竞争包括不同的经营内容和品种，或同样品种、不同规格或档次的餐饮企业，这类竞争有时起互补作用，对餐饮企业是有利的

餐饮行业的竞争状况

在选择连锁经营区域时，如果无任何一种形式的竞争，将具有垄断地位；如果有任何一种形式的竞争，都是值得连锁经营集团在投资前认真研究和考虑的。竞争既是一种威胁，又是一种潜在的有利条件，只要把竞争对手当作一面镜子，认真分析其优势或劣势，就便于我们在竞争中掌握主动。

（六）地点特征

地点特征是指与餐饮经营活动相关的位置特征，即餐饮企业经营所在的区域，如政治中心、购物中心、商业中心、旅游中心以及饮食服务区的距离和方向。连锁餐厅所处的地点直接影响餐厅经营的项目和服务内容。

（七）街道形式

这个因素分析的是餐饮业连锁经营的选址模式，主要考虑到街道和交通的形式会吸引人们到这个地方来，还是他们因旅游而使人口发生移动。

（八）交通状况

（1）从企业经营的角度来看，对交通条件的评估主要有下列两个地方。

① 在开设地点附近，是否有足够的停车场所能够利用。中国的停车场实际占地面积占城市规划中的比率比几个发达国家小不少。很多餐饮店没自己固定的停车场，通常是停放在餐饮店前面一排；即使有大的停车场，也很可能是和别的企业单位合用。这样在车辆停放的时候就会产生很多问题，给餐饮店造成不必要的麻烦。因此是否有足够的停车空间就成了不得不考虑的一个首要问题。

② 餐饮店原料供应是否容易。这就要考虑可供餐饮店利用的运输渠道能否适应原料配送的需求，如果运货费用明显上升，经济效益就会受到影响。

（2）为方便顾客就餐，促进上座率的提升，对交通条件作如下分析。

设在商业中心边沿区的餐饮店，要分析与车站、码头的距离和方向。通常距离越近，客流越多，就餐就越方便。开设地点还应该考虑客流来去方向，如选在面向车站、码头的位置，以下车（船）的客流为主；选在临近市内公共汽车站的位置，则以上车的客流为主。

设在市内公共汽车站附近的餐饮店,要分析公共汽车站的性质,是中途站,还是终始站;是主要停车站,还是通常停车站。通常来说,主要停车站客流量大,餐饮店能够吸引的潜在顾客较多,中途站与终始站的客流量无统一规律,有的中途站多于终始站,有的终始站多于中途站。

要分析市场交通管理状况所引起的有利与不利条件,如单行线街道,禁止车辆通行街道,与人行横道距离较远,都会造成客流量在一定水平上的减少。

特别提示

关于目标地点的街道交通状况信息可以从公路系统和当地政府机关获得。如果交通的数据还没有被统计出来,那么可以选取一天中最有意义的样本数据作为参考。交通状况的计算往往在工作日的中午、晚上和周末的全天。在几天时间内统计的数据应去除那些带有偏见的结果。晚餐时间的统计可能会由于靠使用长期车票的人的交通产生很大的影响。交通状况往往意味着客源,获得本地区车辆流动的数据以及行人的分析资料,以保证餐厅建成以后,有充足的客源。

(九)客流规律

1. 分析客流类型

通常餐饮店客流分为三种类型,如下图所示。

类型一	自身客流

指那些专门为到某餐饮店就餐的顾客所形成的客流,这是餐饮店客流的基础,是餐饮店销售的主要来源,所以,新设餐饮店在选址时,应着眼评估自身客流的大小及发展规模

类型二	分享客流

指一家餐饮店从临近餐饮店形成的客流中获得的客流,这种分享客流往往产生于经常相互补充餐饮类型的餐饮店之间,或大小餐饮店之间。如经营某类补充餐饮的餐饮店,在顾客长时间吃一种餐饮后就会希望更换口味,而转道另外一家餐饮店

类型三	派生客流

指那些顺路进店的顾客所形成的客流,这些顾客并非专门来店就餐。在旅游点、交通枢纽、公共场所附近设立的餐饮店要利用的就是派生客流

餐饮店客流类型

2. 分析客流目的、速度和滞留时间

不同地区客流规模可能一样，但其目的、速度、滞留时间则不同，要作详细分析，再作最佳地址选择。如在几个公共场所附近，车辆通行干道，客流规模很大，但客流目的不是为了就餐，同时客流速度快，滞留时间较短。

3. 分析街道两侧的客流规模

同样一条街道，两侧的客流规模在很多情况下，由于光照条件、公共场所、交通条件设施等影响，而有所差异。另外，人们骑车、步行或驾驶汽车都是靠右行，往往习惯光顾行驶方向右侧的餐饮店。鉴于此，开设地点应尽量选择在客流较多的街道一侧。

4. 分析街道特点

选择餐饮店开设地点还应该分析街道特点与客流规模的关系。交叉路口客流集中，能见度高，是最佳开店地点；如果街道由于两端的交通条件不同或通向地区不同，客流主要来自街道一端，表现为一端客流集中，纵深处逐渐减少的特征，这时候店址应设在客流集中的一端；还一些街道，中间地段客流规模大于两端，相应地，店址设置在中间地段就更能招揽潜在客户。

（十）规模和外观

餐厅位置的地面形状以长方形、方形为好，必须有足够大的空间容纳建筑物、停车场和其他必要设施。三角形或多边形的地面除非它非常大，否则是不可取的。同时，在对地点的规模和外观进行评估时也要考虑到未来消费的可能。

（十一）餐厅的可见度和形象特征

餐厅的可见度是指餐厅位置的明显程度，也就是说，无论顾客从哪个角度看，都可以获得对餐厅的感知。餐厅可见度是由从各地往来的车辆和徒步旅行的人员的视角来进行评估的，这对于坐落于交通拥挤的高速公路旁的餐厅是重要的，餐厅的可见度往往会影响到餐厅的吸引力。同时，餐饮企业无论从经营内容、方式、菜品质量、服务、装潢等方面，还是在所选址址上都应具有明显的、突出的形象特征。对坐落在拥挤的商业中心的连锁餐厅尤为重要，形象特征会增加整个连锁集团的吸引力。

（十二）经济成本

餐厅连锁经营的关键因素之一就是经济成本，在选择连锁餐厅时就应充分考虑所在地区影响将来经营的成本因素。

> **因素一** 土地价格或建筑物租金

地价或租金的费用是在逐渐上涨的,而且餐饮企业在投资时,土地费用或建筑物租金所占的比重也是较大的。城市不同区域、不同街道、不同地段,其地价或租金相差是很大的。因此在选址时,应选择地价或租金合理的、有较大潜在优势的位置

> **因素二** 能源供应

能源主要是指水、电、天然气等经营必须具备的基本条件,基本标准是"三通一平"。在这些因素中,水的质量尤为重要,因为水质的好坏直接关系到烹调的效果

> **因素三** 原料的供应及价格水平

餐饮企业经营每天都必须大量采购鲜活的原料,如果所在地区原料供应不足,会影响餐饮企业的服务水平和声誉,如从外地空运会增加成本,影响企业经营。如原料有供应,那么货源是否充足,价格是否合理、稳定,都是在选择连锁经营的区域时需要考虑的因素

> **因素四** 劳动力供应状况及工资成本高低

餐饮企业需要使用许多掌握高技术的人员,如厨师或具有一定技能的服务人员等。潜在市场上是否具有企业所需要的人员及其工资标准对连锁餐厅尤为重要,这关系到整个连锁集团的服务水平和声誉,以及向其他地区的拓展问题

> **因素五** 旅游资源

这个因素主要影响着过往行人的多少、旅客的种类等,因此对旅游点资源一定要仔细分析,综合其特点,选择适当的位置和餐厅的种类

经济成本因素

二、连锁餐厅选址的原则

连锁餐厅的选址是一项复杂的工作,在考虑上述基本因素的基础上,还应确定具体的经营场所。选择具体的经营场所应遵循下图所列基本原则。

原则一 ▸ 目标市场原则

> 任何餐饮企业，都要根据目标市场，选择适当的地点，建立相应的规模，选择相应的设施设备和相应的经营内容及服务档次。连锁餐厅的目标市场一般是高、中档次的工薪收入的阶层，地址宜选择在商业中心、居民区域和工薪阶层工作区域，经营方式上可分析餐饮业连锁经营的选址模式选择快餐、自助餐等

原则二 ▸ 容易接近原则

> 连锁餐厅应选择在交通便利的商业区、经济区、文化区，要尽可能地设置规模相当的停车场，方便顾客来往；连锁餐厅应按所在地人们行进、停留的规律选址。总之，连锁餐厅原则上应选择在顾客容易接近的地段和位置，因为顾客是以方便性来决定进入哪家餐厅消费的

原则三 ▸ 具有可见度原则

> 连锁餐厅的可见度是指餐厅位置的明显程度，比如选址的位置无论在街头、街中、巷尾，应让顾客从任何一个角度看，都能获得对餐厅的规模和外观的感知，当然这需要从建筑、装饰等几个方面来完善。一般而言，连锁餐厅宜紧靠某条主要街道、繁华的商业区域或某个公寓区

原则四 ▸ 投资预期目标原则

> 连锁餐厅在选址时，除考虑外部因素外，还应考虑自身的条件，如经营品种、方式等，要以能实现预期投资目标的地点来衡量地理位置的优越程度

连锁餐厅选址的基本原则

三、连锁餐厅选址的模式和方法

对于连锁企业，复制一个门店首先要做的是什么呢？肯定是选址，因为只有有了实体店铺平台，才能开始提供我们的产品和服务。通过以上讨论分析我们可以建立一个可复制的选址模型，如下页图所示。

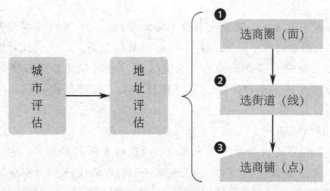

选址"一三模型"

选址"一三模型"就是一个前提和三个步骤：一个前提就是选择进入城市的前提，即城市评估；三个步骤就是选取具体店铺地址的三步，即地址评估。

（一）城市评估

对于连锁餐厅选址，首先应当对准备进入的城市或已经进入的城市进行综合评估，收集各种相关数据，具体如下。

1. 城市背景资料

地理位置、人口数量、人口密度、区域划分、城市发展规划、公共交通、竞争对手、政府优惠政策等。

2. 城市经济资料

经济水平、收入水平、房价、物价、所属行业发展状况等。

传统做法一般看人均收入、城市的发展状况等，但一上来就进入细节，实际上往往使一线人员忽略了一个宏观大前提——城市的类型。

 相关知识

城市类型

城市大概可分为3类。

1. 工业化城市

这种城市的功能单一，人口较少，大都是某个或某几个大型企业的员工和家属。根据工业项目不同，又可分为：矿业城市（如大庆、克拉玛依、抚顺），重工业城市（如鞍山、本溪），轻工业城市（如东莞、番禺）。到了20世纪80年代，还出现了电子及高科技工业城市，但都依附于大型城市周围，属于卫星城。

工业化城市居民中，工业企业员工占比很大，居民呈"金字塔型"消费结构，一线工人的数量大，收入稳定，当然绝对值不高，而且居民对购物和时尚的追求不会太超前。那些商品种类又宽又深、档次和价格带很宽的零售商不易成功，而由于这类城市中很少有极贫困阶层，因此低价、散乱的业态也很难成功。

2. 交通枢纽城市

一般这类城市是由两个因素产生的：地理位置和行政区划。它们的建城时间都很早，大多有百年的历史，是商品和信息的集散地，又可分为：门户型（进入某个地区的必经之地，如山海关），交叉型（几个交通干线交叉的地方，如武汉、郑州），港口型（一个主要的出海港或内陆港，如大连、秦皇岛），地区核心型（某个地区的核心城市，如沈阳、西安）。

这类城市的居民有典型的"纺锤形"消费结构，即有少量特别富有的阶层和非常贫困的居民，而中层部分占大多数，而且中层群体里有一大批消费意识超前的顾客。这类城市积极吸纳的业态都比较先进，传统业态不占优。虽然某些城市中层的收入也不高，但在跟风驱使下，会把价格带往上烘托。

3. 混合型城市

混合型城市是上面两种城市功能的混合，其中很多是受政府政策的影响而成，往往成为特大型城市或城市群，又可分为：工业中心城市（依托围绕其周围的工业卫星城或园区发挥其交通枢纽的优势，如深圳），经济贸易中心城市（依托其在经济和贸易方面的软硬件优势，大力开发新兴工业园区和工业卫星城，如上海、北京），行政中心城市（首都、省政府所在地，同时也是工业城市，如北京、长春）。

该类城市兼具上两种特性，比较复杂，但由于各种传统或现代业态都比较发达，所以竞争很激烈。

在进入一个新城市选址前，我们都应该对城市的性质进行分类，以确定自己的业态类型、目标顾客、商品结构、价格带、竞争方法等。因为在各种城市中，往往对服装（时尚程度、价格水平）、食品（健康与否、新奇与否、价格水平）等方面的需求差异很大，例如，沿海港口城市和内陆矿业城市之间，对于食品结构的需求就大不一样。因此，针对什么城市，应考虑什么变量，最后要开什么样的店，是需要决策者和拓展者不断摸索总结的。一般来说，政府规划者如果对城市有清晰的定位，并将各类资源集中于该定位，即可保证该城市的稳定发展，这些城市是选址者的首选。一旦对某类城市的特性掌握比较全面，开店成功率高，那么以后就可以大大节省同类城市的选址成本，并为该类城市的新店开业提供很多信息、经验的支持。

对相关数据进行分析，分析该城市的经济发展速度和城市规模是否适合开连锁店；分析进入该城市的投入产出比，需要开多少家店才能基本覆盖；分析预测第一年的营业额及各项费用支出预算；分析预测第二年的增长趋势；分析客流规律及消费潜力；分析交通地理条件；分析竞争激烈度；分析人力成本；分析广告宣传成本；分析人文状况；分析其他影响经营的因素，如政府的工作效率等。在此基础上，形成该城市的评估报告，作为连锁企业进入该城市进行选址的前提依据。

（二）地址评估

1.选商圈

分析该城市各区域的商圈个数、商圈名称和类型，确定城市核心商圈、次级商圈与辅助商圈。对商圈的成熟度、发展规划、潜力、辐射范围、有无竞争对手等情况进行分析，以便选择符合定位，适合进入的商圈。

相关知识

商圈

一、商圈的类别

商圈的变化，时时牵动着业绩的发展，因此在开店时，商圈的设定异常重要。

（一）商圈设定分类

商圈的设定大致上可分为两种型态。

（1）徒步为主的商圈　例如商业区、住宅区等，以店为中心，半径约1000米，以走得到且快速方便为主。

（2）车辆动线为主体的商圈　例如交叉路口附近及郊区外主干路上，此种商圈大多设置于郊外或下班路线上，有方便的停车空间及良好的视觉效果，可满足流动车辆人口的就餐需求。

（二）商圈以区域大小的分类

（1）临近中心型　其商圈的设定在半径500～1500米，即徒步商圈，此类型商圈分布在每个地区人口较密集的地方或商业集中地。

（2）地区中心型　其商圈的设定一般在半径3000米，我们称为生活商圈。

（3）大地区中心型　此为地区中心更广的商圈。

（4）副都市型　通常指公共汽车路线集结的地方，可以转换车，而形成交通集会地。

（5）都市型　商圈可涵盖的范围，可能是整个都市的四周，其交通流或人潮流的层面，可能来自四面八方。

二、商圈的特性

商圈的特性若依通常的习惯，常将实地环境分成下列几种。

（1）住宅区　住宅区内的户数基本上需达1000户左右，如以一户4人来计算，则人数将达4000人左右。

（2）教育区　教育区及附近有大、中、小学等学校，其中以私立学校较为理想，因其家境大多比较好，消费层次比较高。当然，也不能忽视补习班，补习班的集中区会更理想。

（3）办公区　办公区指办公大楼林立的地区，一栋办公大楼内的员工人数可能超过一二千人，尤其是办公大楼内的"上班族"外出就餐的比例非常高。

（4）商业区　商业区指商业行为集中的地方，由于过路客的增加，形成各种餐饮店聚集之处，以快餐为主。

（5）娱乐区　娱乐区指以休闲消费为主的商圈，通常玩乐之后，需要补充体力。

不难发现，住宅区的顾客群较为稳定，而且一般性的消费也较固定，如再加上交通主动脉的配合（因为增加部分的外来客），将使该区的业绩有上升的可能。

三、商圈店址调查要点与评估

店址选择得好坏，在开店战略中是至关重要的。失败店的主要因素有以下三点。

（1）地点选择失败。

（2）不熟练的评估人员致使调查的资料与判断不准。

（3）许多餐饮店的连锁加盟部为了达到开店数量的目标而开店，因此产生了许多失败店。由上述因素可以发现，商圈实地调查及评估准确是十分重要的。大体而言，餐饮店在开店之前，对于实地调查作业应精心细致。如考虑店面出入的人口流量多少；附近有几家同类店或不同类店，其营业情形如何、商品的内容如何、价位的高低等，均是衡量的重点。

四、商圈实地调查的要点

（一）开店地点周围住户的情形

开店地点周围住户的情形，亦即所谓的居民居住条件，其范围有以下几类。

（1）住宅的种类　单身住宅，普通小区住宅（分大、中型），公寓（分电梯大楼、普通公寓），D高级住宅区。以上的住宅种类都适合开设餐饮店，但贫民区、老人住宅区则不太适合。

（2）住户的构成　餐饮店的客户群以20岁以上的青壮年为主，单身男女尤其重要。如以职业类别来看，"蓝领""白领"阶层以及服务业人员，都是比较理想的对象。

商圈内有助于餐饮店设立的设施，有以下几种。

（1）中小型企业（内部没餐厅）。

（2）中大型医院。

（3）高中、大学、专科及职业院校。

（4）车站附近。

（5）大型集中住宅区。

商圈未来详细考虑如下。

（1）地区内人口及户数的增加。

（2）新设车站的计划。

（3）学校的建设计划。

（4）马路新设、增设及拓宽计划。

（5）小区住宅的兴建计划。

（二）商圈内的竞争性

商圈内的竞争性指的是区域内的大型店、同类店或商业聚集较多时，要先确定是否还有设店的空间。

在地点位置详细图中，可了解周围1500米内交通、道路、住宅及公共场所的位置关系，进而判断该点的位置是否理想。

方法如下：中心点为预开的餐饮店的位置，而3条圆虚线由内而外各代表500米、1000米、1500米的范围，可将500米内的道路、住宅及公共场所注在圆内再进行分析与判断。

将车辆动线标示清楚，这时设立地点附近的相关位置，清清楚楚，可以很清楚地判断哪一点比较有利，其车辆的动线是在哪里汇集，广告效果哪一个比较理想，哪里停车较方便等。

最后再把距离内的商圈标注清楚，就可以很清楚地判断该点是否可以设店了。

2.选街道

当我们确定了进入某个城市之后，就要对其地图按功能进行区域划分。一般我们对城市区域类别做如下划分。

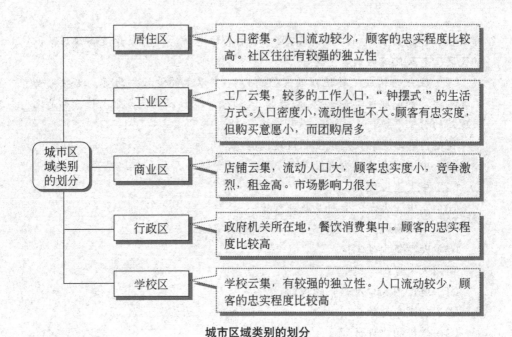

城市区域类别的划分

通过对所选商圈的街道个数、名称和类型,对街道条件、人流车流、竞争情况等进行分析。

(1)街道条件　街道长度、街道宽度、店铺数量、人流出入口、街道成熟度。

(2)人流车流　人流量、车流量(早、中、晚)。

(3)竞争情况　典型竞争门店数。

(4)吸引情况　有无与所属行业顾客群产生吸引力的设施或条件。

3.选商铺

选商铺主要分析两方面内容:外部评估和内部评估。

(1)外部评估　人流量、车流量、门店可视范围、门前空地、门前道路宽度、邻铺类型等。

(2)内部评估　面积、建筑结构、招牌长度、门面长度、配套水电条件、租金等。

【实战范本】餐饮店选址调查表

选址地点交通概况	地点		记分
	交通状况	□主干道　□次干道　□支道　□有隔离带　□无隔离带　路宽____米、距站牌____米、公交车____路	
	地址属性	□商业区　□半商半住区　□住宅区	

续表

	地点		记分
店铺结构概况	室外	主楼高____层、楼龄__年、店铺__楼、门面宽____米、高____米、招牌宽____米、高____米、门前空场____平方米	
	室内	室内平面形状 □正方形 □长方形 □不规则 使用面积____平方米、深__米、宽____米、高____米 卷闸门 □有□无，玻璃门窗 □有□无，洗手间 □有□无	
租赁条件概况		先前租户从事_____行业、租期____年、租金____元/月、押金____元、免租期____天；租金调幅□租期内不调□每年上调__%；转手费____元	
商圈分析概况	邻铺概况	左右两边五家店铺依次为左_____、_____、_____、_____、_____、右_____、_____、_____、_____、_____。 晚上关门时间平均为：____时，空铺左__家、右__家	
	第一商圈（半径500米）	约有住户____户、约____人、人均收入____元，16～40岁的人口约占____%、"上班族"约占____%、从商人员约占____%、当地居民约占____%、学生约占____%、游客约占____%	
		人流统计（以每5分钟计算） 周一至周五上午9:30～11:30____人、双休日____人；13:30～15:30____人、双休日____人；17:00～19:00____人、双休日____人；20:00～22:00____人、双休日____人	
	第二商圈（半径500～1000米）	约有住户____户、约____人、人均收入____元，16～40岁的人口约占____%、"上班族"约占____%、从商人员约占____%、当地居民约占____%、学生约占____%、游客约占____%	
	第三商圈（半径1000～1500米）	约有住户____户、约____人、人均收入____元，16～40岁的人口约占____%、上班族约占____%、从商人员约占____%、当地居民约占____%、学生约占____%、游客约占____%	
第一商圈内店铺营运分布概况及竞争对手分析（半径500米内）	店铺营运分布概况	大型超市□有□无，日平均客流约____人，距选择店____米，学校□有□无，有____家（其中小学____所，学生约____人，距选择店____米；中学____所，学生约____人，距选择店____米；大学____所，学生约____人，距选择店____米）	
	竞争对手分析	竞争店□有、□无，有____家，第一家距选择店____米，营销模式_____、规模____平方米、经营品种_____、营运状况□优 □一般 □差；第二家距选择店____米，营销模式_____、规模____平方米、经营品种_____、营运状况 □优 □一般 □差	
SWOT分析	Strengths（优势）：	Weakness（劣势）：	
	Opportunities（机会）：	Threats（威胁）：	

【实战范本】餐厅选址调查表

日期　　　　　　填表人　　　　　　调查地段

1千米附近餐厅									1千米附近住宅区/写字楼/医院调查			
快餐店			中式餐厅			西餐厅（甜品）/水吧/面包			住宅区/商场/写字楼		医院/事业单位（学校）		
产品	规模	产品价格	数量	产品	产品价格	数量	产品	产品价格	数量	居住人数	级别	床位	特点

路段调查		路段是否单行或禁行		附近住宅/商场/写字楼			商圈	步行街	医院/事业单位/写字楼
人流量调查		是	否	高	中	低	消费群年龄	消费水平	是/否	是/否	是/否有自己的食堂
周一	人流量									消费水平/订餐习惯（电话/自购）
11:30~12:30		行人结构（高峰期）数量				行人行为调查			
14:30~16:31		情侣	单身	年龄：	路过	购物/逛街	吃饭		
17:30~19:30		商铺调查						
周二	人流量	铺面面积	店铺结构	店面朝向	上水点多大	下水点多大	铺面租金	物业费	保证金	需支付租期数	金额	是否有供暖及空调
11:30~12:30		说明楼层面积
14:30~16:31		

续表

17:30~19:30		容电量/千瓦	是否有排烟管,多大	是否有煤气/容量/立方米	可签租期	是否有清水房	出兑费用	铺面新/旧,已使用年限	
周五	人流量								
11:30~12:30		铺面在路段/商场位置	人流行走习惯/是否在铺面方向		所在社区是否同意开餐饮		铺面停车位/数量	铺面门前是否有障碍物	
14:30~16:31									
17:30~19:30									
周六	人流量				商铺物业调查				
11:30~12:30		业主姓名	是否转租	电话	拆迁隐患	消防设施条件	店门面多大	是否有漏水隐患	
14:30~16:31									
17:30~19:30		评估报告：							
周日	人流量								
11:30~12:30									
14:30~16:31									
17:30~19:30									

【实战范本】店铺选址及店面评估表

A.选址地点及交通概况	地点	省___市___县___区___路___号
	交通	□主干道 □次干道 □支道 □有隔离带 □无隔离带，离过街人行横道的距离____米
	状况	路宽____米、距站牌____米、公交车_____路，公交车站台候车人流量状况
	地址属性	□商业步行街 □校内学生商圈 □校外学生商圈，是否在社区人流动线位置
B.店铺结构概况	室外	主楼高____层、楼龄____年、店铺____楼，商铺朝向____，门面宽____米、高____米，门前空场____平方米，停车位____个，人行道____米，门口/招牌障碍物：____，现有招牌宽____米、高____米，可做宽____米、高____米
	室内	室内平面形状 □正方形 □长方形 □不规则
		使用面积____平方米、深____米、宽____米、高____米
		卷闸门 □有□无，洗手间 □有□无，仓库 □有□无
		电力状况 ┆ 给排水状况：
		电力增容 ┆
C.租赁条件概况	租赁情况	前租户从事_____行业、租期___年、每月租金____元、押金____元
		免租期：_____ □无免租期
		租金调幅：□租期内不调 □每____年上调____%；转让费____元
D.商圈分析概况	邻铺概况	左右两边五家店铺依次为 左： 右：
		上午开门时间____时；晚上关门时间为____时
		人流统计（以每5分钟计算）：
		周一至周五9:30～11:30____人、双休日____人
		周一至周五13:30～15:30____人、双休日____人
		周一至周五17:00～19:00____人、双休日____人
		周一至周五20:00～22:00____人、双休日____人
		周围15～28岁约占____%、学生约占____%、上班族约占____%、从商人员约占____%、当地居民约占____%、游客约占____%
	商圈	有利因素 学校□、幼儿园□、宾馆□、酒店□、酒楼□、酒吧□、娱乐城□、卡拉OK□、电影院□、公交车站□、图书馆□、小商品市场□、菜市场□、公园□、写字楼□、餐饮店□、医院□、运动场□、停车场□、城中村□、工厂宿舍□、旅游点□、政府机构□
		写字楼____座，入驻情况____，消费层次____，临近菜市场____米，海鲜____档，水果____档，面包____档

续表

E.商圈内店铺营运分布概况及竞争对手分析（半径500米内）	店铺营运	大型超市□有□无，日均客流约____人，距店____米
	分布概况	小学____所，学生约____人，距选择店____米 中学____所，学生约____人，距选择店____米 大学____所，学生约____人，距选择店____米
	竞争对手	竞争店：□有 □无，有____家
	分析	第一家距选择店____米，营销模式_____，经营规模____平方米，经营品种_____，营运状况□优 □一般□差
		第二家距选择店____米，营销模式_____，经营规模____平方米，经营品种_____，营运状况□优 □一般□差
F.审核	考察人意见	
	拓展部意见	
	连锁运营部	
	总经理	

【实战范本】选址评分表

加盟企业名称			所在地址	
评价指标		指标得分	评分原因	综合评分
区域宏观环境	政治			
	法律			
	经济			
	社会			
区域竞争环境	直接竞争者数量			
	主要竞争者素质			
	竞争程度			
	竞争优势评价			

续表

评价指标		指标得分	评分原因	综合评分
区域顾客情况	品牌知名度			
	认知度			
	忠诚度			
	口味偏好			
	年龄结构			
	用餐习惯			
盈利条件分析	人力成本比较			
	原料成本比较			
	销售价格比较			
	投资收益分析			
	投资风险评估			
选址评价	商圈			
	交通			
	客流量			
	客流结构			
	动线评价			
	市政规划			
选址人员经验评分	专家一			
	专家二			
	专家三			
	专家四			
	专家五			
	专家六			

【实战范本】选址评分标准

项目	评分A （91～100分）	评分B （81～90分）	评分C （60～80分）	评分D （60分以下）
政治				
法律				
经济				
社会				
直接竞争者数量				
主要竞争者素质				
竞争程度				
竞争优势评价				
品牌知名度				
认知度				
忠诚度				
口味偏好				
年龄结构				
用餐习惯				
人力成本比较				
原料成本比较				
销售价格比较				
投资收益分析				
投资风险评估				
商圈				
交通				
客流量				
客流结构				
动线评价				
市政规划				
选址人员经验评分				

【实战范本】18个知名中餐品牌选址标准

核心提示：以下归纳出18个知名中餐品牌拓展要求，包括外婆家、一茶一坐、黄记煌等，为餐饮招商相关人士提供参考。

一、外婆家

企业名称：浙江外婆家餐饮有限公司。

品牌名称：外婆家。

业态类别：餐饮美食——中餐。

品牌定位：中高档。

面积需求：800～1000平方米。

合作期限：5～10年。

计划拓展区域：全国，华东区域。

重点考虑城市：省会城市及一线城市。

物业使用方式：租赁。

首选物业：购物中心，商业街。

开店方式：独立经营。

物业要求如下。

商业街区，人流量较大，周边品牌业态聚集，有较高的消费能力。门店形象良好，有独立招牌和广告位，门宽不少于3米，店面方正。

二、一茶一坐

企业名称：上海一茶一坐餐饮有限公司。

品牌名称：一茶一坐。

业态类别：餐饮美食——中餐。

品牌定位：中高档。

面积需求：350～400平方米。

合作期限：5～10年。

计划拓展区域：全国，西南区域。

重点考虑城市：一二线城市及省会城市。

物业使用方式：租赁，合作。

首选物业：购物中心，社区商业，商业街，百货。

开店方式：独立经营。

物业要求如下。

1.成熟商圈：商业+商务型商圈，商业商圈。

2.楼层：一层，1+2层，2层+1层门面。

3.面积：使用面积350～400平方米，如楼层单层层高在5.3米以上，可以考虑做夹层，面积可控制在250～300平方米。特别规定：不能在住宅楼下。

基础设施：水，电，天然气，上下排水，隔油等。

三、黄记煌

企业名称：北京黄记煌餐饮管理有限公司。

品牌名称：黄记煌三汁焖锅。

业态类别：餐饮美食——中餐。

品牌定位：中高档。

面积需求：250～500平方米。

合作期限：5～8年。

计划拓展区域：全国。

重点考虑城市：江浙、全国二三线城市。

物业使用方式：租赁。

首选物业：购物中心，商业街，百货，其他。

开店方式：独立经营。

物业要求如下。

1.商圈选择：社区型或便利型商业街市、人流量大的街道、商铺门前无封闭交通栅栏、无高于1.8米的绿化。

2.目标客户群：以"上班一族"、家庭、个人消费为主。

3.面积：250平方米以上。

4.建筑要求：餐厅门前须有相应的停车场，具备厨房污水排放的生化处理装置以及有限排放通道。

5.租金承受：低层为1.5元/（平方米·天）以上，视地段、商圈确定租价。楼上餐厅租金略低。

6.租期：3年以上。

四、小南国

企业名称：上海小南国餐饮有限公司。

品牌名称：小南国。

业态类别：餐饮美食——中餐。

品牌定位：中高档。

面积需求：700～1500平方米。

合作期限：5～10年。

计划拓展区域：全国。

重点考虑城市：江苏、浙江、山东、北京。

物业使用方式：租赁。

首选物业：购物中心，商业街。

开店方式：独立经营。

物业要求如下。

1.城市的商业中心、繁华商圈。

2.交通便利，单店面积：700～1500平方米。

3.城市人口：100万以上。

4.设计要求：楼层层高5米以上。

5.能承受租金：看具体区域的行情，没有特别限制。

6.选址要求：主要是商务区，而不是繁华的商业区。最好是业权单一的物业，能提供更加人性化的物业管理服务。

五、同庆楼

企业名称：安徽同庆楼集团有限公司。

品牌名称：同庆楼。

业态类别：餐饮美食——大型酒楼/美食广场。

品牌定位：高档。

面积需求：1000～5000平方米。

合作期限：12～15年。

计划拓展区域：全国。

重点考虑城市：华东区域。

物业使用方式：租赁，购买。

首选物业：购物中心，商业街。

开店方式：独立经营。

物业要求如下。

1.地理位置和交通情况：临近公路干线、地铁沿线、交通枢纽、机场、火车站、汽车枢纽站等位置，临近工业区、商贸中心、展览中心、商务中心等交通便利地点。

2.市场条件：所处区域内有较为合理的行业分布，如办公、购物、娱乐等场所与之互补；该区域有良好的经济文化发展前景；周边有较多企事业单位和较大的人流量、车流量。

六、川味观

企业名称：杭州川味观餐饮管理有限公司。

品牌名称：川味观。

业态类别：餐饮美食——大型酒楼/美食广场。

品牌定位：中高档。

面积需求：200～500平方米。

合作期限：3～5年。

计划拓展区域：全国。

重点考虑城市：杭州。

物业使用方式：租赁。

首选物业：社区商业，商业街，其他。

开店方式：加盟经营。

物业要求如下。

1. 商圈选择：客流繁忙之处，如繁华商业街市、车站、空港码头，以及消费水平中等以上的区域性商业街市或特别繁华的社区型街市。

2. 建筑要求：框架结构，层高不低于4.5米。配套设施：电力不少于20千瓦/100平方米，有充足的自来水供应，有油烟气排放通道，有污水排放、生活处理装置，位置在地下室或一楼、二楼、三楼均可。

3. 面积要求：200～500平方米。

七、毛家饭店

企业名称：贵阳市百茂餐饮管理有限公司。

品牌名称：毛家饭店。

业态类别：餐饮美食——大型酒楼/美食广场。

品牌定位：中高档。

面积需求：300～500平方米。

合作期限：5～10年。

租金预算：3～10元/（平方米·天）。

计划拓展区域：西南区域。

重点考虑城市：贵阳、昆明。

物业使用方式：租赁，购买。

首选物业：购物中心，社区商业，商业街。

开店方式：独立经营。

物业要求如下。

1. 城市的商业中心、繁华商圈。

2. 交通便利，单店面积：700～1500平方米。

3. 城市人口：100万以上。

4. 设计要求：楼层层高5米以上。

5. 能承受租金：看具体区域的行情，没有特别限制。

6.选址要求：主要是商务区，而不是繁华的商业区。最好是业权单一的物业，能提供更加人性化的物业管理服务。

八、避风塘

企业名称：上海避风塘美食有限公司。

品牌名称：避风塘。

业态类别：餐饮美食——中餐。

品牌定位：大众化。

面积需求：550～650平方米。

合作期限：8～10年。

计划拓展区域：华东区域。

重点考虑城市：江苏、浙江、上海。

物业使用方式：租赁。

首选物业：购物中心，商业街，其他。

开店方式：独立经营，合作经营。

物业要求如下。

1.首选物业：写字楼底商及配套商业，社区底商及配套商业。

2.物业使用：租赁。

3.需求面积：550～650平方米。

4.合同期限：8年以上。

九、俏江南

企业名称：俏江南股份有限公司。

品牌名称：俏江南。

业态类别：餐饮美食——中餐。

品牌定位：高档。

面积需求：600～800平方米。

合作期限：8～10年。

计划拓展区域：华南区域，华东区域，华北区域，华中区域。

重点考虑城市：一线及省会城市。

物业使用方式：租赁，购买。

首选物业：购物中心。

开店方式：独立经营。

物业要求如下。

1.城市的商业中心、繁华商圈。

2.交通便利，单店面积：600～800平方米。

3.城市人口：100万以上。

4.设计要求：楼层层高5米以上。

5.能承受租金：看具体区域的行情，没有特别限制。

6.选址要求：主要是商务区，而不是繁华的商业区。最好是业权单一的物业，能提供更加人性化的物业管理服务。

十、德香苑北京烤鸭

企业名称：重庆盛联餐饮文化有限公司。

品牌名称：德香苑北京烤鸭。

业态类别：餐饮美食——中餐。

品牌定位：中高档。

面积需求：300～500平方米。

合作期限：8～10年。

计划拓展区域：全国。

重点考虑城市：成都、重庆、福州、北京。

物业使用方式：租赁。

首选物业：购物中心。

开店方式：独立经营，加盟经营。

物业要求如下。

1.店铺面积应控制在300～500平方米。

2.店铺签约期应控制在1～3年。

3.店铺应有独立广告位，同时在餐饮类广告专区有相应的广告位。

4.店铺开业所需水、电、气等相应的条件（附工程配套条件表）。

十一、川仁百味

企业名称：川人百味（餐饮）集团。

品牌名称：川仁百味。

业态类别：餐饮美食——中餐。

品牌定位：中高档。

面积需求：250～300平方米。

合作期限：6～8年。

计划拓展区域：全国。

重点考虑城市：全国二三线城市。

物业使用方式：租赁。

首选物业：购物中心。

开店方式：独立经营。

物业要求如下。
1.大型商超、购物中心、商业综合体内餐饮区域。
2.商业圈繁华路段、客流量大的街边店铺。
3.专业市场内餐饮区。

十二、小厨娘精菜馆

企业名称：江苏小厨娘餐饮管理有限公司。

品牌名称：小厨娘精菜馆。

业态类别：餐饮美食——中餐。

品牌定位：高档。

面积需求：500～700平方米。

合作期限：10～15年。

计划拓展区域：全国。

重点考虑城市：江苏地区。

物业使用方式：租赁。

首选物业：购物中心，商业街。

开店方式：独立经营。

物业要求如下。

1.统一装修风格，统一经营模式，具备良好的地理位置、交通便利、有停车位。

2.商圈选择：选址于人口不少于5万人的居住区域或社区型、区域型、都市型商圈。

3.建筑要求：框架式建筑，厨房可小于餐厅营业面积的1/3，其余同餐厅。楼上商铺亦可。

十三、椒艳时光

企业名称：茉莉时光酒店管理有限公司。

品牌名称：椒艳时光。

业态类别：餐饮美食——中餐。

品牌定位：中高档。

面积需求：200～300平方米。

合作期限：5～8年。

计划拓展区域：华北区域。

重点考虑城市：青岛、烟台、山东省沿海城市。

物业使用方式：租赁。

首选物业：购物中心。

开店方式：独立经营。

物业要求如下。

1. 大型商场、超市、购物中心、商业综合体内餐饮区域。

2. 商业圈繁华路段、客流量大的街边店铺。

3. 专业市场内餐饮区。

十四、谷香九号

企业名称：河南谷香九号餐饮有限公司。

品牌名称：谷香九号。

业态类别：餐饮美食——中餐。

品牌定位：中高档。

面积需求：300～500平方米。

合作期限：5～10年。

计划拓展区域：全国。

重点考虑城市：山东。

物业使用方式：租赁。

首选物业：购物中心，商业街，商业裙楼。

开店方式：独立经营，合作经营。

物业要求如下。

选址标准：市区内A类商圈、大型综合体、高档购物中心、甲级写字楼。

1. 以室内没有柱子、障碍墙为最好。

2. 可以独立开门，入口门宽1.6米、高2米为标准。

3. 店铺门脸最好宽10米以上，由透明玻璃构成。

4. 排水方面，提供厨房排水、污水排放系统。市政指定排污口或通道。

5. 电力方面，24小时提供动力三相五线电源（有独立的配电柜）。

6. 电源电力为（如果有天然气）80千瓦左右，如果没有天然气要在150千瓦以上。

7. 若有中央空调，需提供中央空调送冷暖时间；若无中央空调，要提供分体空调室外机安装位置及安装条件。

8. 室内高不能低于4.5米。

9. 原则上店内需有或可建卫生间（若不能设置最好附近有公厕）。

10. 带有地下室时，可以进行地下管道安装。店铺外有台阶时尽量允许我方建造坡道。

11. 进风、排风为直排式，与主管道相通，排烟量20000立方米/秒风量左右，送风10000立方米/秒风量左右。

12.具备消防系统,提供消防验收报告。协助验收开业。

13.弱点条件:电话、网络正常提供,要有充足的各移动电话运营商的网络信号。

十五、一会馆

企业名称:广州致信药业有限公司。

品牌名称:一会馆。

业态类别:餐饮美食——中餐。

品牌定位:高档。

面积需求:2000~3000平方米。

合作期限:15~20年。

计划拓展区域:华南区域。

重点考虑城市:广州、佛山、惠州。

物业使用方式:租赁。

首选物业:其他。

开店方式:独立经营。

物业要求如下。

1.实用面积为2000~3000平方米。

2.有合适的广告位、招牌展示位、停车位等。

3.具体要求按我公司房产技术条件双方达成协议为宜。

4.开发商需协助我公司办好各项审批手续。

十六、辣宴

企业名称:深圳市天下湘军餐饮集团。

品牌名称:辣宴。

业态类别:餐饮美食——中餐。

品牌定位:大众化。

面积需求:200~400平方米。

合作期限:3~5年。

计划拓展区域:全国。

重点考虑城市:深圳。

物业使用方式:租赁,其他。

首选物业:购物中心,社区商业,商业街,百货。

开店方式:独立经营,其他。

物业要求如下。

1. 两个分店距离在3千米以上。
2. 单层使用面积在1600～2000平方米之间。
3. 不在居民楼下，且离居民楼25米以上。
4. 净层高3.8米以上。
5. 首选成熟商圈，百货公司，购物中心。
6. 停车位充足。

十七、黄四娘酱骨

企业名称：济南先大餐饮管理集团。

品牌名称：黄四娘酱骨。

业态类别：餐饮美食——中餐。

品牌定位：中高档。

面积需求：100～150平方米。

合作期限：1～3年。

计划拓展区域：全国。

重点考虑城市：全国一二线城市。

物业使用方式：租赁。

首选物业：购物中心，社区商业，商业街，超市。

开店方式：独立经营，加盟经营

物业要求如下。

1. 商业街区，人流量较高，周边品牌业态聚集，有较高消费能力。
2. 门店形象良好，有独立招牌和广告位，门宽不少于3米，店面方正。

十八、四道菜

企业名称：福州四道菜餐饮管理有限公司。

品牌名称：四道菜。

业态类别：餐饮美食——中餐。

品牌定位：中高档。

面积需求：300～500平方米。

合作期限：10～15年。

计划拓展区域：华东区域。

重点考虑城市：福州。

物业使用方式：租赁。

首选物业：购物中心，商业街。

开店方式：独立经营。

物业要求如下。
1. 大型商超、购物中心、商业综合体内餐饮区域。
2. 商业圈繁华路段、客流量大的街边店铺。
3. 专业市场内餐饮区。

第二章
连锁餐饮企业单店营运管理

引言

单店是在连锁总部的统一指导和监督下,直接面向顾客,服务于顾客,完成餐饮服务交易,并承担客户信息反馈等职能。单店管理者要驻留现场,随时监控单店运营各项活动的实施。

第一节　单店人员管理

一、人员招聘

（一）招聘原则

连锁餐饮单店招聘员工时应遵循下图所示原则。

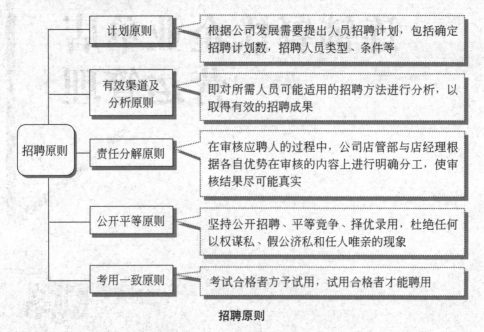

招聘原则

（二）招聘的组织与分工

连锁餐饮企业的店管部是各单店招聘工作的归口管理部门。各单店接受企业店管部的职能领导和协调，接受公司制定的有关招聘工作的各种制度、管理办法等的约束和指导。

店经理在店管部的支持和统一要求下，负责单店服务员和杂工的招聘工作，并上报店管部审批。领班从优秀的服务员中选出，其提名由店经理决定，报店管部审批备案。店经理和收银员由公司店管部组织招聘，其任免和升迁都由店管部根据具体情况决定。单店的厨工由中心厨房委派并定时轮岗。

公司店管部与店经理的具体分工如下图所示。

公司店管部

（1）负责审核单店的招聘计划，协调和指导单店的招聘工作，对单店的招聘工作效果进行不定期检查并提出改进建议

（2）负责发现聘任过程中有不当行为时，及时报请公司总经理，责令单店改正

店经理

（1）负责进行单店招聘需求分析工作

（2）负责单店招聘计划的拟定

（3）负责单店服务员和杂工的招募工作

（4）负责单店服务员和杂工的甄选录用工作

公司店管部与店经理的具体分工

（三）招聘方式

人员招聘有内部招聘与外部招聘两种，如下表所示。

人员招聘的方式

序号	招聘方式	说明
1	内部招聘	（1）内部招聘对象的主要来源有提升、工作轮换、内部人员重新聘用（下岗人员）等。内部招聘的主要方法有推荐法（经本公司个别员工推荐）、公告法（使全体员工了解职务空缺，通过竞聘选拔）等 （2）经店经理要求，公司店管部根据招聘岗位要求，对人员供给状况进行评估，认为可行，经店管部报总经理审批后，可在整个公司内部进行招聘
2	外部招聘	（1）在内部招聘不能满足职位要求时进行外部招聘 （2）可以通过职业介绍所、员工引荐、在餐厅贴出招聘启事、大学勤工俭学部和同业推荐等形式从外部招聘

（四）招聘流程

单店的人员招聘流程如下图所示。

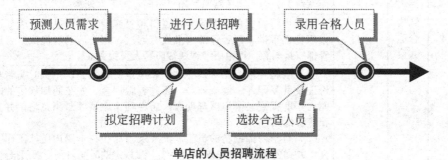

单店的人员招聘流程

单店的人员招聘流程中各环节的工作说明如下表所示。

单店的人员招聘流程中各环节的工作说明

序号	环节		工作说明
1	预测人员需求		（1）店经理每年根据公司发展战略和单店年度经营目标编制年度计划时，应同时进行单店年度人员需求预测 （2）单店人员需求预测内容包括实现单店年度目标所需人员总数与结构、现有人员总数与结构、流出人数的时间与方式（辞退、轮岗等）、流入人数的时间与方式（内招、外招）及其原因分析等 （3）公司店管部负责对各单店的人员需求预测进行审核
2	拟定招聘计划		（1）店经理负责根据人员需求和供给预测拟定年度招聘计划，并上报店管部审批 （2）招聘计划应包括以下内容 ① 招聘岗位、人数及资格要求（年龄、性别、学历、工作经验、工作能力、个性品质等） ② 招聘渠道和方式 ③ 招聘测试内容和实施人员 ④ 招聘结束时间和新员工到位时间 ⑤ 招聘预算，包括：招聘广告费、交通费、场地费及其他费用等
3	进行人员招募	招募信息的发布	（1）招聘广告要吸引潜在应聘者的注意，使潜在应聘者对空缺职位产生欲望，并马上采取行动。招聘广告根据需要可以采取内部招聘公告、招聘现场海报、公司形象宣传资料等一种形式或多种组合 （2）招聘信息发布的范围由招募对象的范围确定 （3）招聘信息发布时间：在条件允许的情况下，招聘信息应尽早发布，一般在需要日期一个月之前发布
		应聘者提出申请	应聘者需要向店经理提出应聘申请，并填写"应聘申请表"，同时提供各种学历、技能、成果（包括奖励）证明（复印件）和身份证（复印件）
4	选拔合适人员	资料审查	店经理根据招聘岗位的要求，对收集到的应聘者个人资料进行审查，审查内容包括：年龄、学历、工作经历、专业技能等，将符合要求的资料挑出，通知应聘者面试
		面试	店经理根据事先设计的测评内容对应聘者进行面试，并做好面试记录，同时在"应聘人员面试测评表"意见栏填写评语及意见，面试意见分为"同意聘用"和"不同意聘用"两种
		审批	店经理将面试合格者的个人资料和"应聘人员面试测评表"上报店管部审批。若店管部审批没有通过，则将应聘者淘汰；若店管部审批同意，则由店经理通知应聘人员报到
		报到	（1）应聘合格者在告知的时间和地点进行报到，报到时需带身份证及其复印件、健康证等，还有制服押金。如在通知规定的时间内不能报到又未申请延期者，店经理可取消其录用资格，并上报店管部 （2）对于内部招聘的员工，批准录用后应在一周内做好工作移交，并到公司综合办办理调动手续，在规定的时间内到新部门报到

续表

序号	环节		工作说明
5	录用合格人员	录用	（1）应聘人员向店经理提供学历复印件等个人资料备案，签订试用协议，成为单店试用员工 （2）员工必须保证提供的资料真实无误，若发现虚报或伪造，店经理有权将其辞退
		试用	（1）新员工到岗必须先进行试用，试用期一般为1个月，试用期内新员工享受试用期待遇 （2）店经理应对试用期内的员工进行考核鉴定 （3）试用期内新员工表现优异，可申请提前转正，但试用期最短不得少于10天 （4）试用期满未达到合格标准，店经理根据实际情况决定延期转正或辞退，延期时间累计最长不超过10天
		转正	试用期满合格，员工需填写转正申请，办理转正手续，签订正式劳动合同，同时店经理应为转正员工定岗定级，提供相应待遇，并上报店管部审批、备案

（五）招聘中的应用表格

1. 内部招聘公告

内部招聘公告

编号：_____

公告日期：_____　　　　　结束日期：_____
在_____部门中有一全日制职位_____，职系为_____。此职位对/不对外部候选人开放。

薪金支付水平：
最低：_____　　　　最高：_____

1. 职责
参见所附职务说明书。
2. 所要求的技术或能力
候选人必须具备此职位所要求的所有技术和能力，否则不予考虑。
在现在/过去的工作岗位上表现出良好的工作业绩，其中包括：
（1）了解自己所从事的工作及其与整个企业的使命、战略、业务目标是怎样配合的；
（2）有能力完整、准确地完成任务；
（3）能够通过创新来改善产品和服务的质量；
（4）能够跟得上专业技术进步的步伐；
（5）能进行有效的沟通，同他人合作共事；
（6）有较强的组织能力和领导能力（如果该职位是管理岗位）。
3. 可优先考虑的技术和能力
这些技术和能力将使候选人更具有竞争力。
4. 申请程序
（1）到公司综合办领取应聘申请表。
（2）____年____月____日前将填好的应聘申请表交至公司综合办。
（3）对于所有的申请人，公司综合办和该空缺职位的部门负责人将根据应聘申请表进行初步筛选。
（4）测试小组将对初选合格的申请人进行必要的测试。
（5）内部招聘结果将在____年____月____日前公布。

公司综合办

2.应聘申请表

应聘申请表

应征岗位			应征日期	年　月　日
姓名			出生日期	年　月　日
性别			身份证号码	
血型			籍贯	
家庭住址			电话	
政治面貌		婚姻状况		配偶姓名
紧急联络人	姓名		关系		电话
	地址				

教育程度	时间	学校名称（包括职业教育）	专业	证明材料

工作简历	时间	单位	职位	工资	离职原因

兴趣爱好		专长	
交通工具	□公车　□机车　□汽车　□其他：		
驾照	□机车　□汽车　□其他：		
可上班日			
希望待遇			

健康状况 有没有足以影响工作的疾病，如有请说明：

其他

本人承诺，表内所填各项若有虚报事项愿受解职处分

应聘人签名：
日期：

3.应聘人员面试测评表

应聘人员面试测评表

姓名		性别		年龄		应聘职位	
学历		专业				户口所在地	
仪表	□衣冠讲究 □整洁一般 □随便懒散			态度		□大方得体 □傲慢 □拘谨	
语言	□表达清晰 □尚可 □含糊不清			精神面貌与健康状况		□佳 □一般 □差	
直观印象							
能力							
语言表达能力							
沟通能力							
应变能力							
综合分析能力							
专业知识技能							
工作经验							
其他							
求职动机							
工作态度							
薪酬要求							
面试测评评语			面试测评负责人：			测评意见： □同意聘用 □不同意聘用	

二、人员培训

人员培训是一种有计划、有步骤地采用适当的方法向员工传授生产、管理、技能和思想的活动。人员培训有助于单店经营目标的实现。

（一）培训的基本原则

人员培训以不影响本职工作为前提，遵循学习与工作需要相结合，讲求实效，以及短期为主、业余为主、自学为主的原则。

（二）培训的组织与分工

公司店管部是各单店培训工作的归口管理部门。各单店接受店管部的职能领导和协调，接受公司制定的有关培训工作的各种制度、管理办法等的约束和指导。

店经理在公司店管部的支持和统一要求下，负责单店培训的组织和落实，并上报店管部备案。

公司店管部与店经理的具体分工如下表所示。

公司店管部与店经理的具体分工

序号	部门	职责
1	公司店管部	（1）负责审批单店的培训计划 （2）指导各单店的培训工作 （3）承接、落实公司的培训计划和培训指令
2	店经理	（1）负责单店培训需求的调查与分析 （2）负责单店培训计划的制订 （3）负责单店培训的组织实施工作 （4）负责单店培训效果评价工作 （5）负责推荐单店外派培训人员

（三）培训的种类

1. 岗前培训

岗前培训是指在新员工上岗前为了适应工作的需要而进行的各种培训工作。岗前培训的目的是提高员工素质，使新员工尽快了解工作环境、工作内容，适应工作岗位的需要。岗前培训的内容主要包括单店概况介绍、公司主要制度政策介绍和专业技能培训。

对在培训中表现极差的新入职员工，店经理可以依据公司的相关规定予以辞退，并报店管部备案。

2. 在职培训

在职培训的目的是提高员工的整体素质，充实专业知识与技能，提高运营效率，增强单店的核心竞争能力。凡在职人员均有接受在职培训的权利。

员工的在职培训，就其内容而言，分为三种，如下图所示。

第一种 改善人际关系的培训

此类培训主要是使员工对下述人员关系有一个比较全面的认识，包括：员工与员工之间的关系；员工自身的心理状况和社会关系；员工对单店、公司整体的认同感等

第二种 新知识、新观念与新技术的培训

单店要发展就必须随时注意内外部环境的变化，因此店经理必须随时向员工灌输新知识、新技术和新观念，否则员工必然落伍

第三种 晋级前的培训

晋级是单店人事管理的必然过程。由于编制的扩充、人员辞职、免职等各种原因，需要相应补充各类人员。为让即将晋级的员工在晋级之前先有心理和能力方面的准备，并且获得相关的知识、技能和资料等，店经理有必要对有培养前途的员工提前实施培训

员工的在职培训内容

3.外派培训

外派培训是指培训地点在公司以外。单店外派培训的目的是满足公司发展的需要，提高部分员工的特殊工作技能。外派培训的形式有：到同行业先进企业实地考察学习、参加各种短期培训班、各种资格证书的培训学习等。

店经理有权根据实际情况提出员工外派培训申请，经店管部审议后，呈总经理审批。外派培训人员要与公司签订员工外派培训合同，并到店管部办理相关手续。

（四）培训管理流程

培训管理流程如下图所示。

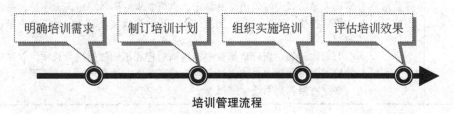

培训管理流程

培训管理流程中各个环节的具体工作与要求说明如下图所示。

培训管理流程中各个环节的具体工作与要求说明

序号	环节	工作要求说明
1	明确培训需求	（1）店经理每年11月初发放"员工培训需求调查表"，该表由员工本人填写，完成后上交店经理 （2）店经理在收集、整理、分析员工培训需求的基础上，结合公司发展战略、单店经营目标、员工考核评定等因素确订单店的培训需求。每年11月底前将"员工培训需求调查表"和"单店培训需求表"报公司店管部。单店的培训需求是店管部制订年度培训计划的重要基础 （3）对于员工临时提出的各类外派培训，均须店经理同意，填报"员工外派培训申请表"，报公司店管部审核，总经理审批；对于员工临时提出的内部培训，经店经理审核后，报店管部审批
2	制订培训计划	店经理根据员工的培训需求分析和公司店管部的年度培训计划制订单店年度培训计划。培训计划内容应包括培训对象、培训目标、培训内容、培训教师、培训方式、培训经费预算、培训时间等。单店的培训计划需提交公司店管部审批、备案
3	组织实施培训	（1）店经理根据年度培训计划组织实施培训，单店员工协助店经理执行培训计划。若因工作要求需要调整培训计划，店经理应提前向公司店管部提出申请，由店管部审批 （2）店经理负责对培训过程和培训考核结果进行记录，保存相关资料，如电子文档、录音、录像、幻灯片等，有关培训资料应分别进入单店和员工培训档案。店经理要对每一名员工建立一份培训记录表，具体填写"员工培训记录表" （3）实施培训。店经理要提前通知受训员工培训的内容、时间、地点、课堂纪律、培训讲师等情况。所有培训的考勤应同正常上班一样对待，要求学员签到 （4）培训的考核是培训任务中必须进行的步骤。只有通过适当的培训考核，才能充分了解员工接受培训的效果，也能给学员一种培训压力
4	评估培训效果	（1）店经理负责组织培训结束后的培训效果评估 （2）每次培训结束后都要及时进行评估，店经理要在培训结束现场发给每个学员一张"培训评估表"。评估对象包括：培训师的表达能力、培训教材是否符合实际、培训时间安排的是否合理等。培训结束后的评估要结合培训人员的表现，做出总的鉴定。也可要求受训者写出培训小结，总结在知识、技能、行为、态度上的进步，与培训成绩一起放入员工个人培训档案 （3）每次培训后店经理都要根据培训过程和培训效果进行总结，并将完整的培训档案和培训总结提交公司店管部备案。如在培训前申请了培训费用，必须对培训费用进行结报

在培训管理流程中涉及的主要记录表格如下。

单店培训需求表

日期： 年 月 日

培训内容	培训时间	参加人员	培训师	培训方式	考核方式	备注

制表人： 审核人：

员工外派培训申请表

日期： 年 月 日

申请人		年龄	
职务		性别	
学历		培训项目名称	
培训项目起止时间		部门负责人	
工作任务：			
培训项目要求：			
申请理由：			
申请人签字：			
店管部负责人意见：			
总经理/分管副总经理意见：			

培训计划表

培训编号		培训对象	
培训时间		培训地点	
培训目标:			
培训内容:			
培训师			
培训教材			
培训形式			
经费预算			
备注			
店经理签字:		店管部意见:	总经理意见:

员工培训记录表

部门: 姓名: 代号:

序号	培训前岗位	培训名称	培训日期	培训时数	成绩	考核记录

培训评估表

日期:____年____月____日

	培训项目				
	培训师		培训方式		
对老师的评价	老师敬业程度	□优	□好	□尚可	□劣
	讲授水平	□优	□好	□尚可	□劣
	讲授方式	□十分生动 □生动 □一般 □不生动			
	联系实际	□联系密切	□有些联系	□无联系	
	老师对员工的要求	□非常严格	□严格	□不严格	
对教材的评价	教材适用性	□适用	□基本适用	□不适用	
	教材难度	□较难	□适中	□较简单	
	教材逻辑性	□合理	□适中	□不合理	

续表

	培训内容	□优	□好	□尚可	□劣
对培训组织者的评价	培训方式	□优	□好	□尚可	□劣
	培训时间	□太长	□适合	□不足	
	培训设施	□优	□好	□尚可	□劣
	培训收获	□较大	□一般	□较少	□无
	建议：				

（五）单店培训的方式

1. 座谈式

这是员工在店经理的主持下，坐在一起提议、讨论、解决的一种方式。这种方式可以就某一具体问题或某一制度进行提议、讨论，然后达到解决的目的。

这种方式让每一位员工都能参与其中，并能发挥自己独到的见解。作为店经理，也可以集思广益。

这种方式要定时间、定议题。培训的结果是要解决问题，不能不了了之，店经理一定要经过充分的准备，不能让学员带着问题离开。

2. 课堂培训

课堂培训是最普遍、最传统的培训方法。指店经理确定培训议题后，向公司店管部申请教材，或自己编写相应的培训教材（培训前要请店管部审定教材），再以课堂教学的形式培训员工的一种方法。

这种方式培训范围很广，理论、实际操作、岗位技术专业知识都可以在课堂讲解、分析。对于单店来说，各岗位的工艺流程标准、单店的营运标准、消防安全知识等都可以通过此种方式进行培训。

课堂培训对店经理有着特殊的要求：表达清楚、通俗易懂；善于引导学员的思路，能够控制课堂气氛；对培训内容的重点和难点要充分理解和分析，不能模棱两可，似是而非。

3. "肩并肩"帮带培训

这种培训主要用于单店对新员工的培训，店经理将本店新进的员工与资深员工结成"肩并肩"帮带小组，并给出培训清单，上面列出培训标准内容和要求等。

这种培训，可以采取一带一或一带多的方式，但最好采取一带一的方式。采取这种方式，要求将新员工与资深员工一起考核，这可以让资深员工有责任心。

4.综合培训

以上每一种方法，都不是独立的，在实际培训中，往往是将多种方法综合在一起。多种培训方式相结合才能让学员更快、更多地理解所学内容。

（六）培训考核的方式

培训考核主要有以下几种方式。

1.笔试考核

培训内容如果是有关理论知识方面的，都可以进行笔试考核。笔试考核试题要注意掌握培训内容的尺度，不要出偏题，要注重实效性，重点要突出。

学员完成试卷后，并不知道结果，更不知道试题的正确答案。因此，店经理要对试题进行分析及解答，让学员知道正确的答案是什么。

2.实际操作考核

为了更全面地考核员工的培训情况，仅有笔试考核是不够的，员工的实际操作能力，只有通过实际操作演示并考核，才能了解清楚。

实际操作考核可以从员工的工作程序、动作熟练、标准程度上进行。店经理一定要在员工演示现场，每一个动作都要严格把关。实际操作演示中每一个步骤都可按比例给予评分，并事先列好一个评分标准。

3.口头式问答考核

这种考核现场解答，全体学员都是考评老师。这种考核的结果也要记录在成绩单上，作为有效考核。

4.培训考核评分

不管什么考核方式，店经理都要对考核结果进行评分。评分是一件严肃的事情，店经理一定要本着公正、严谨的态度对学员进行评分。

店经理在将各种考核试题和考核方式安排好以后，就要确定一个合理的评分标准。

作为考核结果，要保持透明性，让学员知道自己的成绩。目前的成绩会让学员清楚自己的位置。

第二节　单店运营管理

一、物料管理

物料包括原料、辅料等食品用料，还包括各种机械设备、办公用品、工作服等所有餐厅财产。其中，食品用料是物料管理的重中之重。物料管理既包括进货、存放、使用等物流管理,又包括营业额预测、订货、记录与盘存、成本核算、保质期管理等信息管理。

物料管理的流程如下图所示。

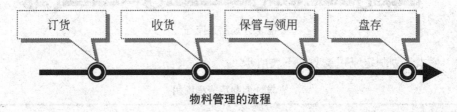

物料管理的流程

(一)订货

1.订货依据

(1)全面、准确的盘货记录。

(2)原辅料使用进展情况。

(3)损耗量及缺货情况。

(4)营业额预测。影响未来一段时间内营业额的因素如下所示。

① 季节变化。

② 双休日、节假日。

③ 促销活动。

④ 餐厅发展趋势。

⑤ 重要的再投资项目。

⑥ 新产品推出。

⑦ 新的竞争者。

⑧ 地区建设。

⑨ 天气。

2.订货量计算

$$订货量=预估需要量-预估本期剩余量+安全存量$$

其中,"预估需要量"需要根据预估下期营业额和各种原辅料的用量来计算;"预估本期剩余量"也要根据现有存货及本期预估营业额计算出来;"安全存量"就是指保留的合理库存量。

订货量的多少直接影响单店的正常运营和成本控制,因此需要在实践中总结经验,认真预测。

3.需求计划制定流程

需求计划制定流程如下图所示。

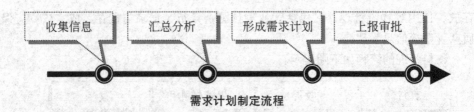

需求计划制定流程

需求计划制定流程说明如下表所示。

需求计划制定流程说明

序号	步骤	说明
1	收集信息	店经理从餐厅各相关岗位收集物料需求信息和库存信息,如各种原料、辅料、餐具、设备等,需求信息要有相应的需求说明
2	汇总分析	店经理根据物料需求说明和餐厅的实际情况分析各种需求信息,必要时与相关人员进行沟通,以便确定实际需求
3	形成需求计划	根据确定的物料需求的种类和每种物料的实际需求量,制订物料需求计划
4	上报审批	店经理将需求计划上报公司店管部审批,若店管部对需求计划有异议,则店经理需要进行相应的修改;若店管部批准需求计划,则由店管部将单店需求计划传达给公司相关部门。单店需求计划店经理和公司店管部均需存档备案

物料需求计划

日期:____年____月____日

序号	物料名称	单位	需求量	单价/元	总额/元	交货时间

说明:

制表人:_____   审核人:_____

(二)收货

1. 收货程序

(1)店经理依据"订购单"审查供应商所提供的货物,包括包装是否完整、品名、规格、数量是否正确。

(2)根据质量标准对所收各种物料进行检验,合格后由店经理在供应商的"发货单"或配送员的"调拨单"上签字。个别未及时检验但有冷冻、冷藏要求的货物，入库后与检验合格品分区域存放，待检验合格后由店经理在发货单上签字，正式办理入库手续。

（3）店经理将各批次物料的保质期限记录在案，以保证其及时使用。

入库单

单号：　　　　　　　日期：　　　年　　月　　日

序号	物料名称	单位	应收数	实收数	进货价格		供货单位	备注
					单价/元	总额/元		

验收人：　　　　　　　　　　　　　　　承办人：

2.收货注意事项

（1）所有接收物料都必须经过数量和质量的检验。

（2）收货时必须遵循正确的收货程序和验收标准。

（3）做好收货区的维护工作，并准备好每日的收货处理工作。

（4）若收货时发现问题，如数量不符、质量不达标、品种与《订购单》不一致等，店经理应及时与店管部沟通，由店管部协助解决。

（5）若单店要求退货和换货时，需要由店经理填写"退换货申请表"，并由店管部核实签字后，才能执行。

退换货申请表

申请单位：　　　　　　　日期：　　　年　　月　　日

序号	物料名称	单位	数量	进货价格		供货单位	申请要求（退货/换货）
				单价/元	总额/元		
退换货原因说明： 　　　店经理：＿＿＿＿＿＿							
店管部审核意见： 　　　店管部经理：＿＿＿＿＿＿							
最终处理意见：							

（三）保管与领用

1. 保管

（1）单店库房分为物料库、干货酒水库、生鲜食品库（冷冻库）。各库的货架要进行分类，把同类的物品放在指定的货架上。

（2）食品类根据《食品卫生法》和各自储存要求分别存放。

酒水、饮料入酒水库，按商品标识规定分类码放整齐，码垛高度应符合要求。禽类与蛋类分开存放，肉类与干货分开存放。冷冻食品放入冷库。

（3）店经理要做到每天对库房所存货物进行巡查，如发现有变质食品或其他不合格产品要立即挑出，与合格品分区域存放，做好记录。如有当天到期和即将到期物品，应及时处理使用，避免损失。

（4）要随时保证库房卫生，保持清洁、整齐、物品码放合乎标准。

2. 领用

（1）各岗位领取经营用物料，需要填写"领料单"，写明领取品种、数量，并经过店经理审批签字。

（2）物料出库要根据先进先出的原则。

（3）店经理必须监督物料出库，并根据"领料单"核对数量、品种是否一致。

领料单

单号：_____　　　　　领用部门：_____
日期：___年___月___日　　　用途：_____

序号	物料名称	单位	数量	领用时间	备注

申请人：　　　　　　库管员：　　　　　　店经理：

3. 调拨

（1）物料调拨的理由

① 调出　当本店某种物料偏多或快过期，或其他单店急用借出。

② 调入　当本店某种物料缺货或其他单店剩货时。

(2) 物料的调拨

① 物料的调拨需由店管部审批调度,并填写"调拨单",单店根据店管部的"调拨单"进行物料的调拨。

② 调出物料的单店要根据店管部的"调拨单"办理相应物料的出库手续,由店经理在"调拨单"上签字。

③ 调入物料的单店根据"调拨单"检验调拨的物料,合格后,由店经理签字,办理入库手续。

(四)盘存

(1) 店经理必须按照每天出入库的情况,详细登记台账,做到账物相符。

(2) 店经理必须进行每日的库存盘点工作,并在盘点记录上签字。

(3) 店经理要协助财务部门每月对库房进行一次盘点,做好详细的盘点记录。

二、工时管理

工时管理就是对员工工作时间的合理、有效地利用。一方面,要合理地安排合适的人员,保证满足公司经营的要求;另一方面,要尽量控制劳动力成本。工时管理的关键在于排班。

(一)排班的依据

(1) 保证100%的顾客满意。在恰当的时候,把最合适的人员安排在最合适的岗位上。

(2) 营业额的变化。提供适当的员工,满足营业额变化的需要。

(3) 最佳利润。通过有效控制人工成本,达到最佳利润。

(4) 遵守劳动法。

(5) 个人发展。为个人发展安排充足的训练和工作时间。

(二)排班计划制订流程

排班计划制订流程如下图所。

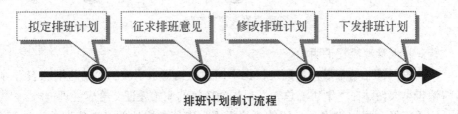

排班计划制订流程

排班计划制订流程说明如下表所示。

排班计划制订流程说明

序号	步骤	说明
1	拟定排班计划	店经理根据预计营业额、劳动法规定、公司的相关制度和已知的员工时间安排进行排班，拟定排班计划
2	征求排班意见	店经理将拟定的排班计划发给员工，征求大家对排班计划的意见。若员工有不同意见，及时提出，与店经理沟通，并由店经理协调解决
3	修改排班计划	根据员工的反馈意见对排班计划进行适当修改，形成最终的排班计划
4	下发排班计划	将排班计划打印公布，并监督实施。同时将排班计划报公司店管部备案

（三）排班工具

（1）排班留言本。留下员工能提供的工作时间记录，提前一周留言。

（2）排班协调本。登记留言，记录训练情况。

（3）排班表。编号、姓名、岗位、工时、营业额等内容。

三、单店财务管理

（一）营业收入管理

单店的所有经营收入必须及时入账，实行日清日结制度。任何一项销售业务，收银员都应开出销售小票并将销售额记入计算机系统，不得发生任何账外销售。营业收入应以获取现金或支票的方式实现，不得发生任何赊销业务。

营业收入管理流程如下图所示。

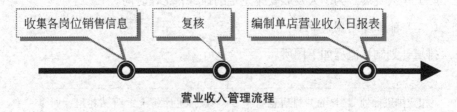

营业收入管理流程

营业收入管理流程说明如下。

（1）每日营业结束后，各岗位根据本岗位的销售小票编制"销售汇总表"，同时将销售小票粘贴在"销售汇总表"后作为核算的原始凭证交给店经理审核。

（2）店经理根据收银员打印的"清机表"审核各岗位的"销售汇总表"和当日营业现金及支票（如果客人用支票支付，应请示店经理同意）所得，若发现偏差立即寻找原因。

（3）店经理根据审核后的"销售汇总表"填写"单店营业收入日报表"，于每周五将"单店营业收入日报表"上交财务部单店核算会计作为记账原始凭证。

（二）营业现金管理

营业现金管理流程如下图所示。

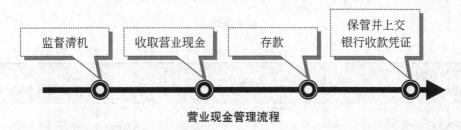

营业现金管理流程

单店营业所得现金必须及时全额存入该店的银行收入账户中，不得截留作为或补充单店的备用金、零钞，店经理应积极配合公司财务部单店核算会计对单店营业现金进行严格监控。

（1）收银员下班前，应将当班营业现金清点入账并填写"收银机账簿"，将总额与计算机打印数据核对，如有不符，应查找原因并追究相关人员责任，如果金额低于账务，是个人原因造成的，由相关责任人补齐，如果金额高于账务，不能查到原因的，这部分高出金额应作为营业所得，不得归任何个人所有。收银员清机时，应有店经理在场监督。

（2）收银员将营业现金上交店经理，由店经理向营业员出具收款收据并填写现金日记账。财务部单店核算会计应至少每月一次对单店的现金日记账进行监督审察，如有不符，责成单店查找原因并追究相关人员责任。

（3）店经理应于每天下午15:00将当天营业现金存入开户银行，15:00之后至停止营业期间收进的现金，应存入店内的保险柜，于第二天早上9:00及时送存银行。

（4）店经理应于每周五将单店在银行的营业现金存款上交公司财务部，同时提交银行收款凭证、银行存款余额调节表，由财务部单店核算会计审查核对后，向店经理出具收款凭证。

（三）成本费用管理

单店必须对本店产生的成本费用进行详细核算并编制相应报表上报公司财务部，公司财务部根据业务信息系统提取的基础数据和各部门提供的有关数据对各单店的成本费用进行核对、监控、汇总、统计和分析。

1.物料消耗成本核算

（1）由单店进行核算的成本费用项目主要包括物料消耗成本、房租，水、电、气消耗,以及员工工资福利、行政管理费用、税金、业务费用、服装费、办公费用、通信费用、交通费、维修费用等。物料消耗成本由公司财务部根据配送到各单店的物料进行结算,其他成本费用按单店实际发生额计算。

(2)店经理根据供应商或配送方的"发货单"、公司配送员的"调拨单"填写"收货清单","收货清单"背后应附有验收报告及供应商或配送方的"发货单"、公司配送员的"调拨单"以作为核算单店物料成本的原始凭证。

收货清单

日期:____年____月____日

序号	订购日期	订购单号	物料名称	供货单位	单价	数量	金额	验收日期	品质记录

(3)店经理每周应将本店的"收货清单"与配送员的"调拨单"、供应商或配送方的"发货清单"进行核对确认,如出现差异,由店经理编制"对账调节表",各方签字确认并加以说明。

对账调节表

供货单位: 日期:____年____月____日

序号	订购日期	订购单号	物料名称	单价	数量	金额	验收日期	对账结果

产生差异的原因:

差异的处理结果:

店经理:_____   供货单位:_____

（4）对于已退物资（包括向公司和供应商或配送方）或根据公司店管部指令调出的物资，店经理应根据"退换货申请表"或"调拨单"填写"出货清单"，于每周五报送财务部冲减本店库存物资和应付账款。

出货清单

日期：____年____月____日

序号	出货日期	单号	物料名称	收货单位	单价	数量	金额	品质记录

2. 费用支付结算

（1）由单店支付的各项费用包括房租、水、电、气消耗，以及服务员工资、行政管理费用、卫生管理费用、业务费用、交通费、办公费用、通信费用、维修费用等。

（2）店经理确认单店应支付的各项费用后，向店管部提出借款申请，店管部经理审核通过后报总经理审批，最后由财务部审核支付借款；店经理在支付款项后应于10日内带发票等相关凭证到财务部报销。

3. 成本费用的控制

（1）店经理应加强对单店库存物资、后厨加工制作、各种设备的维护保养、低值易耗品等成本控制关键环节的管理，针对不同性质的成本费用项目分别实行预算总额控制、定额控制与限额控制。

（2）对销售主原料、餐巾纸、牙签等低值易耗品实行定额控制，并依据相应的定额指标对相关责任人进行考核，消耗定额由公司店管部下达。

（3）对加工制作耗用水、电、气费用以及调味品等各种辅助材料消耗、工具器件消耗、修理费、办公费、员工工资、奖金等实行预算总额控制，并依据预算指标对相关责任人进行考核。

（4）对业务招待费、通信费、交通费等实行单项管理，但应规定限额标准，超限额的需报公司总经理审批。

（四）资金管理

由店经理进行单店资金的统一管理。管理的范围包括对单店营业现金、单店备用金及零钞的管理。

1. 资金计划的编制

（1）单店的资金计划包括资金收入（营业收入）计划和资金支出计划（由单店支付的各项费用），由店经理负责编制。

（2）资金计划由店经理在公司总体规划、经营环境的充分分析、经营收入的预测基础上编制。年度资金计划于每年12月前上报店管部，月度资金计划于每月25日前上报店管部，周资金计划于周四前上报店管部。

2. 备用金的保管与使用

（1）单店备用金由店管部根据单店经营情况、日常所需支付费用范围及金额核定。店经理负责备用金的保管，备用金不足时应向公司财务部及时通过报销费用或借款补充，不得挪用营业现金或零钞进行补充。

（2）单店备用金的使用范围为：单店经营所需紧急物资的采购、公司允许的零星采购、突发事件所需费用等必须由单店即时支付的资金。

（3）备用金由店经理向财务部报销，报销时应提供发票等相关原始凭证，并由经办人签字，店经理审核；如单店经理本人为经办人，应由店内能证明其有正常支出的员工（如收货人等）签字证明。

（4）店经理应建立备用金使用账簿，详细记录备用金的使用情况（金额、事由、是否报销）。

3. 零钞的保管与使用

（1）单店零钞金额由公司财务部根据单店营业情况进行核定发放。零钞在单店开店营业时由收银员负责保管，当天营业结束后或休店时，收银员应将零钞清点后交由店经理保管。

（2）每班收银员在本班营业结束时，应将零钞如数转交给下一班收银员，领班或店经理应对交接过程进行监督。

（3）收银员或店经理不得擅自用营业现金补充零钞，如需补充，必须报请公司财务部同意后由财务部划拨资金补充。

（五）发票管理

各单店向顾客开出的发票均为普通发票。

1. 发票的领用与保管

（1）发票由店经理向公司财务部领用，领用时应在发票登记簿上签字。领回的发票应由店经理亲自保管，营业时店经理不在店内，应将发票转交领班保管。

（2）若发票丢失，店经理必须在当日向财务部报告，财务部在3个工作日内向税务机关报告。

（3）店经理应将使用完的发票存根及时送交财务部，以旧换新，以便财务部或税务部门的检查监督。

2.发票的使用

（1）顾客需要发票时，收银员应询问顾客付款单位后，转告店经理按顾客实付金额开具发票。如店经理不能亲自开具发票，应委托领班或收银员开具。

（2）发票必须按号使用，开具发票必须按照规定的付款单位、时限、顺序一次性如实开具。

（3）开错的发票不得撕毁、丢弃，应加盖作废章，连同存根一起贴在发票上，一并保存。

（4）禁止转借、转让、倒卖、代开发票；不得撕毁、涂改、伪造发票；禁止在发票上弄虚作假；不得擅自出售、拆本使用及销毁发票；不得自行扩大发票的使用范围。

四、品质管理

品质管理是指对单店所经营产品的质量、卫生和食品安全的管理。品质管理贯穿于单店日常运营的每时每刻。

（一）原料的品质保证

（1）进货时要检查半成品的品质，发现不符合标准的，应退货，并立即补货。

（2）进货按照先进先出原则，后进货物靠里堆放。

（3）用料时，检查其有效期，并坚持先进先出原则。

（二）成品生产过程中的品质保证

（1）监督检查各种成品生产过程中的操作程序和规范。

（2）掌握各产品的品质标准。

（3）经常检查生产机器是否处于正常状态。

（4）营业高峰前做食品安全检查。

（5）抽查即将销售的各种成品。

（三）全面质量管理

全面质量管理就是全员参与、全过程监督、全方位控制。对于与顾客大量接触的快餐店，全员参与是至关重要的。

将"全员参与品质控制"的经营理念灌输给每一位员工；质量是单店赖以生存的基础；质量问题关系到单店中的每一位成员，是自上而下每一个人的工作。

不论在哪个岗位，都有发现质量问题并向店经理报告的责任。

不论在哪个岗位，都有寻找办法去解决质量问题的义务。

不论在哪个岗位,都有因对提高质量做出贡献而受到奖励和提升的机会。

(四)三级质量考核检查

为提高单店的品质管理水平,公司应建立三级质量考核检查制度。三级质量考核检查如下表所示。

三级质量考核检查

级别	组织形式与职责	检查内容	检查方式及时间	检查结果
公司监察办对单店的抽查	由公司监察办组织相关人员组成检查考核小组,负责对所属单店品质管理的检查考核。检查考核小组根据各项操作规范和标准对单店进行检查,将检查情况进行整理、归纳,如实填写各项检查表单,并及时将结果上报公司领导	菜品质量、卫生质量、食品安全、后厨人员的仪表仪容、后厨设备设施等	(1)由检查考核小组事先通知进行实地检查(1次/季度) (2)由检查考核小组进行不定期检查	公司监察办对各单店的抽查结果将以一定的权重进入公司对单店和店管部的考核评价中
公司店管部对单店的综合检查	公司店管部牵头组织相关人员组成检查考核小组,负责对所属单店品质管理的检查考核。检查考核小组根据各项操作规范和标准对单店进行检查,将检查情况进行整理、归纳,如实填写各项检查表单,并及时将结果上报公司领导	菜品质量、卫生质量、食品安全、后厨人员的仪表仪容、后厨设备设施等	(1)由检查考核小组事先通知进行实地检查(1次/季度) (2)由检查考核小组进行随时检查 (3)由公司聘请秘密顾客进行调查(2次/年) (4)发放"顾客满意度调查表"(发放的"顾客满意度调查表"以餐位数的10%为准)(1次/季度)	公司对各单店的综合检查结果将以一定的权重进入公司对单店的考核评价中
单店之间的互查	由各单店组织相关人员组成检查考核互查小组,负责在公司规定的区域内对各单店的品质管理进行检查和考核,并根据检查情况如实填写公司店管部统一发放的检查表单	菜品质量、卫生质量、食品安全、后厨人员的仪表仪容、后厨设备设施等	(1)由检查考核小组事先通知进行实地检查(1次/月) (2)由检查考核小组进行随时检查 (3)发放"顾客满意度调查表"(发放的"顾客满意度调查表"以餐位数的5%为准)(1次/月)	单店之间的互查结果将以一定的权重进入公司对单店的考核评价中

顾客满意度调查表

编号：　　　　　　　日期：　　年　　月　　日

顾客资料：
姓名：　　　　　　性别：　　　　　　联系电话： 家庭住址：　　　　　邮政编码： 购买产品名称及数量：　　　　　　　购买时间：
产品品质： 1.对产品的味道 □非常满意　□满意　□一般　□不满意　□非常不满意 2.对产品的品种 □非常满意　□满意　□一般　□不满意　□非常不满意 3.对产品味道保持的一致性 □非常满意　□满意　□一般　□不满意　□非常不满意 4.对产品的卫生 □非常满意　□满意　□一般　□不满意　□非常不满意
服务质量： 1.对菜品提供的时间 □非常满意　□满意　□一般　□不满意　□非常不满意 2.对点菜服务等候的时间 □非常满意　□满意　□一般　□不满意　□非常不满意 3.对服务员的服务态度 □非常满意　□满意　□一般　□不满意　□非常不满意 4.对服务员的仪容仪表 □非常满意　□满意　□一般　□不满意　□非常不满意
环境卫生： 1.对餐具的卫生情况 □非常满意　□满意　□一般　□不满意　□非常不满意 2.对餐厅桌椅、地面、设备、墙面等卫生情况 □非常满意　□满意　□一般　□不满意　□非常不满意 3.对餐厅的温度和湿度 □非常满意　□满意　□一般　□不满意　□非常不满意 4.对餐厅的采光和照明 □非常满意　□满意　□一般　□不满意　□非常不满意 5.对餐厅的背景音乐 □非常满意　□满意　□一般　□不满意　□非常不满意
其他： 1.您是否愿意再次光临本餐厅 □愿意　□可以　□不太愿意　□不愿意 2.您是否愿意将本餐厅介绍给您的朋友 □愿意　□可以　□不太愿意　□不愿意 3.您认为本餐厅令您最满意的地方是： 4.您认为本餐厅令您最不满意的地方是：
顾客意见和建议：

(四) 检查考核评价

(1) 评比按百分制的方法计算单店的得分
① 公司监察办对各单店的检查占30%。
② 公司店管部对各单店的检查占40%。
③ 单店之间的互查占30%。
(2) 每季度的综合分数作为公司考核单店经理工作的依据之一。
(3) 年底的综合分数作为评比年度最佳管理单店的重要依据。
(4) 各级检查、考核小组要认真履行职责，实事求是，严格填写检查考核报表。
(5) 检查人员在检查工作中必须严格执行本制度，尽职尽责，对于表现突出的单店和个人将给予通报表扬，对于问题较多的单店要及时指出或者上报公司领导。

除了公司的三级质量考核检查外，单店为了实现目标，控制产品品质，也需要进行自查，自查的方式包括单店不同岗位员工的互查和店经理对后厨人员的检查。

连锁总部三级检查、考核表——卫生表

企业名称：　　　　　　　　检查时间：　　年　　月　　日

考核项目	考核内容	考核要求	得分
店堂环境	门前卫生	符合门前"三包"要求	
	牌匾标志	醒目完好	
	店门	玻璃明亮，开闭自如	
	橱窗	明亮整洁，照明完好	
	厅堂	干净、明亮、整齐、无蝇，地面无杂物和油污	
	服务台	台面干净整齐，电话机干净，能够使用	
	灯箱广告	整洁完好，画面清晰	
餐厅	餐厅标志	干净、完整、醒目	
	门	把手完好，门面无灰尘	
	窗帘	完好，无破损，拉动自如	
	玻璃	光亮，无破损，无尘土印记	
	天花板	整洁，无浮尘，无脱落	
	墙壁	无尘土、无破损、无污迹	
	灯具	完好，无灰尘	
	地面地毯	平整，无破损、无油迹	

续表

考核项目	考核内容	考核要求	得分
餐厅	花木	无枯黄、无尘土	
	装饰品	无破损、无灰尘	
	收银台	台面干净整齐，收银机完好	
	酒柜	酒水摆放整齐，价签对位	
	桌椅	平稳，无灰尘，坐垫无破损、无油污	
	台布口布	干净平整，无破损	
	餐酒具	无破损，无油污，无残渣，有消毒工具	
	音响设备	干净无尘，功能完好	
	楼梯	干净、无死角，地毯铺放平整	
洗碗间	洗碗间	洁净无油	
	洗消程序	按四道工序操作	
	碗架摆放	干净完好，分类码放整齐	
	餐具卫生	光洁涩干	
	餐具完好	特级户合格率>95%，一级户合格率>90%	
	地面垃圾	地面无积水、无油污、无垃圾，袋装泔水密闭	
	消毒设备	消毒柜蒸箱密封完好	
厨房	地面	无积水、无油污	
	天花板、墙面	无灰尘、无脱落	
	门窗	玻璃明亮，无灰尘污痕	
	餐厅通道	干净无油污，无烟头杂物	
	厨房设备	灶台干净，厨具设备完好，清洁	
	案柜	无杂物，物品码放整齐	
	工用具、容器	无锈、无油污、无霉点	
	冰箱外	冰箱外壁和把手无油污	
	冰箱内	码放整齐，无杂物，罐头不倒灌	
	食品卫生	原料新鲜，蛋品用前清洗	
	个人卫生	穿工作服，戴工作帽	
冷荤间	地面	无积水、无油污	
	天花板、墙面	无灰尘、无脱落	
	门	干净明亮，无油污	
	案刀工用具	表面干净，无锈、无油、无霉点	

续表

考核项目	考核内容	考核要求	得分
冷荤间	冰箱外	冰箱外无油污,把手上有小毛巾	
	冰箱内	无冰冻物品,整齐,无杂物	
	消毒	备有消毒工具	
	加工间	地面干净,生熟容器分开	
	个人卫生	二次更衣工作时穿工作服,戴工作帽	
面案间	地面	无油污、无杂物	
	墙面、天花板	无浮尘、无脱落	
	工用具	无锈、无油、洁净	
	原料码放	整齐有条理,与地面隔离	
	食品卫生	面点制作生熟分开	
	个人卫生	穿工作服,戴工作帽	
库房	地面	干净,无杂物、无鼠迹	
	墙面	无灰尘,无整洁	
	天花板	无浮尘、无脱落	
	货架	完整,无尘土	
	地面隔离	隔墙离地	
	标签	有名称、厂家、保质期	
	物品分类	分类储存	
	物品码放	整齐,便于存取	
	蛋品存放	新鲜倒箱	
	物品存储	无超期食品,无异味、无变质	
冷库	制冷湿度	蔬菜库零上2~4摄氏度,冷冻库零下9~18摄氏度	
	冷却管	无冰洁	
	地面	无杂物、无鼠迹	
	货架	干净完好	
	地面隔离	有隔离物	
	物品摆放	摆放整齐,取物方便	
	物品分类	分类储存	
	食品保鲜	不存放过期食品	

续表

考核项目	考核内容	考核要求	得分
卫生间	门	前后两面洁净，状态完好	
	地面	清洁，无污迹、无杂物	
	厨位	里外清洁，无损害	
	洗手台	干净明亮，水阀使用正常	
	镜面	明净，灯具完好	
	设备	干手器、面巾纸、香皂、洗手液、卫生纸	
	墙面	无灰尘、无污迹	
	五金件	完整，无锈斑	
服务员个人卫生	服装	统一洁净，工号整齐，个人卫生符合规定	
	女服务员	淡妆上岗，不浓妆艳抹，不留长指甲，不涂色指甲油，不佩戴首饰物	
	男服务员	每天刮胡子，不留大鬓角	

注：评分分为三个等级，即好为10分；较好为8分；较差为5分。
检查人：

连锁总部三级检查、考核表——服务规范表

企业名称：　　　　　　检查时间：　　年　　月　　日

考核项目	考核内容	考核要求	得分
门卫	仪表仪容	按规定着装及整理个人卫生	
	礼节礼貌	行走时姿态端正，不准叉腰、抱胸、靠它物、手插裤袋	
	工作纪律	上岗前不准喝酒，吃异味食品；上岗时不能吸烟，不能看书刊，不能说笑打闹	
	环境卫生	所管辖的卫生片干净整洁，门把手光亮，车场无杂物	
	服务规范	能使用礼貌用语迎接客人，上岗时站立大门口一侧，主动、热情、及时地给客人拉车门，疏导车辆，维持门前秩序	
	安全	负责对宾客及重点宴会的安全保卫	
业务室	仪表仪容	按规定着装及整理个人卫生	
	礼节礼貌	行走姿态端正，不准叉腰、抱胸、靠它物、手插裤袋	
	工作纪律	上岗前不准喝酒，吃异味食品；上岗时不能吸烟，不能看书刊，不能说笑打闹，不能当着客人面喝水	
	环境卫生	所管辖的卫生片干净整洁，无灰尘、无杂物	
	服务规范	能使用礼貌用语迎接客人，在岗时允许一人坐着记录，其他人员要求站立服务按规范要求去做	

续表

考核项目	考核内容	考核要求	得分
迎宾员	仪表仪容	按规定着装及整理个人卫生	
	礼节礼貌	行走姿态端正，不准叉腰、抱胸、靠它物、手插裤袋	
	工作纪律	上岗时不准喝酒、吸烟、吃异味食品，不能看书刊，不能说笑打闹，不能当着客人喝水	
	环境卫生	所管辖的卫生片干净、无灰尘、无杂物	
	服务规范	做到主动、热情、耐心、周到，使用"您好、欢迎光临、谢谢、再见"等文明用语，准时上岗	
餐厅服务员	仪表仪容	按规定着装及整理个人卫生	
	礼节礼貌	行走姿态端正，不准叉腰、抱胸、靠它物、手插裤袋	
	工作纪律	上岗前不准喝酒、吃异味食品；上岗时不能吸烟、不能看书刊，不能说笑打闹，大声喧哗	
	环境卫生	所管辖的卫生片干净、无灰尘、无杂物、无死角	
	服务规范	做到主动、热情、耐心、周到、能使用"您好、欢迎光临、谢谢、再见"等文明用语，营业前摆好餐台茶具及其他公用具，备齐后站位迎宾客，客人用餐中规范服务	

注：评分分为三个等级，即好为10分；较好为8分；较差为5分。

检查人：

零点餐厅服务工作综合考评表

项目	得分/分	日期					
		1	2	3	…	30	31
仪容仪表符合要求；佩戴号牌，发型美观，男不过领，女不过肩；女服务淡妆上岗	15						
做好餐厅环境卫生，保持餐具卫生，转台无油腻	10						
提前5分钟站位，站姿正确，无扎堆聊天现象；插好服务监督卡	20						
规范服务全过程：铺口布，摘筷套，使用托盘，换餐具、烟灰缸	20						
微笑服务，使用敬语，说好第一句话	20						
做到餐中征求意见，结账唱收唱付，提醒客人看好随身物品	15						
每日得分							
备注							

年　　月　　　　服务员姓名：　　　　　　领班签字：

宴会餐厅服务工作综合考评表

年　　月　　　　服务员姓名：

项目	得分/分	日期				
		1	2	3	…	31
仪容仪表符合要求；佩戴号牌；发型美观，男不过领，女不过肩；女服务淡妆上岗	15					
做好餐厅环境卫生，保持餐具卫生，转台无油腻	10					
站姿正确，无扎堆聊天现象；	10					
微笑服务，使用服务用语，说好开场白，为客人介绍每一道菜	25					
规范服务全过程：铺口布，摘筷套，使用托盘，换餐具、烟灰缸，布菜，做示范	25					
做到餐中征求意见，结账唱收唱付，提醒客人看好随身物品	15					
每日得分						
备注						

领班签字：

摆台考核表

受检查区域：			年　月　日			……			年　月　日		
序号	检查项目	摆台标准	实际操作得分			实际操作得分			实际操作得分		
			号台	号台	号台	号台	号台	号台	号台	号台	号台
1	铺台布	无破损、下垂均等									
2	骨碟间距	等距									
3	骨碟与桌边	1厘米									
4	骨碟与勺垫	1厘米									
5	勺垫与红酒杯	1厘米									
6	水杯与红酒杯	1厘米									
7	红酒杯与白酒杯	1厘米									
8	筷子架出	1/3									
9	烟灰缸位置	与酒具外切同一圆上									

续表

序号	检查项目	摆台标准	实际操作得分			实际操作得分			实际操作得分		
			号台	号台	号台	号台	号台	号台	号台	号台	号台
10	牙签与骨碟	1厘米									
11	毛巾盘	等距									
12	菜单位置	等距									
	总计										
备注：每一项5分，满分60分		操作人									

检查人：

迎宾考核表

检查人：　　　　　　时间：　　年　　月　　日

项目	淡妆上岗5分	规范用语10分	仪表仪容5分	站姿站位10分	卫生清洁10分	纰漏差错20分	结尾工作10分	口头投诉30分	备注

传菜服务工作综合考评表

　　　　　　　　　　年　　月　　　　　传菜员姓名：

项目	得分/分	日期				
		1	2	3	…	31
送菜不撒不溅，端平走稳，上菜报菜名	15					
做好管辖区域卫生，保证服务工作能正常运转	10					
各项准备工作齐全，确保餐厅需求	20					
划菜准确	30					
准确、及时送菜到桌	10					
收尾工作有条理，确定任务完成，安全无隐患后方可离岗	15					
每日得分						
备注						

领班签字：

门卫工作考核表

检查人员：　　　　　　　　　　　　　　　　　年　　月　　日　　时

项目	"三定"15分（定时、定岗、定人）	仪容仪表5分	迎送用语5分	疏导车辆10分	清洁卫生5分	安全巡视10分	差错纰漏15分	目测外观5分	口头投诉30分

五、服务管理

服务就是通过特定的方式、方法、态度、技巧和情绪，满足顾客的物质需求、精神需求和便利需求，进而创造顾客新的需求。

服务的目的是通过提供100%的顾客满意，增加回头客，提升营业额，增加利润。

（一）服务的标准

（1）提供快捷、准确的服务。

（2）顾客等候时间：顾客加入排队行列至开始点菜时间，规定不超过5分钟。

（3）顾客接受服务时间：顾客接受点菜开始至点菜结束时间，规定不超过2分钟。

（4）有效快捷地处理顾客的投诉。

（二）三级服务考核检查

为提高连锁店的服务水平，规范餐厅的服务管理，餐饮企业宜建立三级服务考核检查制度。三级服务考核检查如下表所示。

三级服务考核检查

级别	组织形式与职责	检查内容	检查方式及时间	检查结果
公司监察办对各单店的抽查	由公司监察办组织相关人员组成检查考核小组，负责对所属单店餐厅服务的检查考核。检查考核小组根据各项服务规范和标准对单店进行检查，将检查情况进行整理、归纳，如实填写各项检查表单，并及时将结果上报公司领导	服务质量、卫生质量、服务人员的仪表仪容、餐厅设备设施等	（1）由检查考核小组事先通知进行实地检查（1次/季度）（2）由检查考核小组进行不定期检查	公司监察办对各单店的抽查结果将以一定的权重进入公司对单店和店管部的考核评价中

续表

级别	组织形式与职责	检查内容	检查方式及时间	检查结果
公司店管部对各单店的综合检查	公司店管部牵头组织相关人员组成检查考核小组，负责对所属单店餐厅服务的检查考核。检查考核小组根据各项服务规范和标准对连锁店进行检查，将检查情况进行整理、归纳，如实填写各项检查表单，并及时将结果上报公司领导	服务质量、卫生质量、服务人员的仪表仪容、餐厅设备设施等	（1）由检查考核小组事先通知进行实地检查（1次/季度）（2）由检查考核小组进行随时检查（3）由公司聘请秘密顾客进行调查（2次/年）（4）发放"顾客满意度调查表"（发放的"顾客满意度调查表"以餐位数的10%为准）（1次/季度）	公司店管部对各单店的综合检查结果将以一定的权重进入公司对单店的考核评价中
单店之间的互查	由各单店组织相关人员组成检查考核互查小组，负责在店管部规定的区域内对各单店的餐厅服务进行检查和考核，并根据检查情况如实填写店管部统一发放的检查表单	服务质量、卫生质量、服务人员的仪表仪容、餐厅设备设施等	（1）由检查考核小组事先通知进行实地检查（1次/月）（2）由检查考核小组进行随时检查（3）发放"顾客满意度调查表"（发放的"顾客满意度调查表"以餐位数的5%为准）（1次/月）	单店之间的互查结果将以一定的权重进入公司对单店的考核评价中

（三）检查考核评价

（1）评比按百分制的方法计算单店得分

① 公司监察办对各单店的检查占30%。

② 公司店管部对各单店的检查占40%。

③ 单店之间的互查占30%。

（2）每季度的综合分数作为公司考核单店经理工作的依据之一。

（3）年底的综合分数作为评比年度最佳管理单店的重要依据。

（四）检查、考核要求

（1）各级检查、考核小组要认真履行职责，实事求是，严格填写检查考核报表。

（2）检查人员在检查工作中必须严格执行本制度，尽职尽责，对于表现突出的单店和个人将给予通报表扬，对于问题较多的单店要及时指出或者上报公司领导。

除了公司的三级服务考核检查外，单店为了实现目标，也需要进行自查，自查的方式包括单店各不同岗位员工的互查和店经理对前厅各岗位服务规范及标准的检查。

六、环境管理

餐厅是为顾客提供饮食享受和精神享受的场所，所以确保卫生、健康、愉快的环境非常重要。清洁是保证卫生的主要手段，是餐厅日常工作的一项重要内容。清洁包括清除看得见的杂物、灰尘和杀死有害、能致病的有机物。除了卫生要求以外，还需要通过声音、色光、湿度、绿化等手段为顾客提供一个有益于身心健康的就餐环境，使顾客获得愉悦的就餐体验。

（一）清洁的内容

清洁的内容如下表所示。

清洁的内容

序号	区域	清洁范围
1	生产区	（1）操作台、地面、水池 （2）专用电器设备等
2	凉菜间	（1）操作台、地面、水池 （2）操作用具等
3	库房	（1）地板 （2）墙面 （3）冰箱、冰柜 （4）货架
4	大厅	（1）桌子、座位 （2）墙壁、灯、天花板、风口及各种装饰 （3）卫生间 （4）地面 （5）调味瓶、烟灰缸
5	柜台服务区	（1）收银机 （2）柜台 （3）地面 （4）饮料机 （5）餐盘
6	外围	（1）餐厅门口的道路 （2）标志、广告牌 （3）门框 （4）玻璃 （5）灯箱

（二）清洁工作的原则

清洁工作不能干扰顾客，这是清洁工作的最高准则。

（三）清洁时间的安排

（1）随手清洁　清洁是没有止境的，只要有空就必须随手清洁，保证顾客满意。

（2）营业清淡时间　营业高峰期间，由于大家忙于为顾客服务，会忽略了清洁，营业高峰过后，即在营业清淡时，有大量的清洁工作要做。

（3）员工用餐前　在员工用餐前分配其做完清洁工作后再去用餐，员工会比较乐意，因为可以保证提前有个清洁的环境。

（4）停止营业后　没有顾客，可以放开手脚彻底清洁。

（四）环境的其他构成因素

1.音乐

餐厅播放一些轻音乐，声音大小以"有听则有、无听则无"为原则。

2.空气

餐厅一年四季备有空调，特别是夏天，更为重要，给顾客恰到好处的室温。冬季温度不低于18摄氏度，夏季温度不高于24摄氏度，用餐高峰客人较多时不超过26摄氏度，相对湿度40%～60%。餐厅的气压大于外界气压，洗手间的气压小于餐厅气压，保证餐厅有新鲜、优质的空气。

3.采光

自然采光照度不低于100勒克斯，各服务区域的灯光照度不低于50勒克斯。电源灯光可自由调节。

七、保全管理

保全，顾名思义，即是保障餐厅的安全，进一步而言，就是保证餐厅的人员、物料和现金的安全。

（一）安全事故产生的原因

造成安全事故的原因分为直接原因和间接原因。

1.直接原因

直接原因可分为人为的和设施的两个方面。

（1）人为的原因主要是指人们不安全行为所造成的，包括指导与监督疏忽、肇事者未按规定要求行事、危险性物品使用错误及不安全行为。

（2）设施方面的原因是指不良的环境设施所引起的，包括照明不良、维修不当、危险场所的防护设施不当等。

2.间接原因

各种机械装置的定期检查和保养不良。由于店经理责任心不强,导致安全管理制度和安全管理组织不完备、安全管理标准不明确等。

(二) 人员的安全

(1) 操作的安全,特别是生产区的安全,要严格按照标准操作。

(2) 餐厅必须按规定在指定地点放置指定数量的消防器材。

(3) 各种设备要定期维修,保持设备的安全运转。

(4) 各种电器及照明设施完好,严格按照要求进行安装与维护。

(5) 药物的准备,主要是疮可贴、烫伤药、红花油等。

(6) 化学药品的使用,餐厅中有腐蚀性的清洁剂要小心使用,注意说明书。

(三) 物料的安全

(1) 定期灭蝇、灭鼠。

(2) 保证冷冻、冷藏库的温度。

(3) 搬运时小心,不用力装卸。

(4) 时刻注意有效期,避免物品过期而造成浪费。

(5) 每天营业结束后,盘点货物。

(6) 必要时可在营业中清点物料。

(四) 现金的安全

1.现金管理政策

(1) 不用的收银机上锁。

(2) 一人负责一台收银机。

(3) 每日清机时,店经理必须在场。

(4) 定期存款,每天下午15:00存款一次。

(5) 保持准确、详细的现金及支票记录。

(6) 出现误打、退款、换产品等情况应请店经理处理。

2.现金控制的内容

(1) 超收　表现为收银员未把产品或少把产品打入收银机,而将钱拿走。

(2) 短收　表现为收银员将钱拿走,或是不正确地换零钱,或是找零钱速度太快。

(3) 误收　表现为收银员看错钞票面额,或是误将假钞当真钞。

(4) 政策的不理解　当一些特殊问题出现时,处理不当。

八、设备管理

（一）设备的类别

餐厅的设备基本可以分为三类：服务设备、烹调设备以及盛放与展示设备。良好的设备管理，不仅可以提升单店的管理水平，而且可以通过最大限度地减少设备损坏来减少营运成本，延长设备寿命。

（二）设备管理的工具

1. 设备手册

设备手册的内容包括：详细的例图说明，设备零件资料，安全程序和故障排除步骤，机器型号，生产厂家，联系电话，零件编号，注意事项等。

2. 计划保养手册

该手册详细说明了每种设备的维护保养程序，并附维护保养卡。

3. 计划保养表

计划保养表列出了执行每项保养工作的时间及周期，帮助安排执行人，并在完成后予以记录。

九、门店营运分析

门店运营分析需要通过每日、每周、每月、每年四个分档的营业数据分析，准确得知营业收入情况、营业支出情况、就餐人数变化、人均消费变化、菜品销售变化、阶段性消费变化等。

通过以上分析，可随时掌握门店每日营业、支出情况，并以此为依据，做出每月成本核算、每月营业额预估计划，将门店的收入、支出两大项做到有据可依，明确门店经营标准。

以上分析报表以三种形式体现，表格式、曲线图式、饼图式，做到清晰明了，不可人为复杂化。

具体操作如下。

（一）每日营业分析

1. 每日营业收入分析

每日营业收入分析的目的：通过记录每日营业额随时掌握门店收入情况，并在发生变化时第一时间做出应变。同时记录1～3个月后，掌握每月收入平均值，即可按照比例设定下月营业额，作为门店营业核算基础。

每日分析主要需关注实际现金收入、当日折扣额、实际就餐人数、人均消费额、当日毛利率这五大项，通过数据记录明确每日经营情况，并在每月制作月度收入曲线图。

2.每日支出项目分析

每日支出项目分析的目的:每日支出项可通过记录1~3个月的支出数据算出平均值,即可掌握每月支出平均值,作为成本预算依据,每月核定下发下月成本项目标准,并在超、降出现时明确原因,并加以改进。

每日分析主要需关注所有支出项目,发票使用额,礼品发放额,当日用水量,当日用电量,当日燃料使用数量,当日领用原料金额,当日吧台临时支出金额等,通过记录明确每日支出项目,并在每月制作月度总支出曲线图。

门店每日营业记录表

××店收入统计										
日期	星期	天气	营业目标	总收入	当日折扣额	实收现金	就餐人数	人均消费	前期合计
	一									
	二									
	三									
	四									
	五									
	六									
	日									

××店支出统计									
日期	可控费用			可变费用	吧台费用			当日合计
	水表数	电表数	燃料使用	原料	吧台支出	发票支出	小礼品支出	

(二)每周营业分析

1.目的

通过记录菜品销售数据,确认每周菜品销售情况;费用控制情况;就餐人数变化情况，并随时做出调整改进。

2. 分析的内容

（1）记录门店各大类菜品项目销售情况，并以此为依据，定期分析改进菜品。

（2）记录费用支出情况，核定是否符合当月费用预算。

（3）记录一周就餐人数变化。

门店周营业情况记录表

年　月　周

××店										
菜品××大项销售金额								本周费用		本周人数
××	××	××	××	××	××	××	××	原料	其他	

××店										
菜品××大项销售金额								本周费用		本周人数
××	××	××	××	××	××	××	××	原料	其他	

××店										
菜品××大项销售金额								本周费用		本周人数
××	××	××	××	××	××	××	××	原料	其他	

××店										
菜品××大项销售金额								本周费用		本周人数
××	××	××	××	××	××	××	××	原料	其他	

（三）每月营业分析

1. 目的

月度分析记录主要作为定期分析依据及后期预算依据，通过数据分析达到控制各项成本的目的，以便更好地控制经营，做到随时清晰掌握。

2. 分析的内容

（1）每月分析可分为两大项，一为当月营收、支出日曲线图；二为月度记录表格，以年为记录单位，作为年度分析依据。

（2）月度分析使用饼图，明确表现出当月营业收入比例、成本比例、人员工资比例、固定费用比例这四大项，可随时掌握门店经营变化。

（3）当月×大类菜品项目销售排行榜，取各类项目前20名，以分析消费群体喜好。

（4）人力成本变化记录，通过表格记录，达到控制合理人力成本目标。

每月分析表格

一、每月日收入曲线图

门店每月单日营业额对比图

二、每月四大项比例饼图

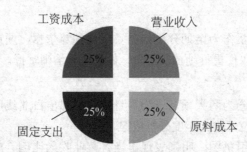

门店每月大项比例图

营业收入为实际现金收入；原料成本包括食品原料、前厅低值易耗品；
固定支出包括水电燃料、清洁用品、其他支出等；工资成本为当月实际发放工资总额

三、每月经营情况记录表

门店每月经营情况对比表　　　　　　　　年

项目	1月	2月	3月	4月	5月	6月	7月	8月	9月	10月	11月	12月	备注
当月应收入													
月实际现金													
原料成本													
其他支出													
水电成本													
燃料成本													
就餐人数													
人均消费													
发票使用													
礼品金额													

四、菜品销售排行分析表

门店菜品每月销售排行分析表　　　　　　年　月

排行、品项	××	××	××	××	××	××	××	××
1								
2								
3								

续表

排行、品项	××	××	××	××	××	××	××	××	××
4									
5									
…									

共销售金额/元	占总销售额比例/%	注:纸巾、人数不列入总销售比例当中

五、每月人力资源分析表

门店每月人力成本分析表　　　　　　　年　月

月初人数	本月入职人数	本月离职人数	本月工资发放总额	备注

本月入职人员名单	本月入职人员日期	本月离职人员名单	本月离职人员日期

	本月人工成本率		本月人均产出额	
计算公式	工资总额÷总营业额×100%	计算公式	(总营业额−原料成本)÷员工人数	

(四)年度营业分析

(1)年度营业分析需要关注以下几项。

①年度总体收入(包括应收款、实际收入金额)。

②年度总体原料成本(包括厨房原料、前厅客用消耗品)。

③年度总体可控费用支出(包括门店水、电、燃料,门店固定清洁、维修、办公,活动费用、税费等)。

④年度固定支出(房屋租金、公关费用、折旧费、缴纳费用等)。

(2)以年度收入作出表格记录,并以饼图进行对比,可清晰得知当年度收入项目所占比例。

(3)可通过年度净利润分析表,得到当年度盈亏明细。

（4）以年度费用作出表格记录，并以月份为单位作出曲线图，可以明确得知总体经营情况，并以此为依据，作出下一年度经营预算。

年度营业分析表格

一、门店年度收入汇总表

门店年度收入汇总表　　　　　　　　　　　　　　　　年

年度应收入金额/元				年度实际收入金额/元			

单月记录	菜品收入	酒水收入	其他收入	计划外收入			
1月							
2月							
3月							
4月							
5月							
6月							
7月							
8月							
9月							
10月							
11月							
12月							
年度合计							
总收比例							

二、年度收入占总收入对比饼图

年度收入占总收入对比饼图

三、年度收入分类曲线图

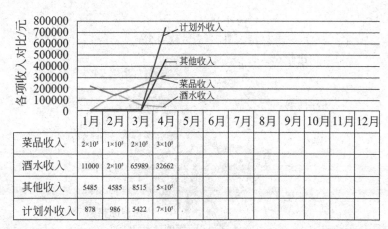

	1月	2月	3月	4月	5月	6月	7月	8月	9月	10月	11月	12月
菜品收入	2×10^5	1×10^5	2×10^5	3×10^5								
酒水收入	11000	2×10^5	65989	32662								
其他收入	5485	4585	8515	5×10^5								
计划外收入	878	986	5422	7×10^5								

年度收入分类曲线图

四、年度支出成本汇总表

年度支出成本汇总表　　　　　　　　单位：元

月份	固定成本				原料成本		可控费用成本							应付款项
	房租	折旧	缴纳	其他	厨房	前厅	人力	水电	税费	清洁	维修	办公	活动	
1月														
2月														
3月														
4月														
5月														
6月														
7月														
8月														
9月														
10月														
11月														
12月														
合计	固定合计金额				原料合计金额		可控合计金额							应付
年度总以支付金额：					年度应支付金额：									

五、年度成本对比饼图

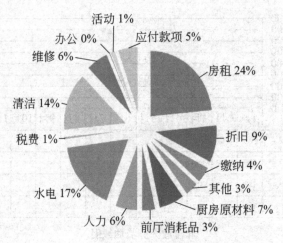

年度成本对比饼图

六、年度成本曲线对比图

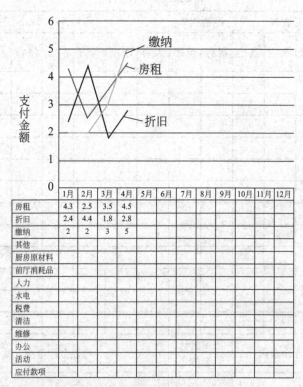

	1月	2月	3月	4月	5月	6月	7月	8月	9月	10月	11月	12月
房租	4.3	2.5	3.5	4.5								
折旧	2.4	4.4	1.8	2.8								
缴纳	2	2	3	5								
其他												
厨房原材料												
前厅消耗品												
人力												
水电												
税费												
清洁												
维修												
办公												
活动												
应付款项												

年度成本对比曲线图

七、年度净利润汇总表

年度净利润汇总表

项目	金额/元	所占比例/%	备注
年总收入金额			
年总折扣金额			
年总现金收入			
年总支出成本			
年总应支付款项			
年度净利润			

（五）作出年度经营分析报告和下一年度经营预算报告

总体工作计划的要求如下。

（1）每日做好数据记录，取得门店经营数据支持、财务数据支持、库房数据支持。

（2）数据采集后进行分析，并每周、每月、每年作出分析报告，分析经营当中出现的问题，做好数字支持工作。

（3）每月、每年作出经营预算报告，明确当月、当年各门店应达成经营目标，并在每日记录中随时发现问题上报，以达到随时改进目标的目的。

（4）以上数据分析及预算报告均为根据日常数据记录得出，但分析报告、预算报告均需与财务部配合共同制定。

第三节　顾客管理

一、顾客信息管理

（一）顾客信息管理原则

顾客信息管理要遵循下图所示原则。

原则一　动态管理

顾客信息建立后，置之不顾，就会失去它的意义。因为顾客的情况是会发生变化的，所以顾客的资料也需要加以调整，剔除过时或已经变化了的资料，及时补充新的资料，对顾客的变化进行跟踪，使顾客管理保持动态

原则二 突出重点

不同类型的顾客资料很多,要通过这些资料找出重点顾客(重点顾客不仅要包括现有顾客,而且还应包括未来顾客或潜在顾客),这样才能为单店选择新顾客、开拓新市场提供参考资料,为单店进一步发展创造良机

原则三 灵活运用

顾客资料的收集管理,目的是在公关销售过程中加以运用,帮助相关人员更好地完成任务。所以,建立顾客资料卡后,不能束之高阁,必须要以灵活运用的方式及时全面地提供给有关人员,使他们能进行更详细的分析,使资料灵活运用,提高顾客管理的效率

原则四 专人负责

由于许多顾客资料是不宜流出单店的,只能供内部使用,所以顾客资料由店经理负责管理,严格顾客情报资料的利用和借阅。顾客资料的整理和修改结果应及时上报公司店管部

顾客信息管理原则

(二)顾客信息的收集

店经理应保证顾客资料准确报送公司店管部,并认真填写顾客资料卡,统一备案。店经理应经常更新顾客资料,保证顾客资料的准确性。

顾客资料卡

顾客类型: 编号:

姓名		性别		年龄		婚姻状况	
家庭住址						邮政编码	
家庭成员数		家庭电话				手机	
工作单位						职务	
工作单位地址						邮政编码	
月均收入			来此就餐的原因				

续表

	就餐时间	就餐人数	消费的客单价	满意程度	备注
就餐记录					
备注：					

（三）顾客信息的整理

（1）店经理应对顾客信息进行分级管理，以便对顾客进行有针对性的公关销售活动。

一级：长期顾客。

二级：变动顾客。

三级：潜在顾客。

四级：休克顾客。

（2）顾客信息应当完整，特别是已确立的顾客应该完整记录顾客的整个交易过程。

（3）对于顾客投诉应记录在案，以便今后的改进。

（四）顾客信息的保密

（1）由店经理负责顾客信息的安全，并负责信息的更新与维护。

（2）顾客信息备份文件应由店经理保管，任何无关人员不能进入信息储存的重地。

（3）禁止任何人以任何方式打印和拷贝顾客资料。

（4）单店人员需签订保密协议，并且在辞去单店工作一年后才能加盟与单店有竞争关系的企业。

（五）顾客信息的分析

店经理应定期进行顾客资料的整理，每月编写市场信息分析报告，并于月底前上报公司店管部。

二、顾客投诉管理

顾客投诉作为顾客服务的重要组成部分,是餐饮单店维系顾客、提高社会声望、树立优秀企业形象的重要步骤。

对于顾客投诉应迅速、确实地处理,以满足顾客并得到顾客的信赖,进而作为参考资料,以达到改善服务品质的目的,因此餐饮店的有关人员应优先处理顾客投诉问题。

(一)投诉的主要涉及人员

(1)领班负责"顾客投诉报告表"的及时登记与反馈。

(2)店经理负责每月填写顾客投诉统计表,对相关投诉备案。

(3)前厅和后厨相关人员配合进行顾客投诉的鉴定分析工作。

顾客投诉报告表

日期:____年____月____日

投诉受理日	____年____月____日 □上午 □下午 ____时____分
投诉受理方式	□信件 □传真 □电话 □来访 □店内
投诉内容	品质:□有杂物 □故障 □损坏 □其他____ □数量 □态度 □服务
投诉见证人	见证人地址
处置紧急度	□加急 □急 □普通
承办人	
处理日	
处理内容	
处理费用	
原因调查会议	
原因调查人员	
原因	
记载事项	

报告人:_____ 审核人:_____

(二)顾客投诉处理原则

(1)发生顾客现场投诉的事件时,最好不要在现场处理,以免影响周围顾客的正常进餐。单店领班或店经理应礼貌地将投诉顾客请到办公室,妥善处理顾客的投诉事宜。

(2)发生顾客投诉事件时,应遵循逐级汇报原则:即服务员及时上报领班,领班根据具体的事件及时上报店经理。

(三)顾客投诉处理程序

顾客投诉处理程序如下图所示。

顾客投诉处理程序

1.受理投诉

(1)接到客人投诉的个人应首先判断是否具有投诉事件的受理权,如无受理权,迅速向直接上级报告。

(2)受理投诉人应对投诉事件进行登记,包括日期、编号、投诉人姓名、住址、投诉内容、对象等。

2.调查核实

受理投诉人根据投诉申请人提供的资料进行事实的核实,调查事件发生的真正原因,包括对当事人调查、对在场者调查等。

3.做出决定

根据经过核实的事实和原因,视事件的具体情况采取补救的措施,对当事人做出处理决定,如警告、记过、扣发奖金,严重者给予开除处分。

4.结案

受理投诉人根据投诉事件的具体情况及产生的影响采取相应的措施,如赔礼道歉、补偿经济损失、提供补偿服务等,并将处理的结果通知投诉的客人。

5.存档

店经理将投诉的立案情况、调查情况、处理决定、补救措施等资料进行整理归档、备查。

(四)投诉处理的相关纪律

(1)负责投诉质量检验、取证的人员应保证相关资料的真实可靠,如出现资料严重偏差而引起的单店经济损失将直接追究当事人的责任。

(2) 没有受理投诉人的最终确定，任何人不可向顾客透露相关的投诉处理意见，单店仅对最终形成的书面的投诉处理单负责。

(3) 店经理应保证相关人员能够充分理解并贯彻单店的处理意见。

(4) 店经理负责组织分析、裁决，并负责投诉结果的督导实施。

(5) 没有单店的书面文件，任何人不能对顾客提出的任何意见进行承诺，如由此而引起的一切纠纷将由当事人负责。

第四节 促销管理

一、市场信息管理

(一) 信息的收集

(1) 由店经理全面负责市场信息的收集工作，并负责编写、修改相关信息报表的具体内容。

(2) 店经理应收集市场情报，包括媒介、政府、竞争对手、展会等渠道的信息。

(3) 相关重要信息收集应留信息原件以备查询。

(4) 单店人员有责任无条件地配合店经理收集重要的市场信息及数据。

(二) 信息的整理

1. 信息的筛选

(1) 将信息按照一定的条目进行归类。

(2) 核对信息的准确性，在重要文件上应当有经办人签名。

2. 信息的汇总

(1) 根据重要性、竞争对手、顾客、市场环境等对资料分专题归档。

(2) 建立信息台账，以备及时查询。

(三) 信息的使用

(1) 单店的市场信息原则上仅供店经理和公司高层管理者应用，不能外传。

(2) 任何资料都不能复印，或与非店内人员传阅。

(3) 资料应注意防火防盗，电子文本应留有备份文件，并保证安全储存。

(四) 信息的保密

(1) 由店经理负责信息的保管，任何无关人员都不能进入信息储存的重地。

（2）单店人员应签订保密协议，禁止信息的外流。

（五）信息的分析

（1）店经理组织单店相关人员根据市场变化以及所执行的公关销售计划，进行信息的收集与跟踪。

（2）店经理负责所收集信息的分析工作，并组织单店相关人员进行讨论确认。

（3）店经理定期向店管部提供月度及年度信息分析报告。

二、促销管理

促销管理可以整合各种能够提高业绩的促销方法，通过拉式促销（诱使消费者购买）与推式促销（激励人员销售士气）达到最优促销目的的双重效果。

促销管理的流程如下图所示。

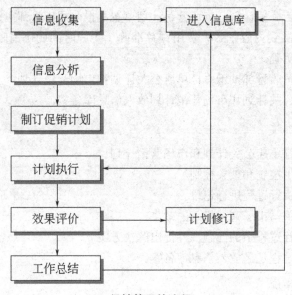

促销管理的流程

（一）信息收集

（1）店经理要熟悉当地的工商、税务、治安、交通管理、卫生、市容城管监察和其他政府机关并建立融洽的关系。

（2）店经理要融洽与相关企事业单位的关系，沟通联系互补型企业（如商场、娱乐场所等），形成企业联盟。

（3）店经理要将原始信息加入信息库备案。

（4）店经理定期进行市场调查，收集市场竞争信息，包括竞争对手促销情况、促销方法、促销效果等。

（5）店经理要建立健全顾客档案，收集顾客名称、地址、联系方法、联系人等情况。

（6）店经理负责向公司店管部提供相关资料。

（二）信息分析

（1）店经理负责收集政府政策信息，了解地区经济发展信息，了解工商、税务、卫生、市容管理等方面政策要求。

（2）店经理分析竞争对手促销活动效果、竞争对手动向和单店市场占有率等。

（3）店经理对以上信息进行整理分析，上报公司店管部备案。

（4）店经理将整理后的信息和原始信息加入信息库备案。

（三）制订促销计划

（1）制订单店公关计划、市场营销计划草案，报公司店管部审批。

（2）计划要做到内容细致、费用预算准确、实施时间明确清晰，执行负责人明确、效果要求明确。

（3）依据公司店管部批示修订单店公关计划和市场营销计划。

（4）将单店公关计划和市场营销计划放入信息库备案。

（四）计划执行

（1）认真执行单店公关计划和市场营销计划。

（2）注意费用控制和效果控制。

（3）对计划执行过程进行记录。

（4）确保公关与市场营销投入的效果。

（5）总结执行过程中的问题，并提出解决方案。

（6）将执行过程记录放入信息库备案。

（五）效果评价

（1）记录计划执行者的阶段性成果。

（2）评价计划的执行情况，包括来客数的增长情况、客单价的变化情况、客源组成情况、市场占有率情况等。

（3）依据评价提出公关、市场营销计划调整意见，上报公司店管部审核。

（4）将效果评价放入信息库备案。

（六）计划修订

（1）针对效果评价结果，结合市场竞争信息和宏观环境信息，编制单店公关计划和市场营销计划修订方案。

（2）计划修订方案要有针对性，要能有效解决执行中的问题。

（3）计划修订方案要报公司店管部审批，并依据店管部意见进行修改。

（4）将公关计划和市场营销计划放入信息库备案。

（七）工作总结

（1）店经理每月进行月度工作总结，并撰写月度工作总结报告，报告内容包括本月工作大事记录、拜访顾客记录、工作经验总结、工作效果记录等。

（2）店经理每年进行年度工作总结，并撰写年度工作总结报告，报告内容包括年度工作大事记录、工作经验教训总结、工作成果描述、自我评价等。

（3）店经理将月度和年度工作总结放入信息库备案，同时报店管部备案。

第三章
连锁餐饮企业采购管理

> **引言**
>
> 众所周知,餐饮的服务与食物的供给均依赖物料的取得。作为餐饮业务之始的采购行为,其成本是餐厅成本的"半边天",而其工作对餐厅资金周转、菜品质量优劣所起的作用也是不容忽视的。

第一节 采购计划

一、采购计划制订的依据

采购计划应根据经营计划、由店管部汇总的各店日常经营需求计划、各部门的采购申请、年度预算、库存情况、公司资金供应情况等确定,对经营急需物品,应优先考虑。

二、采购计划种类

根据采购物品的不同应分别制订年度采购计划、月度采购计划及日采购计划,如下图所示。

种类一: 年度采购计划根据公司年度经营计划,在对市场信息和需求信息进行充分分析和收集的基础上,并依据往年历史数据对比预测制订,该计划也是制定年度财务预算的主要依据之一

种类二: 月度采购计划是在对年度采购计划进行分解的基础上,依据上月实际采购情况、库存情况、下月需求预测、市场行情制订当月的采购计划,该计划也是制订月度资金计划的主要依据之一

种类三: 日采购计划是在对月采购计划进行分解的基础上,依据店管部对各单店每日经营所需物品的汇总审核后制定。各店根据每天的经营情况、物品日常消耗情况、库存情况向店管部报送每天的需求计划,主要包括每天的销售主产品及各种配料、一次性消耗物品等

采购计划种类

采购计划表

货号	货名及规格	单位	上月销量	库存量		采购计划			经营方式			结算方式
				仓储	柜存	数量	单位	金额	经销	赊销	代销	
备注			申请人				部门经理					
			总经理				董事长					

库存统计为:____月____日
上报日期:____月____日

三、采购申请的提出及审批权限

采购申请应注明物品的名称、数量、需求日期、参考价格、用途、技术要求、供应厂商（参考）、交货期、送货方式等。各种物品的采购申请通常由以下各部门提出。

（1）工程项目所需公司采购的原料、设备等，由项目负责人根据合同及设计任务书所作的预算，结合工程进度编制原料、设备采购清单（又称"原料表"）作为采购申请。经部门负责人或授权人审核后，报开发副总审批。

（2）日常经营所需的原料、辅助原料、产成品（包括外协产品）、包装原料、低值易耗品等，由店管部根据经营需求及加工要求提出采购申请，经部门负责人或授权人审核后，报经营副总审批。

（3）工具及配件、器皿、劳保用品、量检具等由使用部门在月初提出采购申请。经部门负责人或授权人审核后，由公司主管领导审批。

（4）经营、办公等需要的大件设备和工具（属于固定资产投资类）由使用部门在年初编制固定资产采购申请，由公司总经理审批。

（5）普通办公用品、劳保用品等由综合办根据使用部门需求统一提出年度或月度采购申请，经部门负责人或授权人审核后，由总经理审批。

（6）库房管理员可根据日常领料情况和库存情况提出常备用料的采购申请，由店管部经理审批。

（7）研究开发所需要的原材料、辅助原料、工具、器皿、设备等，由技术中心根据需求时间提出月或日采购申请，经部门负责人或授权人审核后，报营运副总审批。

（8）以上各类物品如在年度预算外或超过年度预算，应经公司总经理审批。

（9）部门负责人/授权人审核本部门的采购申请时应检查请购单的内容是否准确、完整，若不完整或有错误则应予以纠正。

（10）经审批后的采购申请表由采购部审核汇总。审核内容包括"采购申请单"各栏填写是否清楚、是否符合项目合同内容、是否在预算范围内、是否有相关负责人的审批签字、是否在审批范围内等。

采购申请单

编号：		申请部门			年	月	日
序号	物品名称	规格型号	数量	估计价格	用途	需要日期	备注

申请人： 　　　　　　申请部门经理： 　　　　　　批准人：

注：本采购单一式三份，一份申请部门留存，一份交采购部，一份交仓储部，备注栏需明确是否在预算之内。

四、采购计划的管理

（1）采购计划由采购部根据经审批后的采购申请制订，日采购计划由采购部经理批准执行，月采购计划报请营运副总批准执行，年采购计划需报请公司总经理审批。

（2）采购计划应同时报送财务部审核，以利于公司资金的安排。

（3）采购部经理应审查各部门的申请采购物品是否能由现有库存满足或有无可替代的物品。只有现有库存不能满足的申请采购物品才能列入采购计划中。

（4）对于在采购计划内无法于需用日期办妥的采购申请单，必须及时通知请购部门。

（5）物品需求单位对于申请采购物品若需要变更或撤销时，必须立即通知采购部，及时根据实际情况更改采购计划。

（6）未列入采购计划内的物品不能进行采购。如确属急需物品，应填写紧急采购申请表，经部门负责人审批，并由公司营运副总核准后才能列入采购范围。

第二节　采购执行

采购作业由采购部根据经批准的采购计划组织实施。采购应按照"择优、择廉、择近"的原则并严格按照采购计划按质、按量、按时进行采购。

一、采购方式的选择

采购人员应按照采购物品及外协产品的不同，分别采取以下几种方式进行采购：定点供应商长期议价采购、比价采购。

属于定点供应商供货范围内的物品，不管价值多少，可以直接从定点供应商处采购。不在定点供应商供货范围内的物品，需采用比价采购。

（一）定点供应商长期供货

为有效降低采购成本，达到规模采购，并保证采购物品质量的稳定性与标准，以下消耗较大且常用物品应尽量采用定点供应商长期议价供货的方式。

（1）生鲜类：包括猪肉、牛肉、羊肉、鸡肉、鸭肉、鱼、海鲜、蛋、常用蔬菜等。

（2）干货类：各种肉食、海鲜、木耳、蘑菇等。

（3）粮油、各种调料等。

（4）饮料类。

（5）经营加工用器材类、包装用原料、其他消耗品。

（6）熟食、凉菜类委托对外加工产品。

（二）比价采购的物品

比价采购的物品范畴除定点供应商供货范围内以及符合招标采购条件的物品外的采购，以三家（包括三家）以上供应商的报价加以比较，最后选择性价比最优者予以订购。

二、采购询价的发出

采购人员按照采购计划所列原料清单，参考采购物品及外协产品的市场行情、公司相关人员的信息提供、采购历史记录、厂商提供的价格资料等各种渠道的价格信息，对采购物品及外协产品的供应商进行充分的询价、议价。

（1）采购人员在询价、议价过程中必须向供应商提供足够的信息以使供应商能顺利报价，这些信息包括采购物品或外协产品的品名、质量要求、数量、服务、交货期、交货方式、地点、付款办法等因素。

（2）询价应采用书面方式，要求供应商提供签字或盖章的报价单，如只能采用电话询价方式，应获得采购部经理批准。

（3）采购人员应要求供应商在接到询价资料后至少7天内以书信、电子邮件或传真形式反馈其报价意向（若供应商拒绝报价，则应将询价资料退还给公司），若询价资料寄出后供应商没有任何答复，采购人员应打电话或通过电子邮件与供应商联系，问清情况（如是否收到询价资料）。

（4）在询价过程中供应商如要求对采购物品及外协产品内容、技术要求、规范等作进一步澄清，采购人员应该协调相关人员尽快做出答复，以使供应商有条件做出适当报价。

（5）同类、同规格产品的询价应有三家以上供应商的价格资料，同时应建立采购询价比价台账。台账内容要包括：物品名称、型号、规格、主要技术参数、分承包方的单位名称、企业性质、质量保证体系、价格和运杂费用，并有综合分析说明和比价依据。

采购询价单

询价单号：	报价截止日期：
供应商名称：	报价人：
联系电话：	

1.本次询价为单项询价、比价、传真报价，也可密封报价。报价单所列内容必须齐全，并附必要质量说明及质量证明文件。在3C认证内必须报有3C认证的产品。
2.质量责任如下：
（1）中标方送货必须确保为100%合格产品，带标准文本，我方将按标准验收。

续表

> （2）所送产品规格型号必须与合同完全一致，不一致视为质量问题。
> （3）实物外观完好无缺陷，不得有砂眼，不得有铸造及加工缺陷。
> （4）合格证、说明书、检验报告（如需要）等资料齐全，不齐全视为质量问题。
> （5）出现质量问题将按餐饮企业制度对送货单位进行处罚（扣分及罚款），出现重大质量问题可能取消此类产品的供货资格。
> 3.包装完好，满足行业及运输要求，运输过程中损坏视为质量问题。
> 4.报价为不含税、含运费的包干价格，承兑汇票结算，无预付款。其他方式另注明。
> 5.备件类物资报价时要注明单重。
> 6.本报价单须加盖公章，严禁涂改，否则，视为无效报价。
> 电话：　　　　　　　　　　　　　传真：
> 联系人：

食品原料报价表

供应商：_____　　　　　　　　　　日期：_____

品名	规格	单价	价格	备注

三、询价资料的整理

（1）采购人员接到供应商的报价后，要评审报价的完整性和准确性，并了解报价的详细构成，需要时应通过会议或电话沟通以弄清供应商的报价。同时应整理收到的询价资料备查。

（2）若供应商报价的物品与请购物品略有不同或属代用品者，采购人员应在请购单上详细注明相关信息，并报采购部经理、使用部门或请购部门同意并备案。

（3）采购人员应确定一个初始目标价，以利于在随后进行的多轮谈判（3～4轮）及每轮谈判后目标价格的重新确定。多轮谈判的过程中如果需要，可要求供应商用成本细分的方式再次报价。

四、采购价格平台的建立

采购部信息管理员应依照以往的采购资料和平时收集的数据，分门别类地整理出一套完整的价格平台（采购价格平台），并根据情况随时更新和充实，以备相关人员选用。

价格平台应包含以下内容。
（1）原料（设备）名称。
（2）规格型号。
（3）主要技术指标。
（4）价格区间。
（5）厂家（或供应商）。
（6）索引。

五、采购价格核准

（1）招标采购物品的价格由评标小组确定。在质量、服务标准、付款方式、送货方式等相同的情况下，价格最低者中标。如分歧较大，由公司主管领导或公司总经理决定。

（2）供应商长期报价采购物品及外协产品，在事先议定的价格范围内，由采购部经理核准。超出议定价格范围外的，根据超出价格的多少，分别报公司主管领导或公司总经理审批。

（3）比价采购物品，一次采购金额小于5000元的，通常由采购部经理审批。一次采购金额大于5000元的，由采购部经理审核后，呈公司主管领导或总经理批准。

六、订购

（1）供应商及采购价格确定后，由采购部统一向供应商订购，发出订购单或签订采购合同。

（2）订购过程中执行的采购价格与经核准的采购价格有差异时，采购人员应按采购价格核准的审批程序进行重新审批，紧急情况下可直接报请营业副总审批。

（3）属于下列特殊情况的，可实行委托采购。

① 特殊原料与物品，采购部无法进行采购时，经公司主管领导审批后，可委托业务部门进行采购，但应严格执行本办法的相关规定。

② 属于单店的零星采购物品范围，且月采购金额累计在企业规定限度以内的，可委托单店自行采购，店管部负责监督单店的采购是否严格执行企业采购的相关规定。

（4）需预付定金、长期需用的原料、经营用物品等，以及采购金额在规定金额以上或有附带条件的采购活动，应与供应商签订采购合同。

① 由采购人员代表公司签订采购合同的，必须有公司总经理的授权。

② 采购人员负责根据规范的合同范本起草合同文本，报采购部经理审批并签

署意见，必要时，监察部应参与合同文本的起草。

③ 监察部负责对合同的法律条款进行审查，并签署意见。

④ 在完成以上审查和修改后，应将采购合同报营运副总审核并签署意见后呈公司总经理批准，加盖公司合同专用章。

⑤ 签字盖章生效的采购合同应分送财务部、验收单位、监察办等存档备查。

七、交货及验收

（1）订购后采购人员应及时将订购单或采购合同交由信息员保管，信息员据此编制采购日报表及采购清单，采购日报表分别送店管部、经营办、财务部作内部管理信息，采购清单送收货单位作为验收依据。

（2）采购人员应按订购单或采购合同对供应商的交货进行稽催与协调，确保能如期交货。无法于约定交货期内交货时，应及时通知请购部门并列入重点催办项目。

（3）交货时一般物品由库管员（或收货人）根据采购清单负责数量的验收，质检员负责品质验收。特殊物品由质检员负责组织使用单位、技术中心等业务部门或专家进行品质验收，库管员（或收货人）仅负责数量验收。品质如有不符，应立即予以退回。数量不符，应在验收报告中注明，要求限期补足或退款。库管员验货后方可办理入库手续。

（4）对于采购商品已到货，同时采购部已收到供货方开具的采购发票，由库管员（或收货人）根据相关检验单据及实际收到货物情况，按照实收数量填写入库单并签字确认。入库单一式四联，第一、二联留存库房（收货人）（第二联于月底财务稽核时送交财务部），第三联采购部核算员留存，第四联报销时送交财务部会计进行财务处理。

（5）对于月末采购商品已到货并已经由相关部门验收，采购部未收到供货方开具的采购发票的，库管员（或收货人）应办理暂估入库（入库单上注明暂估字样），待收到货物发票及运杂费单据时，对应暂估入库单补办正式入库手续并办理调价（调价金额＝发票金额＋运杂费－暂估金额）。

（6）对于货款已支付，发票已收到，月末货物未到的在途原料或尚未验收的原料，由采购部进行管理，采购人员先根据发票金额填写入库单（注明应收数量及在途字样），并将发票拿到财务部确认金额，财务人员据此进行账务处理。待收到货物后，采购人员再办理正式入库手续，交由库管员管理。该部分在途原料应在采购部采购月报中体现，并与财务部"在途物资"明细账进行核对，以保证账实相符。

（7）供应商或配送方直接配送到单店或现场的物品，由供应商或配送方根据采购部发出的配送指令直接向指定的地点送货，直接配送的物品应事先由质检员取样验收品质并签字认可，收货人负责根据采购清单对物品品质和数量进行验收并填写收货清单，经签字确认的收货清单一式四联，第一、二联留存单店或现场（收货人）（第二联于月底财务稽核时送交财务部），第三联采购部核算员留存，第四联报销时送交财务部会计进行财务处理。

八、进度控制与事务联系

（1）采购执行过程中，采购部应按询价、订购、交货三个阶段负责对采购作业制订进度计划并进行进度控制。如未能按进度完成采购作业时，应撰写异常原因及预定完成日期，经主管领导审批后转送请购或使用部门，以便采取应对措施。

（2）采购物品及外协产品在使用中出现问题，采购人员应负责联系供货商，处理有关质量问题的解决、退换货、索赔等事宜。

（3）外协产品生产加工过程中，相关业务部门应负责提供外协产品的品质要求并负责对加工单位的技术支持与质量监督。

九、采购结算

（一）采购付款

（1）采购款项须按采购合同规定或订购单所约定的时间由采购部从财务部借款统一支付。

（2）库房、单店等收货单位在接收货物入库后，应及时将入库单或收货清单报送采购部（单店由店管部审核后送采购部）和财务部，采购部和财务部应根据每天的入库单或收货清单分别建立应付账款台账。供应商或配送方应定期（根据合同确定的结算期，在每月或每周）凭收货清单与采购部核对应付账款账目，双方核对无误后向采购部申请付款。

（3）采购部根据收货单位递交的收货清单、结算单与订货合同、应付账款核对无误后，统一制订结算计划，结算计划由采购部核算员根据订购合同的时间要求、供应商的重要性、采购物资的时间、公司现有资金情况等制订，分清轻重缓急，结算计划经采购部经理审核后，由营运副总审批。

（4）采购部根据结算计划按资金使用申请程序向财务部申请借款，财务部负责人对照资金计划审批后借出款项。借款只能用于支付货款，不得挪作他用。采购部不得自行保存资金，应于支付款项时向财务部支取借款，即借即付。

（5）支付货款时财务部一般应采用银行划账的支付办法，采购核算员必须在付款后5日内向收款单位索要发票等有关票据或证明文件。如确实需要直接交付支票的，由采购核算员带正式合法发票（或收据、结算单等原始凭证）到财务部办理借款手续。

（6）在向供应商或配送方支付货款时，采购部核算员应对照合同、收货清单等仔细复核，并同预付货款及应收账款等全部债权一起清理结算，防止重复付款。

（二）报销

采购核算员支付采购货款后应依据财务规定的报销程序每旬办理一次报销手续，报销单据应附上购货发票、采购计划单、订购单、验收入库单，并由采购部经理审批。

（三）应付账款的管理

采购部核算员负责采购应付账款的管理，设立应付账款台账，定期编制客户往来对账单并发送对方单位，每月核对一次并妥善保存对账记录。对长期客户或重点客户，以及金额在一定起点以上的往来客户，应视情况按客户名称设置专宗，保管好相关的业务合同、提货凭证、收付款凭据，并设置备查登记簿，逐笔记录预付款、已付款、余款等情况。

（四）公司与单店的往来结算

（1）供应商或配送方直接向单店送货后，单店应及时将收货清单报送财务部，财务部根据收货清单登记此项应付账款的同时，应同时在该单店的账户上登记该项应收账款（公司对单店的应收款）。

（2）公司向各单店配送货物后，配送单位应及时将配送清单报送财务部，财务部根据该货物的成本（包括采购货物本身的价格、税金、运费和加工制作成本等）在各单店的账户上登记相应的应收账款。

（3）各单店应于每月25日与公司财务部按月核对物品调拨的往来账款，编制调节表，双方签章确认后，结清债权债务账务。

第三节　采购成本控制

一、采购成本控制关键点

物品本身的采购价格、物品运输配送费用、物品存储费用以及存储过程中发生的损耗、采购物品占用资金的利息费用是采购成本的主要构成部分。针对采购成本的主要构成要素，采购成本控制的关键点包括以下几个方面。

（1）确定最优的采购价格。

（2）确定合理的采购订货量。

（3）确定最佳的采购物品配送方式。

二、最优采购价格的确定

1. 采用多种采购形式

包括招标采购、供应商长期定点采购、比价采购等,通过对各种采购形式的对比,找出成本最低的采购形式组合,以达到降低采购成本的目的。

2. 决定合适的采购价格

通过科学的价格决定步骤,降低采购价格与采购成本。决定一个合适的价格一般要经过以下几个步骤。

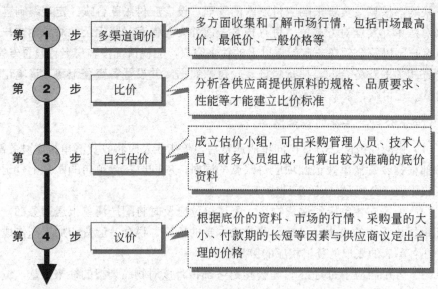

决定合适采购价格的步骤

三、合理采购订货量的确定

采购订货量的确定直接影响存货的缺货成本、采购物品的存储费用、采购资金占用的利息费用及存货的损失成本等,因此确定一个合理的采购订货量是控制采购成本的关键环节。合理采购订货量的制定包括以下几个步骤。

(一)存货信息的收集

(1)店管部库管员每日应填写物品库存日报表,反映本部门现有存货物资的名称、单价、现有存货的储存位置、储存区域及分布状况等信息,并及时将此信息报送给采购部。

(2)采购部应要求供应商或第三方物流的库房保管人员通过传真、电子邮件等方式及时提供已订货物资的未达存货日报表。

（二）存货信息分析

店管部库管员负责将各种存货信息进行综合汇总，并结合盘点的实际情况对存货量进行修订，建立公司的采购配送管理信息系统，保证采购部、供应商或第三方物流、各业务部门、单店等能及时获得准确的存货信息。

（三）确定安全库存量

（1）安全库存量的确定由店管部调度员负责制定。

（2）采购部根据各部门采购申请制订采购计划时，应在充分研究同期的采购历史记录、下期的经营计划的基础上，协助店管部调度员确定最佳安全库存。

（3）"安全库存量"，应充分考虑保持正常经营活动所需的存货量，防止因缺货而造成经营活动的中断以及引起的经济损失。

（4）根据物品采购时间的不同及货源的紧缺程度等，安全存货量的确定可根据历史经验估计、数学模型测算等方法确定。一般情况下，最大安全存货量的计算公式确定为：最大安全存货量＝某期间最大使用量–历史同期最小使用量。

（四）确定合理订货量

采购部人员在制订采购计划时，应在充分分析现有的存货量（包括供应商或第三方物流的未达存货）、货源情况、订货所需时间、订货要求的最大或最小批量、货物运输到达时间等因素，结合各种货物的安全存货量确定最佳订货量及订货时点。

四、最佳物品运输配送方式的确定

物品运输配送方式直接影响物品的运输成本费、包装成本费等，采购人员在订购过程中应要求供应商提供上述各项成本的详细清单，或与财务部相关人员合作，对上述成本做出分析，选择最佳的物品运输配送方式，提出降低成本的建议。

第四节　供应商管理

一、供应商信息收集与调查

供应商信息收集与调查由采购部负责，店管部、物品请购部门、使用部门等负责提供供应商信息及推荐合格供应商。

（1）凡欲与公司建立供应关系而且符合条件者都应填写"供应商调查表"，作为选择供应厂商的参考。"供应商调查表"交采购部审核并存档备查。如果供应商的生产经营条件发生变化,应要求供应商及时对该表进行补充和修改。

(2)采购部应组织相关人员随时调查供应商的动态及产品质量,"供应商调查表"每年复查一次,以了解供应商的动态,同时依变动情况,更正原有资料内容。

(3)在每次供货结束后,店管部、使用部门等应提供供应商的供货实绩,采购部负责将供应商的业绩记于"供应商管理档案",作为评审供应商业绩的资料。

二、选择供应商原则及方法

招标采购物品、长期定点供应商(非外协产品)的选择参照"采购招标管理"中规定执行。外协产品、比价采购物品的供应商选择由采购部汇总初选合格、评审考察通过的供应商名单,并提供相关的分析资料,按以下原则进行选择。

(1)同等条件价格,质量优先。

(2)同等条件信誉,实力优先。

(3)同等条件下,服务优先。

(4)同等条件下,厂家优先(供应商级别选择顺序:厂家→总代理→区域代理→指定分销商→经销商)。

(5)同等条件下,先本地后外地。

三、供应商的条件与评审

供应商的评审与选择由采购部负责组织,店管部、中心厨房、技术中心、单店或物品请购部门、使用部门等有关人员参加。

(一)合格供应商的条件

合格供应商须具备以下条件。

(1)有合法的经营资格。

①营业执照复印件(并已办理当年度年检)。

②税务登记证复印件(并已办理当年度年检)。

③企业法人代码证书(个体经营除外)。

④商标注册证明(个体经营除外)。

⑤代理、经销商的代理、经销许可(授权书)。

⑥银行开户行资料。

⑦食品生产企业许可证、食品卫生许可证、卫生防疫检测报告、进口商品卫生许可证。

(2)符合公司的质量、安全、环保规定。

(3)具有产品交付能力。

(4)价格满足公司要求。

（5）质量满足公司要求。
（6）公司主要经营物品的供应商应有满足紧急需求的能力。
（7）设备、外协加工供应商应有售后服务的保障。

（二）评审的要求

（1）供应商的评审一般应在对"供应商调查表"及供应商报送的相关资料的分析基础上进行，必要时由采购部负责组织店管部、中心厨房、技术中心、单店或物品请购部门、使用部门对供应方进行实地调查，就工艺技术、质量控制、供货能力等写出调查报告。

（2）对不同重要度的产品应进行不同层次的评审或考察。评审或考察的方式和程度，可视产品特点和实际需要确定。

（3）若申请免做潜在供应商评审，采购人员需递交"潜在供应商情况调查表"和书面的免审依据，报主管副总审批。

（4）供应商评审的层次与周期。

① 对于临时采购的供应商，采购部应对供应商的经营资格进行审核，报采购部经理审批。

② 对于长期采购的供应商，采购部应对其经营资格、信誉、服务、采购标的、质量等进行审核，审核通过后，认定其合格供应商资格，报主管副总审批，并每年复审一次。

③ 对于正在合作的长期采购供应商，采购部应至少每季度进行一次考评工作，并根据考评结果分配下期的采购比例，由采购部经理审核，报营运副总审批，供应商名录应不断更新并注意发展增加供应商。

四、供应商业绩考评

（1）采购部应组织相关部门定期考核和评估供应商，确保所采购产品质量、供应、支持和服务、经济指标等满足公司相关规定要求。

（2）供应商每批供货，采购部都应根据质量检验所提供的各项数据建立供应商质量档案，并定期报营运副总一份。

（3）采购部应及时将考评结果通知供应商，对于考评不合格者，应督促其提出相应的改进措施并将改进措施及改善结果记录在案。

（4）采购物品在使用过程中发生质量问题或采购合同执行过程中供应商违约时，相关部门应通知供应商及时解决并将此信息反馈给采购部，采购部在对供应商提出警告的同时也可根据问题的严重程度寻求法律解决途径。

（5）采购人员定期整理供应商考评结果，并按考评结果将供应商划分为优秀供应商、伙伴供应商、普通供应商、不合格供应商等不同类型进行管理，对于普通供应商给予警告并限期改正，对于不合格供应商，则必须予以更换。

五、建立供应商档案

采购部负责建立供应商档案，店管部、中心厨房予以配合，对每个选定的供应商必须有详尽的供应商档案。

供应商档案包括：供应商调查表、供应商审批表、供应商质量档案、供应商所提供的合格证明、价格表及相关资料。

供应商档案通常由采购部信息管理员负责管理，未经采购部经理允许，不得随便查阅。

第五节 采购招标管理

凡符合规定物品的采购以及长期定点供应商的选择，均需实行招标管理。

招标管理工作通常由采购部负责组织，店管部、物品请购或使用部门、财务部、监察办等部门参与。

一、招标程序

（1）招标前，按采购计划审批权限向公司主管领导提交招标报告。报告具体内容应当包括：招标内容、招标方式、分标方案、招标计划安排、投标人资质（资格）条件、评标方法、评标小组组建方案以及开标、评标的工作具体安排等。

（2）编制招标文件。

（3）发布招标信息（招标公告或投标邀请书）。发售资格预审文件。

（4）按规定日期接受潜在投标人编制的资格预审文件。

（5）组织对潜在投标人资格预审文件进行审核。

（6）向资格预审合格的潜在投标人发售招标文件。

（7）接受投标人对招标文件有关问题要求澄清的函件，对问题进行澄清，并书面通知所有潜在投标人。

（8）组织成立评标小组，采购部为组长单位，小组成员在中标结果确定前保密。

（9）在规定时间和地点，接受符合招标文件要求的投标文件。

（10）组织开标评标会。

（11）在评标小组推荐的中标候选人中，确定中标人。

（12）发中标通知书，并将中标结果通知所有投标人。

（13）进行合同谈判，并与中标人订立书面合同。

二、招标采购的方式及要求

招标采购通常分为公开招标采购、邀请招标采购。采用邀请招标方式的项目应在采购报告中予以注明。采用公开招标方式的项目，应当在相关媒介上发布招标公告，公告应载明公司的名称、地址、招标项目的性质、数量、实施地点和时间及获取招标文件的办法等事宜。发布招标公告至发售资格预审文件或招标文件的时间间隔一般不少于10日。招标公告不得限制潜在投标人的数量。采用邀请招标方式的项目，应向3个以上有投标资格的法人或其他组织发出投标邀请书。

采购部应当组织相关部门对投标人进行资格审查并提出资格审查报告，经参审人员签字后存档备查。资格审查不合格者不得参加投标。

三、招标文件的制作

招标文件主要包括以下内容。

（1）招标公告或投标邀请书。

（2）投标人须知，主要包括：招标项目概况（招标项目名称、规格、型号、数量和批次、运输方式、交货地点、交货时间、验收方式），有关招标文件的澄清、修改的规定，投标人须提供的有关资格和资信证明文件的格式、内容要求，投标报价的要求、报价编制方式及须随报价单同时提供的资料，标底的确定方法。评标的标准、方法和中标原则，投标文件的编制要求、密封方式及报送份数，递交投标文件的方式、地点和截止时间，与投标人进行联系的人员姓名、地址、电话号码、电子邮件，投标保证金的金额及交付方式。开标的时间安排和地点，投标有效期限。

（3）合同条件（通用条款和专用条款）。

（4）技术规定及规范（标准）。

（5）货物量、采购及报价清单。

（6）安装调试和人员培训内容。

（7）其他需要说明的事项。

四、投标文件

投标人应当按照招标文件的要求编写投标文件，并在招标文件规定的投标截止时间之前密封送达采购部。在投标截止时间之前，投标人可以撤回已递交的投标文件或进行更正和补充，但应当符合招标文件的要求。

投标人在递交投标文件的同时，应当递交投标保证金（视情况而定）。保证金于合同签订后的规定期限内应当退还。

五、开标

（1）开标由采购部主持，邀请所有投标人参加。

（2）开标应当按招标文件中确定的时间和地点进行。开标人员至少由主持人、监标人、开标人、唱标人、记录人组成，上述人员对开标负责。

（3）有下列情况之一的投标文件，可以拒绝或按无效标处理。

① 投标文件密封不符合招标文件要求的。

② 逾期送达的。

③ 投标人的法定代表人或授权代表人未参加开标会议的。

④ 未按招标文件规定加盖单位公章和法定代表人（或其授权人）的签字（或印鉴）的。

⑤ 招标文件规定不得标明投标人名称，但投标文件上标明投标人名称或有任何可能透露投标人名称的标记的。

⑥ 未按招标文件要求编写或字迹模糊导致无法确认关键技术方案、关键工期、关键质量保证措施、投标价格的。

⑦ 未按规定交纳投标保证金的。

⑧ 超出招标文件规定，违反国家有关规定的。

⑨ 投标人提供虚假资料的。

六、评标

（1）评标工作由评标小组负责。成员人数为五人以上单数，技术性很强的招标应邀请有关专家参加。

（2）评标小组成员不得与投标人有利害关系。

（3）评标小组成员名单在招标结果确定前应当保密。

（4）在一个项目中，对所有投标人评标标准和方法必须相同。

（5）评标标准分为技术标准和商务标准，一般包含以下内容：投标价格和评标价格，质量标准及质量管理措施，组织供应计划，售后服务，投标人的业绩和资信，财务状况。

（6）评标小组经过评审，认为所有投标文件都不符合招标文件要求时，可以否决所有投标，采购部应当重新组织招标。对已参加本次投标的单位，重新参加投标不应当再收取招标文件费。

（7）评标小组应当进行秘密评审，不得泄露评审过程、中标候选人的推荐情况以及与评标有关的其他情况。

（8）评标小组按招标文件确定的评标标准和方法，对投标文件进行评审，确定中标候选人推荐顺序。

（9）在评标过程中，评标小组可以要求投标人对投标文件中含义不明确的内容采取书面方式作出必要的澄清或说明，但不得超出投标文件的范围或改变投标文件的实质性内容。

（10）评标小组完成评标后，应当向采购部提交评标报告，在评标小组2/3以上成员同意的情况下，通过评标报告。评标小组成员必须在评标报告上签字，若有不同意见，应明确记载并由其本人签字，方可作为评标报告附件。

七、中标

（1）评标小组经过评审，从合格的投标人中排序推荐中标候选人。

（2）中标人的投标应当符合下列条件之一。

① 能够最大限度地满足招标文件中规定的各项综合评价标准。

② 能够满足招标文件的实质性要求，并且经评审的投标价格最低。

（3）公司可授权评标小组直接确定中标人，也可由公司经理办公会或公司主管领导根据评标小组提出的书面评标报告和推荐的中标候选人顺序确定中标人。

（4）中标人确定后，招标组织人应当在招标文件规定的有效期内以书面或口头形式通知中标人，并将中标结果通知所有未中标的投标人。

（5）中标通知发出之日起10日内，采购部和中标人应当按照招标文件和中标人的投标文件订立书面合同。采购部和中标人不得另行订立背离招标文件实质性内容的其他协议。

（6）当确定的中标人拒绝签订合同时，经公司经理办公会讨论决定，可与确定的候补中标人签订合同。

第四章
连锁餐饮企业厨务管理

引言

餐厅厨房是整个餐厅的"心脏",所有的有形售卖产品都来自于厨房这个重要的地方。厨房管理的重要性自然不言而喻,虽然厨房的具体内容是不直接接触顾客的,但通过产品好与坏就能判断整个厨房的管理情况如何。

第一节 厨房岗位描述

一、厨房组织机构设置

（一）厨房要具备的要素

（1）一定数量的生产工作人员（有一定专业技术的厨师、厨工及相关工作人员）。

（2）生产所必需的设施和设备。

（3）必需的生产作业场地。

（4）满足需要的烹饪原料。

（5）适用的能源等。

（二）厨房的分类

（1）按厨房规模划分　大型厨房、中型厨房、小型厨房、超小型厨房。

（2）按餐饮风味类别划分　中餐厨房、西餐厨房、其他风味菜厨房。

（3）按厨房生产功能划分

① 加工厨房　负责对各类鲜活烹饪原料进行初步加工（宰杀、去毛、洗涤）、对干货原料进行涨发，并对原料进行刀工处理和适当保藏的场所。

② 宴会厨房　指为宴会厅服务、主要生产烹制宴会菜肴的场所。

③ 零点厨房　专门用于生产烹制客人临时、零散点用菜的场所，即该厨房对应的餐厅为零点餐厅。

④ 冷菜厨房　又称冷菜间，是加工制作、出品冷菜的场所。

⑤ 面点厨房　是加工制作面食、点心及饭粥类食品的场所，中餐又称其为点心间，西餐多叫面饼房。

⑥ 咖啡厅厨房　负责生产制作咖啡厅供应菜肴的场所。

⑦ 烧烤厨房　专门用于加工制作烧烤类菜肴的场所。

⑧ 快餐厨房　加工制作快餐食品的场所。

（三）厨房各部门职能

1. 加工部门

加工部门是原料进入厨房的第一生产岗位，主要负责将蔬菜、水产、禽畜、肉类等各种原料进行拣摘、洗涤、宰杀、整理，即所谓的初加工；干货原料的涨发、洗涤、处理也在初加工范畴。

2.配菜部门

又称砧墩或案板切配,负责将已加工的原料按照菜肴制作要求进行主料、配料、料头(又叫小料,主要是配到菜肴里起增香作用的葱、姜、蒜等)的组合配伍。

3.炉灶部门

负责将配制完成的组合原料,经过加热、杀菌、消毒、和调味,使之成为符合风味、质地、营养、卫生要求的成品。

4.冷菜部门

负责冷菜(亦称凉菜)的刀工处理、腌制、烹调及改刀装盘工作。

5.点心部门

主要负责点心的制作和供应。

(四)厨房组织机构图

厨房组织机构图是厨房各层级、各岗位在整修厨房当中的位置和联络关系的图表表现。

连锁餐饮企业的厨政部组织架构如下图所示。

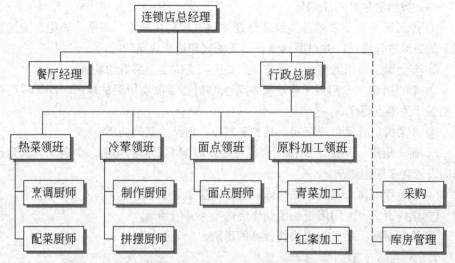

连锁餐饮企业的厨政部组织架构

二、行政总厨岗位说明

行政总厨岗位说明如下所示。

行政总厨岗位说明

报告上级	连锁店总经理	督导下级	热菜领班、冷荤领班、面点领班、原料加工领
岗位职责	（1）全面负责厨房各项管理工作 （2）在连锁店总经理的领导下主持厨房日常工作 （3）负责厨房的督导检查工作		
工作程序与标准	（1）负责制定并监督实施厨房管理制度 （2）负责菜单的筹划和更换工作 （3）负责制订厨房生产计划，并监督、协调、检查厨房计划执行，保证厨房工作任务的落实，及时处理各种突发情况和存在的问题，提出改进意见，使厨房各环节的工作正常运转 （4）检查并保证每个部位当天所需原料的充足，合理使用原料，控制成本 （5）定期检查仓库存量，保证有充裕的原料，验收交货质量和数量，保证适当的储存，有效地控制各部位用货 （6）挖掘增加菜品、降低成本的办法及途径等 （7）保证菜品质量符合客人要求，监督员工用正确方法准备制作菜品，随时检查菜品质量以及装盘和装饰的方法是否正确 （8）宾客至上，虚心听取宾客的意见和要求，不断提高菜品质量，创造新的菜式和制作方法，丰富菜品的花色品种，满足宾客的要求 （9）每天检查厨房卫生、厨师的仪表仪容、出勤以及遵守店规店纪等情况 （10）根据当天业务量大小，合理安排好厨房员工，团结协作，圆满完成各项任务 （11）对厨师进行定期培训 （12）协调与其他班组的关系，加强通力合作，人尽其才，各尽所能 （13）负责督导厨房设备负责人对设备用具的科学管理，审定厨房设备的更新添置计划 （14）完成上级指派的其他工作		
任职条件	（1）有较强事业心、责任心和良好的个人素质 （2）熟悉厨房生产的工艺流程，全面掌握烤鸭、热菜、冷荤及面点的生产制作方法，并有一技之长 （3）有较强的组织管理能力和全面的厨房成本核算控制能力 （4）具有中专以上学历，有3年以上从事厨房全面管理工作经历，达到××厨师水平 （5）身体健康，仪表端庄		
权力	（1）有组织、指挥、安排厨房生产的权力 （2）有决定厨房班次、安排厨房各岗位人员工作的权力 （3）有对厨房员工的奖惩决定权，有对厨房员工招聘及辞退的建议权 （4）有对采购部门不符合质量要求和未经申请采购的厨房食品原料的处理决定权		

三、热菜领班岗位说明

热菜领班岗位说明如下所示。

热菜领班岗位说明

报告上级	行政总厨	督导下级	烹调厨师、配菜厨师
岗位职责	（1）负责热菜厨房的日常工作 （2）保证菜品质量、数量、规格合乎店里规定的标准		
工作程序与标准	（1）按照工作程序与标准做好餐前的准备工作 （2）核对客人订单，根据员工的技术水平和知识掌握情况分配工作，保证菜品质量和工作效率 （3）密切与餐厅保持联系，有效地解决因菜品质量发生的投诉问题 （4）保证本厨房使用设备设施的清洁完好，保持好环境卫生 （5）收集中外宾客对菜肴的意见和建议，以便改进并加以提高 （6）检查本厨房员工仪表仪容、个人卫生和出勤情况 （7）决定本厨房员工的调配，指定重要宴会及重点宾客菜肴制作的人选并督促落实 （8）加强培训，提高员工的技术水平和业务能力，定期对员工进行考核 （9）定期对本厨房的员工进行绩效评估，向行政总厨提出奖惩建议 （10）与厨房员工协调合作，解决员工之间的矛盾 （11）保证本厨房日常工作的顺利进行 （12）完成上级指派的其他工作		
任职条件	（1）有较强事业心、责任心和良好的个人素质 （2）熟悉热菜生产的全部工艺流程，拥有良好的热菜制作技术 （3）有一定的组织管理能力 （4）具有中专以上学历，有两年以上热菜制作工作经历，达到××厨师水平 （5）身体健康，仪表端庄		
权力	（1）有组织、指挥、安排、热菜生产的权力 （2）有指挥、安排烹调厨师和配菜厨师工作的权力 （3）有对烹调厨师和配菜厨师的奖惩建议权，有对烹调厨师和配菜厨师招聘及辞退的建议权 （4）有对采购部门不符合质量要求的原料的拒收决定权		

四、烹调厨师岗位说明

烹调厨师岗位说明如下所示。

烹调厨师岗位说明

报告上级	热菜领班	督导下级	
岗位职责	严格按照本岗工作程序与标准及领班的指派,优质高效地完成菜品的制作,以满足宾客的要求		
工作程序与标准	(1) 上岗后,做好炉灶、案台、调料罐的卫生,并上足调料 (2) 负责所有清汤、奶汤和烧菜的准备工作,以保证开餐前正常使用 (3) 负责热菜装饰品的准备工作,以保证菜品出盘时造型美观 (4) 保持冰箱内整齐,经常洗刷,定期消毒 (5) 保持地面和工作台面的整齐、清洁,无污物、无污垢 (6) 上火前认真检查加工原料的质量,不得制作腐烂变质的食品 (7) 遵守操作程序和工艺要求,制作优质的菜品,要按照菜单的顺序上菜 (8) 烹调时注意检查配料,严格把关,做到变味的不做、数量不足的不做、配料不齐的不做、不符合规格的不做 (9) 严格把好出菜关,做到五不出,即:火候不够的不出、口味不纯的不出、颜色不正的不出、不符合卫生标准的不出、数量不够的不出 (10) 做宴会菜时要根据宴会进行速度和服务员的要求做菜,保证菜品质量和火候 (11) 保持本岗工作区域的环境卫生,做好本岗工具、用具、设备、设施的清洁、维护和保养 (12) 严格执行使用煤气的操作规程,做好安全防火工作 (13) 工作结束后,认真清理好灶、案、调料罐等卫生,检查煤气是否关好,做好收尾工作 (14) 完成上级指派的其他工作		
任职条件	(1) 有责任心,服从指挥与领导 (2) 熟悉热菜制作的全部工艺流程,拥有良好的热菜制作技术 (3) 具有中专以上学历,有两年以上热菜制作工作经历,达到××厨师水平 (4) 身体健康,仪表端庄		
权力	(1) 有对热菜制作相关原料的质量提出异议的权力 (2) 相关设备的使用权力		

五、配菜厨师岗位说明

配菜厨师岗位说明如下所示。

配菜厨师岗位说明

报告上级	热菜领班	督导下级	
岗位职责	严格按照本岗工作程序与标准及领班的指派,做好餐前各项准备工作		
工作程序与标准	（1）严格遵守店规店纪,坚守工作岗位,不得擅离职守、串班聊天、干私活 （2）按规定着装、系围裙、戴帽子 （3）加强原料的进货验收关,做到四不收,即：无卫生许可证的不收、变色的不收、变味的不收、变质的不收 （4）加强冰箱管理,各种原料摆放整齐,一切原料要按进货程序,做到先进先用,后进后用,保持原料的新鲜度,冰箱要天天检查清理,保持清洁卫生,保证无变质食品 （5）掌握各种菜品的成本和规格,懂得成本核算 （6）严格检查食品原料的质量,保证菜品原料无腐烂变质现象,刀口均匀、整齐、大小、薄厚、粗细、长短符合标准 （7）负责一切零点和宴会菜的配制,要做到料齐全,分量准,保证菜品色、型的质量 （8）合理安排领用配制,避免浪费观象和脱销现象,降低成本 （9）认真执行食品卫生法和"五四"制,所用工具使用完毕后,及时清洗,下班前刷洗干净,定位放好,做到无锈迹、无油泥、不乱抄乱拿,并将加工剩余的原料及时入库保存,做好收尾工作 （10）做好安全工作,每天下班锁好门窗,关好电器设备 （11）完成上级指派的其他工作		
任职条件	（1）有责任心,服从指挥与领导 （2）熟悉热菜制作的全部工艺流程,拥有良好的配菜知识 （3）具有中专以上学历,有两年以上配菜工作经历,达到××厨师水平 （4）身体健康,仪表端庄		
权力	（1）有对热菜制作相关原料的质量提出异议的权力 （2）相关设备的使用权力		

六、冷荤领班岗位说明

冷荤领班岗位说明如下所示。

冷荤领班岗位说明

报告上级	行政总厨	督导下级	制作厨师、切（摆）制厨师
岗位职责	（1）负责冷荤的日常工作 （2）保证菜品质量、数量、规格合乎店里规定的标准			
工作程序与标准	（1）按照工作程序与标准做好餐前的准备工作 （2）根据订单及员工的技术水平和知识掌握情况分配工作，保证冷荤制品质量 （3）上岗前先要检查上岗员工的仪容仪表、个人卫生，坚决做到"五四"制 （4）每天检查冷荤所用的设备，冷藏柜、电冰箱等运转是否正常，发现问题及时报告行政总厨，并通知总务部维修 （5）在准备制作冷荤时贯彻行政总厨的意图，满足客人订单要求 （6）通过检查保证冷菜、拼盘以及水果拼盘的制作方法，操作规程符合质量要求，保证食品加工制作质量，贯彻食品卫生制度 （7）每天检查冰箱内的食品质量，尽量做到当天制作当天出售，变质食品绝对不能烹制拼盘出售，生熟食品分开存放，每天指定专人消毒菜墩、刀具及其他工具 （8）根据每天业务量的大小，提前一天开出食品原料、水果、青菜、调料等的用料数量，上交行政总厨审批订购或领料 （9）做好技术培训工作，定期进行考核评比 （10）协调好与其他部门的关系，做好协作，圆满完成各项工作 （11）当班结束后，做好交接班工作营业结束后，做好收尾工作 （12）完成上级指派的其他工作			
任职条件	（1）有较强事业心、责任心和良好的个人素质 （2）熟悉冷荤菜品生产的全部工艺流程，拥有良好的冷荤菜品制作技术 （3）有一定的组织管理能力 （4）具有中专以上学历，有两年以上冷荤制作工作经历，达到××厨师水平 （5）身体健康，仪表端庄			
权力	（1）有组织、指挥、安排冷荤菜品生产的权力 （2）有指挥、安排制作厨师和切制厨师工作的权力 （3）有对制作厨师和切制厨师的奖惩建议权，有对制作厨师和切制厨师招聘及辞退的建议权 （4）有对采购部门不符合质量要求的原料的拒收决定权			

七、制作厨师岗位说明

制作厨师岗位说明如下所示。

制作厨师岗位说明

报告上级	冷荤领班	督导下级	
岗位职责	严格按照本岗工作程序与标准及领班的指派,优质高效地完成菜品的制作		
工作程序与标准	(1) 上岗后,做好环境卫生,用消毒液擦洗刀、墩、台、冰箱、水池、地面,然后进行紫外线消毒15分钟,冰箱及房门拉手需用消毒小毛巾套上,每日交换数次 (2) 保持冰箱内整洁、卫生,定期进行洗刷、消毒。冬季每周刷一次冰箱,夏季每三天刷一次冰箱 (3) 在开餐前,准备好各种餐具和装饰盘头的各种饰物 (4) 冷荤制作符合"五四"制要求 (5) 制作冷菜时要把好食品卫生关、食品制作关、食品质量关。制作的菜品做到不新鲜的菜肴不出、色泽不正的不出、不符合卫生标准的不出、口味不纯的不出 (6) 制作菜品时要做到色泽鲜艳,保证味、美、色、香、形符合标准 (7) 冷菜制作、保管和冷藏都要严格做到生熟食品、原料分开,生熟工具(容器、刀、墩、板、台、盆、秤、冰箱等)严禁混用,避免交叉污染 (8) 根据业务情况,准备充足的食品原料,调货制作要求少制勤制,要求熟悉成本出成率并严格把关,做到当天用料当天做 (9) 工作完毕,将冷拼覆盖保鲜膜放入冰箱内 (10) 下班前做好一切收尾工作,以保证次日的正常工作 (11) 完成上级指派的其他工作		
任职条件	(1) 有责任心,服从指挥与领导 (2) 熟悉冷菜制作的全部工艺流程,拥有良好的冷菜制作知识 (3) 具有中专以上学历,有两年以上冷荤制作工作经历,达到××厨师水平 (4) 身体健康,仪表端庄		
权力	(1) 有对冷菜制作相关原料的质量提出异议的权力 (2) 相关设备的使用权力		

八、拼摆（切制）厨师岗位说明

拼摆（切制）厨师岗位说明如下所示。

拼摆（切制）厨师岗位说明

报告上级	冷荤领班	督导下级	
岗位职责	严格按照本岗工作程序与标准及领班的指派，优质高效地完成菜品的制作		
工作程序与标准	（1）上岗后，做好环境卫生，用消毒液擦洗刀、墩、台、冰箱、水池、地面，然后进行紫外线消毒15分钟，冰箱及房门拉手需用消毒小毛巾套上，每日交换数次 （2）要严格执行洗手、消毒规定，严禁佩戴戒指和其他首饰 （3）进入拼摆间要求两次更衣 （4）保持冰箱内整洁、卫生，定期进行洗刷、消毒。冬季每周刷一次冰箱，夏季每三天刷一次冰箱 （5）在开餐前，准备好各种餐具和装饰盘头的各种饰物 （6）冷荤制作符合"五专"要求（专人、专室、专工具、专消毒、专冷藏） （7）制作冷菜时要把好食品卫生关、食品制作关、食品质量关。制作的菜品做到六不出，即：不新鲜的菜肴不出、色泽不正的不出、拼摆不整齐的不出、数量不够的不出、不符合卫生标准的不出、口味不纯不出 （8）制作菜品时做到刀口均匀、色泽鲜艳，保证味、美、色、香、形符合标准，冷盘的拼摆要形态逼真、整齐、有艺术性 （9）冷菜制作，保管和冷藏都要严格做到生熟食品、原料分开，生熟工具（容器、刀、墩、板、台、盆、称、冰箱等）严禁混用，避免交叉污染 （10）根据业务情况，准备充足的食品原料 （11）严格按照分盘菜的份量切配 （12）工作完毕，将冷拼覆盖保鲜膜放入冰箱内 （13）下班前做好一切收尾工作，以保证次日的正常工作 （14）完成上级指派的其他工作		
任职条件	（1）有责任心，服从指挥与领导 （2）熟悉冷菜制作的全部工艺流程，拥有良好的冷菜制作知识和熟练的食品雕刻技术 （3）具有中专以上学历，有两年以上冷荤制作工作经历，达到××厨师水平 （4）身体健康，仪表端庄		
权力	（1）有对冷菜制作相关原料的质量提出异议的权力 （2）相关设备使用权力		

九、面点领班岗位说明

面点领班岗位说明如下所示。

面点领班岗位说明

报告上级	行政总厨	督导下级	面点厨师
岗位职责	（1）负责面点的日常工作 （2）确保面点的出品质量		
工作程序与标准	（1）按照工作程序与标准做好餐前的准备工作 （2）根据业务情况，合理安排人员 （3）上岗前要检查上岗员工的仪容仪表、个人卫生和出勤情况 （4）检查面点间蒸箱、烤箱、电冰箱以及其他设备设施的完好情况并保持其清洁卫生 （5）负责食品和其他原料的领取，严格检查所用原料，严格过滤，不符合标准的禁用 （6）工作前需先消毒工作台和工具，工作后将各种用具洗净、消毒，按顺序放好 （7）每天检查所有食品的质量，保证符合卫生标准 （8）检查主食制品、甜食制品和各种大小宴会糕点制品的质量、数量是否符合要求，严格把好质量关，并经常变更品种，以满足宾客的需要 （9）负责对面点厨师的卫生知识进行培训、教育 （10）负责面点厨师的绩效评估、培训及考核 （11）协调好与其他部门的关系，做好协作，圆满完成各项任务 （12）下班时做好收尾工作 （13）完成上级指派的其他工作		
任职条件	（1）有较强事业心、责任心和良好的个人素质 （2）熟悉面点生产的全部工艺流程，拥有良好的面点制作技术 （3）有一定的组织管理能力 （4）具有中专以上学历，有两年以上面点制作工作经历，达到××厨师水平 （5）身体健康，仪表端庄		
权力	（1）有组织、指挥、安排面点生产的权力 （2）有指挥、安排面点厨师工作的权力 （3）有对面点厨师的奖惩建议权，有对面点厨师招聘及辞退的建议权 （4）有对采购部门不符合质量要求的原料的拒收决定权		

十、面点厨师岗位说明

面点厨师岗位说明如下所示。

面点厨师岗位说明

报告上级	面点领班	督导下级	
岗位职责	严格按照本岗工作程序及领班的指派,优质、高效地完成面点工作		
工作程序与标准	(1) 每日上岗、下岗要做好工作台、工具、工作场地、个人和食品的卫生 (2) 上岗后,做好面点的各项准备工作,定量发面并准备点心所需的馅和其他原料 (3) 严格按照操作规程,认真制作面点 (4) 掌握好蒸饼(米饭)的时间,要先将饼翻动,然后再蒸 (5) 做好成本核算,做到:按质定量、定标准、定成本,坚持原料的领取和所出成品的登记制度,每日的销售要有登记,做到心中有数 (6) 严格执行煤气、烤箱等设备的操作规程,随时检查各种设备,保证安全,发现隐患及时采取措施,并汇报领导 (7) 保持冰箱内整洁、卫生,定期进行洗刷、消毒,生熟分开,剩余成品放入冰箱 (8) 根据每天的业务情况准备充足的面点 (9) 操作工具用后洗刷干净 (10) 下班时做好一切收尾工作,检查水、电、火、门窗是否关好 (11) 完成上级指派的其他工作		
任职条件	(1) 有责任心,服从指挥与领导 (2) 熟悉面点制作的全部工艺流程,拥有良好的面点制作知识 (3) 具有中专以上学历,有两年以上面点制作工作经历,达到××厨师水平 (4) 身体健康,仪表端庄		
权力	(1) 有对面点制作相关原料的质量提出异议的权力 (2) 相关设备使用权力		

十一、原料加工领班岗位说明

原料加工领班岗位说明如下所示。

原料加工领班岗位说明

报告上级	原料加工领班	督导下级	料青厨师、开生厨师
岗位职责	（1）负责原料加工的日常工作 （2）确保原料加工的出品质量		
工作程序与标准	（1）检查加工原料的质量，根据客人情况及菜单要求，负责原料加工各岗位人员安排和组织工作 （2）收集汇总厨房所需的加工原料，具体负责向采购部门订购各类食品原料 （3）检查原料库存和使用情况，并及时向行政总厨汇报，保证厨房生产的正常供给和原料的充分利用，准确控制成本 （4）检查督导并带领员工按规格加工各类原料，保证各类加工成品及时并符合要求 （5）主动征询厨房对原料使用的意见，不断研究和改进加工工艺，并对新开发菜肴原料的加工规格进行研究、试制及指导 （6）检查下属的仪容仪表，督促各岗位做好食品及加工生产的卫生 （7）定期对料青厨师和开生厨师进行绩效评估，向行政总厨提出奖惩建议 （8）与厨房员工协调合作，解决员工之间的矛盾 （9）负责料青厨师和开生厨师的培训工作 （10）完成上级指派的其他工作		
任职条件	（1）有较强事业心、责任心和良好的个人素质 （2）熟悉原料生产的全部工艺流程，拥有良好的原料制作技术，有娴娴熟的刀工切配技巧 （3）有一定的组织管理能力 （4）具有中专以上学历，有两年以上原料制作工作经历，达到××厨师水平 （5）身体健康，仪表端庄		
权力	（1）有组织、指挥、安排原料加工的权力 （2）有指挥、安排料青厨师和开生厨师工作的权力 （3）有对料青厨师和开生厨师的奖惩建议权，有对料青厨师和开生厨师招聘及辞退的建议权 （4）有对采购部门不符合质量要求的原料的拒收决定权		

十二、青菜加工厨师岗位说明

青菜加工厨师岗位说明如下所示。

青菜加工厨师岗位说明

报告上级	原料加工领班	督导下级	
岗位职责	（1）严格按照本岗工作程序与标准及领班的指派，做好餐前菜品配料的各项准备工作 （2）负责保证原料充足，满足业务需要		
工作程序与标准	（1）负责对蔬菜等质量的验收把关，对腐烂变质或不新鲜的蔬菜坚决退回，以保证菜品的高质量 （2）蔬菜要根据业务情况计划进购，做到不积压，不脱销 （3）备用蔬菜要码放整齐，经常检查，防止腐烂 （4）负责蔬菜、配料、小料的粗细加工，确保业务需要 （5）各种蔬菜加工前都必须进行质量检查，变质变味的坚绝不加工，加工后的半成品要及时保管好 （6）加工蔬菜要摘净、洗净，做到无虫、无污物、无沙、无枯叶，加工蔬菜的刀口要适宜，粗细、长短、薄厚符合标准 （7）保持室内卫生和个人卫生，地面保持干净，及时清理加工后留下的废弃物，水池内无污物 （8）下班前将刀、墩刷洗干净，定位放好，做到无锈迹、无油泥，不乱抄乱拿，做好收尾工作 （9）做好安全工作，下班时关好门窗及照明设备，如果发现问题及时处理，及时上报 （10）完成上级指派的其他工作		
任职条件	（1）有责任心，服从指挥与领导 （2）熟悉青菜处理的全部工艺流程，拥有良好的青菜处理知识 （3）具有××以上学历，有××年以上青菜制作工作经历，达到××厨师水平 （4）身体健康，仪表端庄		
权力	（1）有对青菜处理相关原料的质量提出异议的权力 （2）相关设备的使用权力		

十三、红案加工厨师岗位说明

红案加工厨师说明如下所示。

红案加工厨师岗位说明

报告上级	原料加工领班	督导下级	
岗位职责	（1）严格按照本岗工作程序与标准及领班的指派，负责肉类、禽类、水产品类的粗加工和各项准备工作 （2）负责保证原料充足，满足业务需要		
工作程序与标准	（1）负责对肉类、禽类、水产品类、干货类等质量的验收把关，对腐烂变质或不新鲜的原料坚决退回，以保证菜品的高质量 （2）原料随进、随加工、随入冷库。加强对冷库的管理，原料摆放整齐，新陈有序，定期刷冷库（冬季每周一次，夏季每周两次） （3）加工前严格检查原料的质量，保证菜品原料无腐烂现象，确保原料的出成率 （4）开生加工细致，做到四净，即：掏净、洗净、刮净、剔净，加工后的半成品做到无泥沙、无虫类、无其他杂物 （5）加工剩余的内脏等杂物要及时处理，不准积压堆放 （6）负责干货制品的涨发，掌握发制程序，提高发制质量 （7）保持室内清洁，做好个人卫生，坚持"四勤"，加工所用的刀、墩、案及其他容器要定位存放，刷洗干净 （8）做好安全工作，发现隐患，迅速采取措施，及时汇报 （9）完成上级指派的其他工作		
任职条件	（1）有责任心，服从指挥与领导 （2）熟悉肉类处理的全部工艺流程，拥有良好的肉类处理知识 （3）具有××以上学历，有××年以上青菜制作工作经历，达到××水平 （4）身体健康，仪表端庄		
权力	（1）有对肉类处理相关原料的质量提出异议的权力 （2）相关设备的使用权力		

第二节　厨房生产控制

厨房的生产流程主要包括原料加工、菜品配份、合理烹调三个程序。控制就是对菜肴质量、菜肴成本、制作规范三个流程中的操作加以检查督导，随时消除在制作中出现的一切差错，保证菜肴达到质量标准。

一、制定控制菜品标准

生产的菜品必须有标准，没有标准就无法衡量，就没有目标，也无法进行质量控制。所以，厨房人员，必须首先制定出制作各种菜品的质量标准。然后由餐饮部经理、厨师长及有经验的老师傅经常地进行监督和检查，确保菜品既符合质量要求，又符合成本要求。如果没有标准，会使菜品的数量、形状、口味等没有稳定性，导致同一菜品差异很大。甚至因厨师各行其是，致使客人无法把握你的质量标准，也就难以树立饭店（宾馆）的良好餐饮形象。由于厨房制作是手工操作，其经验性较强，且厨师个人烹饪技术有差异，而厨房采用分工合作方式，所以制定标准，既可统一菜品的规格，使其标准化和规格化，又可消除厨师各行其事的问题。制定标准，是对厨师在生产制作菜品时的要求，也是管理者检查控制菜品质量的依据。这类标准常有以下几种。

（一）标准菜谱

标准菜谱是统一各类菜品的标准，它是菜品加工数量、质量的依据，使菜品质量基本稳定。使用它可节省制作时间和精力，避免食品浪费，并有利于成本核算和控制。标准菜谱基本上是以条目的形式，列出主辅料配方，规定制作程序，明确装盘形式和盛器规格，指明菜肴的质量标准、成本、毛利率和售价。制定标准菜谱的要求是：菜谱的形式和叙述应简单易做，原料名称应确切并按使用顺序列写。配料因季节的原因需用替代品的应该说明。叙述应确切，尽量使用本地厨师比较熟悉的术语，不熟悉或不普遍使用的术语应详细说明。由于烹调的温度和时间对菜品质量有直接影响，因此应列出操作时的加热温度和时间范围，以及制作中菜品达到的程度。还应列出所用炊具的品种和规格，因为它是影响烹好菜品质量的一个因素。说明产品质量标准和上菜方式要言简意赅，标准菜谱的制定形式可以变通，但一定要有实际指导意义，它是一种菜肴质量控制的手段和厨师的工作手册。

（二）菜品投料单

菜品投料是厨房为饭店（宾馆）本店客人所设的菜品投料单，它是根据菜肴的基本特点，通过简单易懂的方式列出主、配料及各种调味料的名称和数量。投料单的文字表格放在配菜间明显的位置。

（三）标量菜单

标量菜单就是在菜单的菜品下面，分别列出每个菜肴的用料配方，以此来作为厨房备料、配份和烹调的依据。由于菜单同时也送给客人，使客人清楚地知道菜肴的成分及规格，作为厨房选料的依据，同时也起到了让客人监督的作用。

二、厨房生产控制过程

在制定了控制标准后,要达到各项操作标准,就一定要由训练有素、通晓标准的制作人在日常的工作中有目标地去制作。管理者应经常按标准严格要求,保证制作的菜肴符合质量标准。因此制作控制应成为经常性的监督和管理的内容之一,进行制作过程的控制是一项最重要的工作,是最有效的现场管理。

(一)加工过程的控制

加工过程包括原料的初加工和细加工,初加工是指对原料的初步整理和洗涤,而细加工是指对原料的切配成形。在这个过程中应对加工的出成率、质量和数量加以严格控制。原料的出成率即原料的利用率,它是影响成本的关键,该项的控制应规定各种出成率指标,把它作为厨师工作职责的一部分,尤其要把贵重原料的加工作为检查和控制的重点。具体措施是对原料和成品损失也要采取有效的改正措施。另外,可以经常检查下脚料和垃圾桶,是否还有可用部分未被利用,使员工对出成率引起高度重视。加工质量是直接关系菜肴色、香、味、形的关键,因此要严格控制原料的成形规格。凡不符合要求的不能进入下道工序。加工的分工要细,一则利于分清责任;二则可以提高厨师的专业技术及熟练程度,有效地保证加工质量。尽量使用机械进行切割,以保证成形规格的标准化。加工数量应以销售预测为依据,以满足需求为前提,留有适量的储存周转量。避免加工过量而造成浪费,并根据剩余量不断调整每次的加工量。

(二)配菜过程的控制

配菜过程的控制是控制食品成本的核心,也是保证成品质量的重要环节。如果客人两次光顾你的餐厅,或两个客人同时光顾,出现配给的同一份菜肴是不同的规格,客人必然会产生疑惑或意见。因此配菜控制是保证质量的重要环节。配菜控制要经常进行核实,检查配菜中是否执行了规格标准,是否使用了称量、计数和计量等控制工具,因此即使很熟练的配菜厨师,不进行称量都是很难做到精确的。配菜控制的另一个关键措施是凭单配菜。配菜厨师只有接到餐厅客人的订单,或者规定的有关正式通知单才可配制,保证配制的每份菜肴都有凭据。另外,要严格避免配制中的失误,如重算、遗漏、错配等,尽量使失误率降到最低限度。因此,要查核凭单,这是控制配菜失误的一种有效方法。

(三)烹调过程的控制

烹调过程是确定菜肴色泽、质地、口味、形态的关键,因此应从烹调厨师的操作规范、制作数量、出菜速度、成菜温度、剩余食品五个方面加强监控。必须督导炉灶厨师严格遵守操作规范,任何只图方便而违反规定的做法和影响菜肴质量的做法一经发现都应立即加以制止。其次应严格控制每次烹调的出产量,这是保证菜肴质量的基本条件,在开餐时要对出菜的速度、出品菜肴的温度、装盘规格保持经常性的督导,阻止一切不合格的菜肴出品。

三、厨房生产控制方法

为了保证控制菜品质量、标准的有效性,除了制定标准,重视流程控制和现场管理外,还必须采取有效的控制方法。常见的控制方法有以下几种。

(一)厨房制作过程的控制

加工、配菜到烹调的三个程序中,每个流程的生产者,都要对前个流程的食品质量实行严格的检查,不合标准的要及时提出,帮助前道工序及时纠正。如配菜厨师对一道菜配置不合理,烹调厨师有责任提出更换,使整个产品在每个流程都受到监控。管理者要经常检查每道工序的质量。

(二)责任控制法

按厨房的工作分工,每个部门都担任着一个方面的工作。首先,每位员工必须对自己的工作质量负责。其次,各部门负责人必须对本部门的工作质量实行检查控制,并对本部门的工作问题承担责任,厨师长要把好出菜质量关,并对菜肴的质量和整个厨房工作负责。

(三)重点控制法

把那些经常和容易出现问题的环节或部门作为控制的重点。这些重点是不固定的,如配菜部门出现问题,则重点控制配菜间,灶间出现问题则重点控制灶间。

第三节 厨房管理主要程序

一、厨房计划管理程序

厨房计划管理程序是保证单店厨房生产、管理顺利进行,做到计划性、协调性、有序性和高效性,达到后厨管理的专业化目的。

(一)各岗位于计划中的职责

(1)厨房行政总厨负责每日生产计划的制订、实施、考核、汇总分析。
(2)各相关部门对计划分解负责,做到及时反馈、及时实施、及时处理。
(3)采购部根据厨房生产计划购物单要求负责完成采购计划的制订和实施。

(4)库房负责依照生产计划制订库房备料计划,保证库房的顺畅运转,成本最优。

(5)切配加工中心负责依据生产计划制订切配加工计划,保证满足厨房生产所需切配加工材料的数量,并达到存货最少化,分工合理化。

(二)厨房计划管理流程

以下以某一知名餐饮企业的厨房计划管理流程来加以说明如何进行管理。厨房计划管理流程如下图所示。

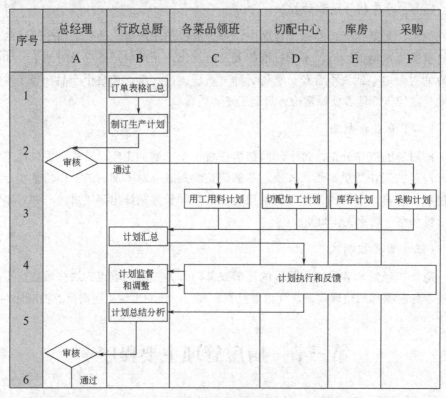

厨房计划管理流程

厨房计划管理流程说明如下表所示。

厨房计划管理流程说明

节点	要求
节点B1、B2	餐厅经理及公关销售部将相关团体、预订、零客的订单及时给予行政总厨,由行政总厨依据时间次序制订零点计划(现点)、短期计划(一天以内订餐)、长期计划(一天以上订单)

续表

节点	要求
节点A3	计划制订后,由行政总厨上报总经理审批下发执行
节点C4、D4、E4、F4	(1)由各菜品领班负责相关菜品生产计划的分解,合理安排相应人员的工作,按计划在切配加工中心提出半成品货物,使相关菜品的生产保质保量地完成 (2)由切配中心依据生产计划做好全天切配加工计划,保证各菜品生产班组的正常生产 (3)由库房依据生产计划及现有库房存货数量,制订库房库存计划,保证库房存货的合理性和库房存货成本的最优化 (4)由采购部门依据生产计划,及时做好提前采购和临时采购工作,以保证材料的供应
节点B5	所有计划经行政总厨汇总,依据相关成本管理、计划管理的规定审核后执行
节点B6、C6、D6、E6、F6	由各部门依据相应计划执行,执行过程中如有相应的修改变动,由行政总厨依据情况给予处理,各部门在执行过程中应及时与行政总厨沟通和汇报,以保证计划执行的有效性
节点B7、A8	行政总厨依据当天计划完成情况给予及时的总结和分析,对出现的问题和情况加以处理,并报总经理审核
节点B9、C9、D9、E9、F9	审核通过后,由行政总厨依据各部门情况将相应信息输入单店信息系统,各部门配合执行,以保证信息的完整,以待日后统一使用

二、厨房运作主程序

厨房运作主程序的目的是控制菜肴加工制作的全过程,检查成品质量,确保提供合格产品,让顾客满意。

(一)厨房运作主程序中各岗位的职责

(1)行政总厨全面负责厨房管理工作,监督菜品供应情况,检查菜肴质量,带领厨师开发创新菜。

(2)各厨师领班负责本厨房的日常管理工作,检查、监督厨师工作。

(3)厨师负责菜肴的加工、烹制。

(二)厨房运作主程序工作流程

厨房运作主程序工作流程如右图所示。

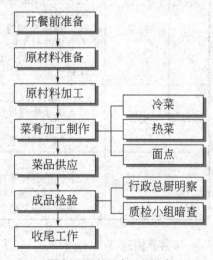

厨房运作主程序工作流程

1. 厨师进行开餐前准备

根据菜单和生产任务，做好厨房开餐前的各项准备工作，检查各份菜肴的数量、规格和盘饰要求，检查厨房生产过程的卫生情况，检查做菜速度，对菜品制作工作中的原料使用、储藏、库存情况进行控制。

2. 准备原料

（1）根据菜品实际销售、预测计划情况，由行政总厨、大厨填写食品原料采购单，签字后交采购员。

（2）根据实际需求计划填写原料出库单，做到营业中供应不断档，不浪费，由行政总厨、切配加工领班签字到库房办理出库。

（3）领料时当场进行检验，不领腐败、变质、过期食品原料。

3. 原料加工

（1）将采购回来的原料或从库房领出来的原料进行刀工处理。

（2）严格按照菜品的制作标准合理加工。

（3）依据当日发生计划加工切配

（4）做好领用记录，做好材料额度控制

4. 菜肴加工制作

菜肴加工制作包括下表所示几个方面。

菜肴加工制作

序号	菜类	作业程序与要求
1	冷菜	（1）按操作规程、原料特点和菜品要求对原料进行制作 （2）根据菜品要求对熟制品进行切配 （3）装盘 （4）对隔夜或时间长的成品、半成品每天检查一次，并做记录，防止不合格产品出售 （5）备好调料，调料当日制作，在供应宾客时根据菜品特点及顾客口味要求浇汁
2	热菜	（1）帮厨厨师进行原料的细加工 （2）配菜厨师进行配菜 （3）帮厨 （4）掌灶厨师进行菜肴的烹饪
3	面点	（1）定量发面 （2）提前制作半成品 （3）根据不同面点的特点，按照各自制作方法认真操作，采用煎、炸、蒸等不同烹制方法，掌握火候

5. 菜品供应

菜品供应必须有相应人员执行，保证快速准确。

6. 成品检验

（1）行政总厨确定菜品合格后将菜品加工厨师的编号划入计算机系统，方可交跑菜员上桌。

（2）行政总厨明查，即不定时每天检查，并做抽查记录。

（3）质检小组暗查，通过下菜单以客人的身份检查，并做检查记录。

（4）不合格菜品由行政总厨处理，根据不合格情况进行返工或予以丢弃，并做记录。

7. 收尾工作

厨师按工作标准负责相应的厨房收尾工作。

三、冷荤菜品制作工作程序

冷荤菜品制作工作程序的目的是控制冷荤菜品加工制作的全过程，检查成品质量，确保提供合格产品，让顾客满意。

（一）各岗位的职责

（1）行政总厨全面负责厨房的管理工作，监督菜品供应情况，检查菜肴质量，带领厨师开发创新菜。

（2）冷荤领班负责冷荤厨房的日常管理工作，检查、监督厨师工作。

（3）冷荤厨师负责冷荤菜品的制作与加工。

（二）工作流程

冷荤菜品制作管理流程如右图所示。

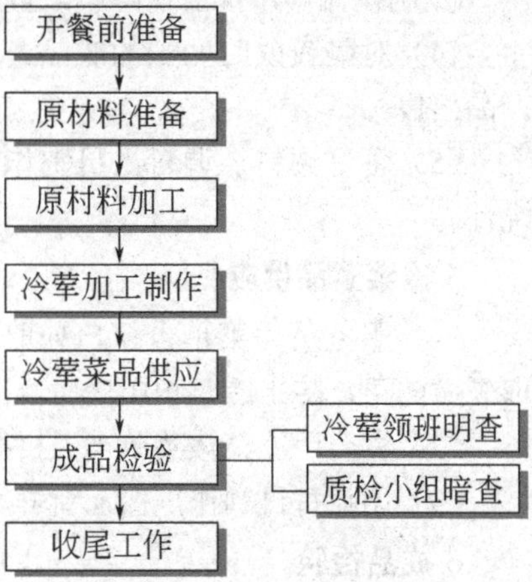

1. 冷荤厨师进行开餐前准备

（1）打扫操作间卫生，台面、地面、水池清洁，无杂物。

（2）检查各部位专用电器设备、设施是否正常运转。

（3）备足刀、墩、案板、盆、筐、盘等专用工具，清洁消毒。

（4）备足开餐原料，包括主、配、调料。

（5）点燃炉火、灶火。

（6）冷荤间每天2:00～4:00用紫外线对操作间进行消毒。

冷荤菜品制作管理流程

开餐前准备 → 原材料准备 → 原材料加工 → 冷荤加工制作 → 冷荤菜品供应 → 成品检验（冷荤领班明查 / 质检小组暗查）→ 收尾工作

2. 准备原料

（1）根据菜品实际销售情况，由厨师领班、冷荤厨师填写食品原料采购单，签字后交采购人员。

（2）根据实际需求填写原料出库单，做到营业中供应不断档，不浪费，由冷荤厨师领班、冷荤厨师签字到库房办理出库。

（3）领料时当场进行检验，不领腐败、变质、过期食品原料。

3.原料加工

（1）将采购回来的原料或从库房领出来的原料进行刀工处理。

（2）严格按照菜品的制作标准合理加工。

4.冷荤菜品加工制作

（1）按操作规程、原料特点和菜品要求对原料进行卤、酱、白煮、熏等不同方法制作，制成品注明制作日期，生熟食品分开存放，做到生熟食品各有专用器皿盛放，各有专用冰箱储藏。

（2）根据菜品要求对熟食品进行切配，要熟练掌握直刀、平刀、斜刀等方法，切出的食品美观，能满足拼摆要求。

（3）装盘

①根据菜品特点采用排、推、叠、摞、围、摆、码、嵌等拼摆专用手法。

②注意各种颜色的间隔和衬托。

③软硬原料结合选用。

④拼摆的花样、形式富于变化，造型美观，构思巧妙，艺术性强。

⑤防止带汤汁的原料互相串味。

⑥选料要保证质地、颜色、刀工等符合设计主体和图案要求。

⑦制作完毕，覆盖保鲜膜，置于保鲜柜内。

（4）对隔夜或时间长的成品、半成品每天检查一次，并做记录，防止不合格产品出售。

（5）备好调料，调料当日制作，在供应宾客时根据菜品特点及顾客口味要求浇汁。

5.冷菜菜品供应

（1）服务员凭菜单自窗口处取冷菜，上桌后方可浇汁，不得进入操作间，先取先做的菜，防止冷菜积压变质。

（2）宴会用冷菜按菜单当天拼摆，服务员按菜单定时领取。

（3）调料每日制作，保证新鲜。

6.成品检验

（1）冷荤厨师确定菜品合格后方可交传菜员上桌（冷菜成品必须未过期、无变质现象，经称量符合标准要求）。

（2）厨师领班明查，即不定时每天检查，并做抽查记录。

（3）检查小组暗查，通过下菜单以客人的身份检查，并做检查记录。

（4）不合格菜品由厨师领班处理，根据不合格情况进行返工或予以丢弃，并做记录。

7.收尾工作

（1）剩余原料、冷菜放入冰箱或保鲜柜，冷冻温度为零下5摄氏度以下，冷藏保鲜温度为0~5摄氏度，柜内食品存放最长不超过3天，过期、变质食品坚决抛弃。

（2）操作用具清洁干净，消毒，定位存放。

（3）除保鲜柜外所有电器设备都要切断电源。

（4）熄灭炉火，清洁灶台。

（5）打扫操作间卫生，保证地面、工作台清洁，无杂物。

四、热菜工作程序

制定热菜工作程序的目的是控制热菜加工制作的全过程，检查成品质量，确保提供合格产品，让顾客满意。

（一）各岗位的职责

（1）行政总厨全面负责厨房管理工作，监督菜品供应情况，检查菜肴质量，带领热菜厨师开发创新菜。

（2）热菜领班负责本厨房的日常管理工作，检查、监督厨师工作。

（3）热菜厨师负责菜肴的加工、烹制。

（二）工作流程

热菜工作流程如右图所示。

热菜工作流程说明如下表所示。

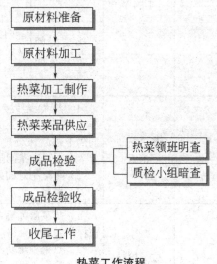

热菜工作流程

热菜工作流程说明

序号	步骤	工作要求
1	开餐前准备	（1）打扫操作间卫生，台面、地面、水池清洁，无杂物 （2）检查各部位专用电器设备、设施是否正常运转 （3）备足刀、墩、案板、盆、筐、盘等专用工具，清洁消毒 （4）备足开餐原料，包括主料、配料、调料 （5）点燃炉火、灶火

续表

序号	步骤	工作要求	
2	准备原料	（1）根据菜品实际销售情况，由热菜领班、热菜厨师填写食品原料采购单，签字后交采购人员 （2）根据实际需求填写原料出库单，做到营业中供应不断档，不浪费，由热菜领班、热菜厨师签字到库房办理出库 （3）领料时当场进行检验，不领腐败、变质、过期的食品原料	
3	原料加工	（1）将采购回来的原料或从库房领出来的原料进行刀工处理 （2）严格按照菜品的制作标准合理加工	
4	热菜菜品加工制作	配菜厨师进行配菜	（1）做好餐前的准备工作 （2）按单配菜，贵重物品如海鲜应过秤 （3）按先后顺序进行配菜 （4）客人有特殊要求时应按要求配制 （5）配菜过程中，坚决不用变质原料 （6）将配好的半成品传递给热菜厨师 （7）做好热菜厨师与跑菜员中间工作的衔接
		热菜厨师进行菜肴的烹制	（1）严格按照《×××特色贯标菜质量标准》和风味特色烹制菜肴 （2）根据客人所提特殊要求进行烹制 （3）根据季节环境变化，进行灵活处理
5	热菜菜品供应	（1）热菜厨师接到顾客点菜单或宴会走菜通知单后，立即动手操作，保证在接到点菜单或走菜通知单后5分钟内上第一道菜，每道菜间隔不超过10分钟（费时较长的菜品要先向客人说明），或根据顾客要求掌握好上菜间隔时间 （2）将烹制好的菜品连锅移离火源，倒入菜盘，菜品摆放均匀美观 （3）菜品入盘后通知跑菜员迅速端走上桌	
6	成品检验	（1）热菜厨师确定菜品合格后方可交跑菜员上桌（由厨师以目测或留样品尝确认合格，贴上操作号后出菜） （2）热菜领班明察，即不定时每天检查，并做抽查记录 （3）检查小组暗察，通过下菜单以客人的身份检查，并做检查记录 （4）不合格菜品由热菜领班处理，根据不合格情况进行返工或予以丢弃，并做记录	
7	收尾工作	（1）剩余原料放入冰箱或保鲜柜，冷冻温度为零下5摄氏度以下，冷藏保鲜温度为0～5摄氏度，柜内食品存放最长不超过12小时，过期、变质食品坚决抛弃 （2）操作用具清洁干净，消毒，定位存放 （3）除保鲜柜外所有电器设备都要切断电源 （4）熄灭炉火，清洁灶台 （5）打扫操作间卫生，保证地面、工作台清洁，无杂物	

五、面点工作程序

制作面点工作程序的目的是控制面点加工制作的全过程,检查成品质量,确保提供合格产品,让顾客满意。

（一）各岗位的职责

（1）行政总厨全面负责厨房管理工作,监督菜品供应情况,检查菜肴质量,带领厨师开发创新面点。

（2）面点领班负责本厨房的日常管理工作,检查、监督厨师工作。

（3）面点厨师负责菜肴的加工、烹制。

（二）工作流程

面点工作流程如右图所示。

面点工作流程说明如下表所示。

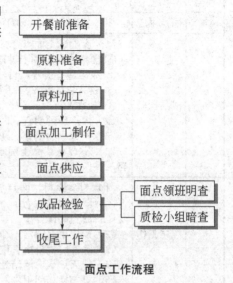

面点工作流程

面点工作流程说明

序号	步骤	工作要求
1	开餐前准备	（1）打扫操作间卫生,台面、地面、水池清洁,无杂物 （2）检查各部位专用电器设备、设施是否正常运转,检查整理烤箱、蒸笼的卫生和安全使用情况 （3）备足刀、墩、案板、盆、筐、盘等专用工具,清洁消毒 （4）备足开餐原料,包括主料、配料、调料 （5）点燃炉火、灶火
2	原料准备和加工	（1）根据面点实际销售情况,由面点领班、面点厨师填写食品原料采购单,签字后交采购人员 （2）根据实际需求填写原料出库单,做到营业中供应不断档,不浪费,由面点领班、面点厨师签字到库房办理出库 （3）领料时当场进行检验,不领腐败、变质、过期食品原料 （4）加工制作馅心及其他半成品,切配各类料头,预制部分宴会、团队点心
3	面点加工制作	（1）定量发面 （2）提前制作半成品。接零点点心订单后15分钟内出品,宴会点心在开餐前备齐,开餐即听候出品 （3）根据不同面点的特点按照各自制作方法认真操作,采用煎、炸、蒸等不同烹制方法,掌握火候 ①馅制品:口味调和,荤馅鲜美,素馅清淡,甜馅清秀 ②造型面点:形象逼真,美观大方,色泽、口味多样

续表

序号	步骤	工作要求
4	面点供应	服务员根据菜单领取面点,供应宾客
5	成品检验	(1) 厨师确定面点合格后方可交跑菜员上桌 ① 面点成品必须未过期、无变质现象,经称量符合标准要求 ② 成品造型美观,盛器正确,各客分量准确 ③ 成品装盘整齐,口味符合特点要求 ④ 出品清洁、卫生 (2) 面点厨师明查,即不定时每天检查,并做抽查记录 (3) 检查小组暗查,通过下菜单以客人的身份检查,并做检查记录 (4) 不合格菜品由面点领班处理,根据不合格情况进行返工或予以丢弃,并做记录
6	收尾工作	(1) 剩余原料、面点放入冰箱或保鲜柜,冷冻温度为零下5摄氏度以下,冷藏保鲜温度为0~5摄氏度,柜内食品存放最长不超过3天,过期、变质食品坚决抛弃 (2) 操作用具清洁干净,消毒,定位存放 (3) 除保鲜柜外所有电器设备都要切断电源 (4) 熄灭炉火,清洁灶台 (5) 打扫操作间卫生,保证地面、工作台清洁,无杂物

六、原料加工程序

制定原料加工程序的目的是使菜肴制作标准化,确保初加工菜肴质量符合要求。

(一)各岗位的职责

(1) 加工配送组厨师负责对蔬菜类、肉类的选料、洗涤、刀工处理。

(2) 冷荤、面点各部门帮厨厨师根据各自制作菜品的需要,负责对各类食品原料进行粗加工、刀工处理、初步熟处理、腌制。

(3) 厨师领班负责对较贵重的食品原料进行初加工。

(二)工作流程

原料加工工作流程如右图所示。

1. 蔬菜类初加工

(1) 选用新鲜、老嫩适宜、无黄叶、无伤痕、无烂斑、无异味的原料。

(2) 根据各种原料不同的食用部位,采用不同加工方法,去掉不能食用部位。

① 叶菜类 去掉老叶、老根、黄叶等。

② 根茎类 削去或剥去表皮,切去根须。

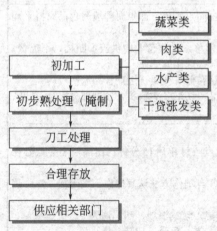

原料加工工作流程

③ 瓜果菜类　刮削外皮，挖掉果心。
④ 鲜豆类　摘除豆类上的筋络或剥去豆类外壳。
⑤ 花菜类　摘掉外叶，去杆，撕去筋络。
⑥ 食用菌类　剪去老根，摘去明显杂质。

（3）洗涤：将经过削剔、摘除加工的原料放入浓度为2%的食盐水中浸泡五分钟，进行洗涤，去掉泥土、虫卵、农药、污秽物质，再用清水冲洗干净。

（4）洗涤后的蔬菜放在能沥水的盛器里，摆放整齐，保持蔬菜长短一致，以利于切配细加工。

（5）根据菜肴制作标准切配原料，长短划一，粗细、薄厚均匀，大小一致，分类装入标准盒盛放，供应厨房。

（6）根据制作标准切葱段、剁蒜泥、姜末等调、配料，分类装入标准盒盛放，供应厨房及备餐室。

2. 肉类初加工

（1）清洗肉类做到掏净、剔净、刮净、洗净后分类存放。

（2）根据菜肴制作标准进行主料、辅料的切配，刀工利落，刀口整齐，刀花一致，粗细均匀，薄厚一致，大小一样，不连刀。根据需要切成条、块、丝、片、丁、茸等形状。

（3）部分原料需进行初步熟处理，根据不同原料掌握好加工时间和成熟度。

（4）部分原料需进行腌制，根据菜品制作标准加入调味料，按规定时间进行腌制。

（5）加工后半成品及时入库，分类装入标准盒存放。

3. 水产品初加工

（1）鱼类

① 刮鳞。将鱼平放，左手按住鱼头，右手持刀从尾部依次向头部刮去鱼鳞。

② 去腮。掰开腮盖，抠去腮。

③ 在肛门至腹鳍之间，把鱼腹剖开，取出内脏，刮去鱼肚内的黑膜，清洗干净待用。如不立刻烹制，则放入冷库速冻保存。

（2）虾

① 用剪刀剪去虾爪、虾须，挑去虾线，清洗干净，备用。

② 大虾剥去外壳，根据需要可留虾尾，摘去虾线，洗净。

（3）干货涨发　一般包括五种发制方法，即水发、油发、火发、盐沙发、水蒸发，应结合发制原料特点及食用要求选择适当的发制方法进行发制。一般常用原料发制方法如下。

① 木耳　将木耳直接放在冷水中浸泡发透，摘去根部及杂质，再用清水浸泡备用。

② 香菇　将香菇放入开水中浸泡回软，捞出，摘去根，用清水洗干净，再用清水浸泡30～40分钟备用。

③ 银耳　将银耳中的杂质去掉，放温水浸泡半小时，摘去硬根，洗净后再用凉水浸泡至回软。

④ 粉条　是淀粉加工而成的干制品，发料时用开水浸泡至软即可使用。

（4）加工后　按计划需求切配，定量称量后，装入标准盒分类保存。

各生产加工部门按需求领取材料，以当日计划为标准，以材料出成率为基础，限量供应，以保证用料的合理性，做到随领随用，避免在生产环节积压原料。

七、例外管理流程

制定例外管理流程的目的是对例外发生的菜品质量问题给予及时的处理和运作，以保证例外事件及时有效的解决。

（一）例外事件的范围

（1）重新换菜。

（2）补充加工。

（二）各岗位的职责

（1）行政总厨负责对相应例外事件的总体管理和协调。

（2）各菜品领班负责相关菜品的处理和运作。

（3）各厨师负责对所属菜品的加工。

（三）重新换菜菜品退回厨房处理程序

1. 标准

在10分钟以内处理完毕，重新出菜。

2. 程序

（1）餐厅经理退回需要重新制作的菜品，应及时向行政总厨汇报，复查鉴定。

（2）确认烹调菜点失误，交相关领班，及时安排此菜品厨师重新加工，并记录相关菜品问题情况，对相关厨师加以考核。

（3）厨师接到已配好或已安排重新烹制的菜点，及时、迅速烹制，并保质保量。

（4）烹制成熟后，按规格装饰点缀，经相应领班检查认可，立即递与行政总厨审核出菜，并向餐厅经理说明清楚。

（5）处理情况及结果事后记入厨房菜品处理记录表。

（四）补充加工菜品退回厨房处理程序

1. 标准

在5分钟以内处理完毕，重新出菜。

2. 程序

（1）餐厅领班将相关补充加工菜品退回厨房，由相关菜品领班复查鉴定。

（2）确认可以更改后，交相关厨师迅速补充加工，并保证基本上不影响菜品口味和色泽。

（3）加工结束后，按规格装饰点缀，经相应领班检查认可，迅速出菜。

（4）处理情况及结果事后记入厨房菜品处理记录。

第四节　厨房的六常管理

一、六常管理概述

餐饮六常管理法是传统的"5S"管理与实际相结合的一种现场管理方法，它通过对人、机、料、法、环等实施"六常"（即常分类、常整理、常清洁、常维护、常规范、常教育）管理，培养人们良好的工作习惯，从而生产出高品质的产品和实现高品质的服务，杜绝或减少浪费，提高生产力，提升企业形象及竞争力。

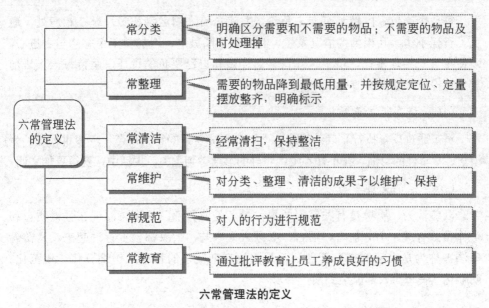

六常管理法的定义

二、六常管理实施的必要性

具体来说，酒店实行六常管理法具有以下几个优越性。

（一）降低成本

通过执行物料先进先出，设置物料库存标准和控制量的方法，使库存保证不超过1～1.5天的量。大大减少由于一时找不到物品而重复采购的成本浪费，从而降低了总库存量，减少了物资积压，增加了流动资金，提高了资金周转率。

（二）提高工作效率

将长期不用的物品或清除或归仓，将有用的物品按使用量的大小，以高、中、低档分类存放，经常使用的物品放在最容易拿到的地方。同时有标签、有存量、"有名有家"，使员工在井然有序的货架上，保证需要的东西在30秒内找到，大大节约了时间成本，提高了工作效率。在设备上标明操作规程和用视觉、颜色管理，维持了透明度，即使该岗位员工离开，临时换他人也能准确操作，管理者和员工都相对轻松了许多。

（三）提高卫生程度

通过对所有范围卫生责任划分，从而对包括厨房天花板、出风口、隔油槽、油烟罩等进行彻底清理，使各处都井井有条，光洁明亮，给客人以信任感。

（四）改善人际关系

每一个岗位、区域都有专人负责，并将负责人的名字和照片贴在相应处，避免了责任不清、互相推诿情况发生。且通过不断鼓励，增加员工荣誉感与上进心，即使主管与经理不在，员工也知道该怎样做和自己要负的责任，坚持每天下班前五分钟检查六常实施情况。

（五）提高员工素质

员工通过反复执行正确的操作，而彻底形成良好的行为规范，养成讲程序、爱清洁、负责任的习惯，在不知不觉中将好的习惯带到家中、生活中，变得更加文明。

（六）强调全员参与

以前认为，质量是有关部门的事，最多是业务部门的事。而现在强调质量和全体员工有关，不分前台、后台，必须人人参与，大家都自觉行动起来。六常管理法被称为是"傻瓜式"管理法，是因为它把复杂的管理工作细分化、规范化、明晰化，使每个人都能达到岗位要求。

三、常分类的实施

常分类，就是将所有东西分为两类，一类是不再用的，一类是还要用的。那到底怎么分呢？

（一）确定有用没有用的标准

在实施"六常法"时，首先要确定物品有用没用的标准，这是对物品进行分类的关键，如下所示。

真正需要	确实不要
1.正常的机器设备、电器装置 2.工作台、材料架 3.正常使用的工具 4.有使用价值的消耗用品 5.原料、半成品、成品和样品 6.办公用品、文具 7.使用中的清洁工具、用品 8.各种有用的海报、看板、资料 9.有用的文件资料、表单记录、书报杂志、其他必要的私人用品	地板上 1.废纸、杂物、油污、灰尘、烟头 2.不能或不再使用的机器设备、工具 3.不再使用的办公用品 4.破烂的图框、塑料箱、纸箱、垃圾桶 5.呆滞料或过期 工作台或文件架上 1.过时的文件资料、表单记录、书报杂志 2.多余的物品、材料损坏的工具和样品 3.私人用品、破的压台玻璃、破的椅子 墙壁上 1.蜘蛛网、污渍 2.过期和破旧的海报、看板 3.过时的挂历、损坏的时钟、没用的挂灯

（二）倒推分类法

确定物品有没有用的另一种方，就是倒推分类法。

比如办公资料的分类，有很多资料我们不知道到底有没有用，怎么分呢？可以将所有的办公资料都贴上一个红标签，然后每用过一本就撕掉一个红标签，三个月后，发现有一部分撕掉了红标签，有一部分没有撕掉红标签，就表示三个月没有用过，若一年后还有三本没有撕掉红标签，就表示这三本资料一年都没有用过，这就叫倒推法。难区分的物品，就可以用这个办法进行分类。

（三）一套工具或者文具

我们经常发现在办公人员桌子上摆放的文具很多，办公桌显得凌乱，对这些物品应怎样进行分类呢？可以将需要的工具或文具分出一套，如一支铅笔、一支签字笔、一块橡皮等，将多余的另外收起或退回仓库，通过这种分类，就会发现有很多东西其实都是不再用了的，工具或文具一套就够了。

除了办公用品、文具外，服务员的清洁工具和用品也可以用这种方法进行分类。

行动：根据以上介绍的分类方法，对自己岗位的物品进行分类，看看哪些物品可以清掉，哪些应该保留？

四、常整理的实施

常整理，就是将不再用的东西清理掉，把还要用的物品数量降至最低安全用量，然后摆放得井然有序，再贴上任何人一看就能明白的标签。

目的：保证任何人在最短的时间内能将任何物品放进和取出，提高工作效率。

（一）根据使用频率分层保管

1. 物品按使用时间长短分开存放

物品按使用时间长短分开存放如下表所示。

物品按使用时间长短分开存放

序号	使用时间	保存地点
1	一年都不用的物品	丢掉或暂存入仓库
2	7～12个月内要用的物品	把它保存在较远处
3	1～6个月内要用的物品	把它保存在中间部分
4	每日至每月都要用的物品	把它保存在使用地
5	每小时都要用的物品	随身携带

2. 物品按高、中、低用量分别存放

我们不仅可以根据使用时间的长短来摆放物品，还可以根据用量的多少来分层摆放。

一般来说，摆在仓库货架中间部分的物品，保管员取用时最方便，因此，货架的中间部分就应存放用量最多的物品；相对应地，拿起来不太方便的地方，就存放用量少一些的物品；半年才用一次的物品，就放在取用最不方便的货架顶部，这样，保管员半年爬一次货架也没多大关系。

根据用量的多少来摆放物品，可以大大减轻保管员的工作量。

3. 材料或工具按照操作顺序放置

在操作过程中，如果将材料或工具按照操作顺序放置，完全可以通过减少员工的劳动量来达到既减员又增效的目的。例如：炒什锦，有鸡块、青菜、大蒜或其他配菜，一般厨房将肉类放在左边的冰柜里，青菜放在右边的货架上，调料放在后面的货架上，这样，配菜师就要左右来回地启动，既浪费时间，又消耗体力。如果根据经验，先估算每天能卖30份炒什锦，然后在备料时，就将30份鸡肉、30份青菜、30份配料菜分别按放在身边的菜台上，需要配菜时，直接在身边就地取材即可，这样就可以降低员工的劳动量，从而实现既减员又增效的目标。

（二）标牌战

将物品摆放得井然有序之后，就要给这些物品贴上标签，这些物品的标签应如何贴？而且能保证服务员在最短的时间内找到想找的物品？就好比寄信写地址。

1. 标志地点

（1）总仓及部门平面分布图　在酒店的总仓门上，贴上平面分布图，如物料仓库、食品仓库、餐具仓库、雪库等平面图。

（2）如果找食品就到食品仓库 到食品仓库，门口也贴有平面分布图，内容为酒水架、饮料架、小食品、调料架等。

（3）如果找酒水就到酒水架 酒水架边应贴有货架物品在存放表，表上标明：

第一层，白酒类的各种白酒；

第二层，黄酒类的各种黄酒；

第三层，红酒类的各种红酒。

2.标签的类型和标准

（1）食品牌：最高、最低存量，左进右出。

如浙醋，标牌上写的内容：最高存量10瓶，最低存量3瓶，左进右出。

最高存量是指一天半的存量；最低存量是指半天的存量。最低存量3瓶，意思是货架上只剩下3瓶时，仓管员应到总仓取货。最高存量是一天半的量，最高存量不超过10瓶。

库存量太大，不仅占用了大量的资金，还造成了不同程度的物品积压与过期食品。

"左进右出"即是左边进货，右边出货，能保证不过期。

（2）开封但有保质期的食品牌。

在开封但有保质期的食品牌上，注明品名、开启时间、保质期等信息。

（3）寄存食品牌。

客人用餐结束，如果有剩酒或其他，要求寄存，就要写寄存食品牌，标名品名、开启时间、寄存客人单位、姓名、责任人等。

（4）物品名牌。

如在厨房里将调味料的瓶外贴上调味料名称的标签，或用具上贴有垃圾桶、潲水桶等标签。

3.责任人姓名

每个分区都要有负责人的姓名。

4.统一管理私人物品

如果员工的水杯统一款式、统一贴标签、统一定位且集中放在一起，就能体现酒店的管理水平。

五、常清洁的实施

常清洁就是分类整理完了以后，要做清洁工作，以保证所有地方一尘不染。

（一）清洁

清洁的一般程序就是清洁、检查和维修。

1. 清洁的类型

（1）日常清洁　每天要做的清洁叫日常清洁，比如客房服务员每天要换床单、吸地毯、擦桌子、清洗消毒卫生设备等。

（2）计划清洁　不需要每天都擦，只要每周或每月擦一次即可，如玻璃窗、空调机风口等，这些每周或每月做一次的清洁工作就叫计划清洁。

2. 检查

检查指清洁人员的自我检查，检查清洁过后是不是干净了；检查物品摆放是否整齐、到位；检查设施设备是否正常运转。

3. 检修

如果检查到设施设备有问题，就要进行维修。

如：客房服务员在清洁房间时出现电话机没有声音，或台灯不亮，就要报修。

（二）明确清洁的责任

责任到人，制度上墙。要求将每个岗位的清洁内容分配到个人，并将其作为制度贴在相应的墙上。

（三）清洁检查

要使效果持续保持，管理人员必须不定期对清洁区域进行检查监督。可制定一些检查表格，将检查内容公布。

六、常维护的实施

常维护是指对前面"三常"（常分类、常整理、常清洁）的成果进行维护。维护"三常"的最好办法就是要做到不用分类的分类、不用整理的整理、不用清洁的清洁。

什么叫作不用分类的分类呢？就是要预防不必要东西的产生，如果能预防不必要的东西产生，就可以做到不用分类了。

例：部门申购物品。

中餐部物料器具多，假设有一桩大型接待需要2000个红酒杯，用完后没有人跟进管理，进行登记、回收、保管，再有大型接待需要2000个红酒杯，怎么找也不够数量，所以，就做计划让采购部再购500个红酒杯，这样，酒店里新旧物品越来越多，因此要经常分类保管。

所以，现在规定，部门要申购物品，不但要有部门经理的签名，还要有仓库负责人签名，主要是仓库负责人知道申购物品在仓库里有没有库存，需不需要购买，还可以控制申购物品的最高库存量。这也是预防很多不必要东西的产生，做到不用分类的分类。

不用整理的整理：物品因为太乱需要整理，所以，避免物品杂乱，就能避免整理。例如客房部的布草，因为洗涤中心折叠时就按类别分类扎好了，不杂乱，所以，就免去了客房部布草时的整理。

不用清洁的清洁：就是做到不会弄脏的清洁。如厨房的地面经常有水，为什么地面有水？主要是洗完菜后水未滴干，装菜的筛是网状的，所以，水滴落到地上。怎样才能使地上没水，就是做到"不用清洁的清洁呢"？办法是：一是等菜上的水滴干再拿到厨房；二是装菜的筛下用一个盆接住水，就样就避免地面湿了。

楼面地面上经常发现有菜汤、油渍，主要是厨师将汤、菜装得很满，传菜员上菜时一跑一颠，汤菜就会溢出来，弄得楼面又湿又滑，怎样做到不用清洁的清洁呢？就要从要源头抓起，即从规范厨师的装菜盘技术抓起，从培训传菜员的标准动作和走姿抓起。

七、常规范的实施

常规范的意思，就是要将员工的一切行为规范起来。应怎样规范员工的行为呢？

（一）岗位职责

规范员工行为的前提，就是要做到每一位员工的分工明确、工作职责具体。

（二）程序化

将每个岗位的员工每天8小时的具体工作内容，按照上班到下班的时间应做什么按顺序明确下来，使员工做到有章可循，按照既定程序进行工作。

（三）规范化

（1）员工所有行为都要有规范　在对每个员工岗位进行程序化的过程中，酒店要对员工所做的每件事都进行相应的规范。

（2）所有设备都有使用说明书　所有设施设备要配上相应的使用说明，比如中央空调、厨房的绞肉机、消毒柜等。

八、常教育的实施

常教育的意思，就是通过批评教育，使全体员工养成"六常"习惯。
（1）规范的仪容仪表。
（2）规范的服务用语标准和训练。
（3）每天下班前五分钟检查六常实施情况。主要内容包括以下内容。
① 检查当日工作情况。
② 物品是否整齐归位。
③ 卫生及清洁工作。
④ 关掉电灯及空调等。

（4）今日事今日毕：要求每一位员工都不拖延事情，要养成"今日事今日毕"的好习惯。

（5）用报表和数字说话：员工的工作及管理人员的检查，必须在相应的报表上做详细的记录。

【实战范本】灶台岗位六常管理标示卡 ▶▶▶

标准与规范要求	1.每餐结束后将所有用具归位 （1）炒锅清洗干净，卡在锅架上 （2）手勺把卡在炒锅左耳里，斜竖起 （3）手布洗净，拧干水后叠成豆腐块形，放在锅架的左边 （4）油桶滤净油渣，清洗干净后整齐摆在油架上 （5）锅垫、不锈钢漏勺、小密漏洗净擦干，依次叠放在操作台指定位置 2.灶台排烟罩顶部，每餐保持干净整洁，保持排烟沟、槽，外部塑钢罩，突出不锈钢等原有的光泽 3.灶台、灶底、灶腿每餐保持干净整洁，无油污，无黑灰，灶台无水珠 4.每餐结束后，调料盒、调料台整理整齐，保持每个调料盒卫生，无杂物，无异味，干净明亮 5.每餐结束后保持地面、排水沟卫生干净 6.有墙面的区域每餐结束后保持墙体无油污，无水迹，洁净明亮 7.保持相应的荷台卫生，保持柜门、柜内、柜腿干净整洁，突出不锈钢原有的光泽
禁忌	灶台烧热油及加工原料时，如离开岗位，必须先关闭燃气再离开灶台
操作说明	1.先打燃气总阀 2.开灶台的鼓风机及抽烟机 3.先点燃明火，再开小风慢，打至高风，再缓慢开总火阀
清理时间	每日餐后清洁卫生
责任人	×××
检查时间	下班前
下班行六常	1.处理不需要的物品 2.根据卫生清洁计划标准做清洁工作 3.所有物料、文件、工具、仪器以及私人物品都放在指定位置 4.检查所有设施、设备、电源、燃气是否关闭及安全情况 5.今天的事今天做，检查当班工作是否完成，准备明天的工作

【实战范本】砧板岗位六常管理标示卡

标准与规范要求	1. 根据酒店工作的实际需要上下班 2. 上班期间，严格遵循酒店仪容仪表的标准要求 3. 负责范围的物品及工具必须严格遵循六常管理法的名、家制度及管理标准要求，做到任何物品有名、有家、有数量，物品的标签朝外并严格按照物品的最高、最低限量做好物品的控制管理 4. 负责范围的卫生须遵循酒店制定的卫生管理标准，随时保持地面干燥、无卫生死角 5. 根据销售菜单品种的需要，按《标准菜谱》中规定的料形要求对原料进行切割加工；将切割后的原料分别放在专用的料盒中，需要进行保鲜的则放入恒温箱中存放 6. 不论切制何种原料、何种形态，均应大小一致，长短相等，厚薄均匀，粗细一致，放置整齐；切制过程中的边、角料与下脚料，不应随便丢弃，应合理使用，做到物尽其用 7. 根据不同菜肴的烹调要求，分别对畜、禽、水产品、蔬菜类等原料进行切割处理；将已切割的原料分别盛于专用的料盒内，摆放在原料架上
负责范围	恒温操作台、冰箱、原料架、水池
责任人	×××
清理时间	每餐结束后
检查时间	每餐下班前
下班行六常	1. 处理不需要的物品 2. 所有物料、文件、工具、仪器以及私人物品都放在应放的地方 3. 根据卫生清洁计划、标准做清洁工作 4. 检查所有设施、设备、电源、燃气的关闭及安全情况 5. 今天的事今天做，检查当班工作是否完成，准备明天的工作

【实战范本】凉菜岗位六常管理标示卡

标准与规范要求	1. 根据酒店工作的实际需要上下班 2. 上班期间，严格遵循酒店仪容仪表的标准要求 3. 负责范围的物品及工具必须严格遵循六常管理法的名、家制度及管理标准要求，做到任何物品有名、有家、有数量，物品的标签朝外并严格按照物品的最高、最低限量做好物品的控制管理 4. 负责范围的卫生须遵循酒店制定的卫生管理标准，随时保持地面干燥、无卫生死角 在进入凉菜间以前必须遵循凉菜间卫生的标准要求 5. 凉菜间拌制凉菜所需的主料及配料必须遵循主配料的加工标准 6. 凉菜间所需的青菜、水果必须进行遵循清洗流程，做好消毒处理 7. 凉菜间的菜品在装盘过程中必须按菜品的装盘及点缀标准装盘 8. 凉菜间刀具、菜墩等在使用过程必须遵循刀具、菜墩的使用标准 9. 做好计划清洁和日常清洁工作
负责范围	恒温操作台、冰箱、原料架、水池
责任人	×××
清理时间	每餐结束后
检查时间	每餐下班前
下班行六常	1. 处理不需要的物品 2. 所有物料、文件、工具、仪器以及私人物品都放在应放的地方 3. 根据卫生清洁计划、标准做清洁工作 4. 检查所有设施、设备、电源、燃气的关闭及安全情况 5. 今天的事今天做，检查当班工作是否完成，准备明天的工作

【实战范本】面案岗位六常管理标示卡

标准与规范要求	1. 根据酒店工作的实际需要上下班 2. 上班期间，严格遵循酒店仪容仪表的标准要求 3. 负责范围的物品及工具必须严格遵循六常管理法的名、家制度及管理标准要求，做到任何物品有名、有家、有数量，物品的标签朝外并严格按照物品的最高、最低限量做好物品的控制管理 4. 负责范围的卫生须遵循酒店制定的卫生管理标准，随时保持地面干燥、无卫生死角 5. 检查米饭、粥类的淘洗、蒸煮并准备好用具和盛器 6. 按面点的质量要求，配齐相关原料，加工各类面团，再按操作规程加工成各式皮坯。加工成型、馅料调制，点心蒸、炸、烘、烤等熟制各个工序、工种、工艺的密切配合，按程序操作 7. 根据点心的质感要求，准确选择熟制方法，运用火力，掌握时间，保证面点的成品火候，合理掌握面点出品时间，调整好同一就餐位面点出品的时间间隔，经营中随时清点所备面点及饰物，以便及时准备或告之传菜员估清面点品种
负责范围	面案操作台、冰箱、各种机具、水池
责任人	×××
清理时间	每餐结束后
检查时间	每餐下班前
下班行六常	1. 处理不需要的物品 2. 所有物料、文件、工具、仪器以及私人物品都放在应放的地方 3. 根据卫生清洁计划、标准做清洁工作 4. 检查所有设施、设备、电源、燃气的关闭及安全情况 5. 今天的事今天做，检查当班工作是否完成，准备明天的工作

【实战范本】海鲜养殖岗位六常管理标示卡

标准与规范要求	1. 根据酒店工作的实际需要上下班 2. 上班期间，严格遵循酒店仪容仪表的标准要求 3. 负责范围的物品及工具必须严格遵循六常管理法的名、家制度及管理标准要求，做到任何物品有名、有家、有数量，物品的标签朝外并严格按照物品的最高、最低限量做好物品的控制管理 4. 负责范围的卫生须遵循酒店制定的卫生管理标准，随时保持地面干燥、无卫生死角 接收货物过程中，剔除不合格品，并对毛蛤、花蛤、牡蛎、毛蟹等进行冲洗，按温度、盐度不同入贝类池 5. 顾客现场点用酒店海鲜时，应有礼貌，积极主动地向顾客介绍品种及特性、烹调方法及营养价值 6. 在顾客选取海鲜后及时确保品种并沥水放置在周转筐内，进行控水至顾客满意并过秤记录 7. 在处理去绳销售的羔、肉蟹时，注意操作方法，以免操作者受伤，对于凶猛的黑鱼、元鱼、鲨鱼要用专用塑料袋套用
负责范围	鱼缸的缸体、供氧控温设备、海鲜冰台、电子秤以及墙面、地面
责任人	×××
清理时间	每餐结束后
检查时间	每餐下班前
下班行六常	1. 处理不需要的物品 2. 所有物料、文件、工具、仪器以及私人物品都放在应放的地方 3. 根据卫生清洁计划、标准做清洁工作 4. 检查所有设施、设备、电源、燃气的关闭及安全情况 5. 今天的事今天做，检查当班工作是否完成，准备明天的工作

【实战范本】洗碗工岗位六常管理标示卡

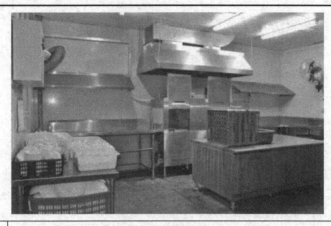

标准与规范要求	1. 根据酒店工作的实际需要上下班 2. 上班期间，严格遵循酒店仪容仪表的标准要求 3. 负责范围的物品及工具必须严格遵循六常管理法的名、家制度及管理标准要求，做到任何物品有名、有家、有数量，严格按照物品的归位做好物品的控制管理 4. 负责范围的卫生须遵循酒店制定的卫生管理标准，随时保持地面干燥、无卫生死角 5. 打开热水开关和自来水开关、水龙头，放水进水槽，水满后关闭水龙头 6. 开餐中：按照"一刮、二洗、三过、四消毒、五清洁"程序操作，确保餐具洗涤清洁 7. 碗、盘：先去残渣→冲洗→净洗→消毒→洁净 8. 不锈钢器具：先去（洗涤液）表面污迹→温水浸泡→钢丝球擦去→清水冲净 9. 玻璃器皿：先去（洗涤液）表面污迹→冲洗→洁净 10. 竹筐器具：温水浸泡→冲洗→洁净
负责范围	碗架、工作台、水池以及墙面、地面
责任人	×××
清理时间	每餐结束后
检查时间	每餐下班前
下班行六常	1. 处理不需要的物品 2. 所有物料、文件、工具、仪器以及私人物品都放在应放的地方 3. 根据卫生清洁计划、标准做清洁工作 4. 检查所有设施、设备、电源、燃气的关闭及安全情况 5. 今天的事今天做，检查当班工作是否完成，准备明天的工作

【实战范本】洗碗工岗位六常管理标示卡

标准与规范要求	1. 根据酒店工作的实际需要上下班 2. 上班期间,严格遵循酒店仪容仪表的标准要求 3. 负责范围的物品及工具必须严格遵循六常管理法的名、家制度及管理标准要求,做到任何物品有名、有家、有数量,物品的标签朝外并严格按照物品的最高、最低限量做好物品的控制管理 4. 负责范围的卫生须遵循酒店制定的卫生管理标准,随时保持地面干燥、无卫生死角 5. 蔬菜架码放整齐、干净;洗菜池干净、无污泥;所使用的案、墩、刀具、不锈钢设备洁净明亮。存放物品整齐,无过期食品,墙面干净 6. 验收当日所用原料,根据所下的采购单品种依次验收,杜绝假冒、质量差的商品进入厨房,原料验收完毕要对其进行初加工,一般蔬菜去残叶、老叶、根部,上架摆放整齐;高档蔬菜要摘净,按每份200克的标准,用保鲜膜包好,在保鲜箱内储存 7. 入库储存:对于分档、分例的原料要及时入库,以防变质,并将昨日剩余的菜品原料清出,做到心中有数
负责范围	菜架、菜墩、刀具、菜筐以及墙面、地面
责任人	×××
清理时间	每餐结束后
检查时间	每餐下班前
下班行六常	1. 处理不需要的物品 2. 所有物料、文件、工具、仪器以及私人物品都放在应放的地方 3. 根据卫生清洁计划、标准做清洁工作 4. 检查所有设施、设备、电源、燃气的关闭及安全情况 5. 今天的事今天做,检查当班工作是否完成,准备明天的工作

【实战范本】酒店六常管理法实施检查评比表

评定项目数量：共计60项。其中：常分类5项（1001～1005），常整理15项（2001～2015），常清洁11项（3001～3011），常规范22项（4001～4022）项，常教育5项（5001～5005），常自律2项（6001～6002）。

评分方法：每项按重要性分好的、一般、差的规定相应了分数。满分为480分，评分结果累计总分为400分达到要求。

常分类：（1001～1005）

序号	评定项目	好的 6～8分	一般 3～5分	差的 1～2分
1001	已将破损的用具、器皿或不需要的物品处理掉或放入暂存仓库，工作现场没有不需要的物品			
1002	已将食品库与非食品库分开			
1003	根据需要每人有一套必备工具或文具（上墙）			
1004	办公资料都有分类标签			
1005	厨房现场食品、酱料、食用油脂、厨具、餐具、清洁工具等均分类集中存放			

大项累计总分：

常整理（2001～2015）

序号	评定项目	好的 6～8分	一般 3～5分	差的 1～2分
2001	仓库的物品已按安全或需要量低、中、高和重量分层存放，玻璃器皿高度不要超过肩部			
2002	材料或工具按照操作顺序放置			
2003	有仓库及部门平面分布图，负责人的照片，姓名和休班替代人			
2004	张贴物品存表			
2005	所有物品都有名称			
2006	物流安排有先进先出和右进右出的指引，食物、酱料、洗涤用品等标明使用期限。自制物品标明制作时间。标明最高、最低存量			
2007	餐厅活动圆台面、玻璃转盘按书架式集中存放			
2008	30秒内可取出及放回文件和物品			

续表

序号	评定项目	好的 6~8分	一般 3~5分	差的 1~2分
2009	清除不必要的门、盖和锁			
2010	工作场所没有私人物品，已将私人物品（如水杯、伞、鞋、衣服等）集中存放，个人贵重物品有独立的上锁柜			
2011	通道地线、物品摆放区域线的划分			
2012	通过形迹整理已方便返还			
2013	采用视觉管理方法：管道有颜色区分，设安全指引斑马线。危险性岗位有明显标记和保护措施			
2014	采用视觉管理方法：生食品为红色、熟食品为蓝色、蔬菜水果为绿色。生食品、熟食品、蔬菜水果用的刀具分开			
2015	采用视觉管理方法：抹布及回收洗涤桶采用分颜色管理方法。垃圾筒保持清洁、加盖，垃圾分类处理			

大项累计总分：

常清洁（3001~3011）

序号	评定项目	好的 6~8分	一般 3~5分	差的 1~2分
3001	有各部门责任区的颜色分布平面图，有清洁责任人的职责，包括日常清洁和计划清洁责任，每个员工都有自己的职责			
3002	为使清洁检查容易，物品存放柜架底层离地面15厘米以上			
3003	注意清洁灶底、柜底、柜顶、下水道等隐蔽地方			
3004	有清洁检查表及有关问题跟进负责人			
3005	厨房地面无水及油污			
3006	动物性食品与植物性食品清洗水池分开			
3007	现场生食品和熟食品分开，出菜与收盘路线分开			
3008	仓库有防鼠、防潮、通风及温度计设备			
3009	洗碗、洗手消毒流程合理，洗碗池也有"一刮、二洗、三过、四消毒"，消毒水配比合格，设有专门存放消毒后餐用具的保洁设施，其结构应密闭并易于清洁			
3010	餐厅有良好的通风系统，无油烟味；专间有空气消毒、温控、预进间和纯净水设备			
3011	设备损坏，第一时间填写维修工作单报修			

大项累计总分：

常规范（4001~4022）

序号	评定项目	好的 6~8分	一般 3~5分	差的 1~2分
4001	有预防不必要物品产生的措施，比如申购单：部门经理签字然后找总仓负责人签字即可。财务部每月有物资申购领用报表报总经理室			
4002	有预防整理的办法一："吊起来"			
4003	有预防整理的办法二："装进去"			
4004	有预防整理的办法三："不使用"			
4005	有预防清洁的方法——开水箱下的接瓶、油箱的接口等			
4006	酒店设备有维护保养制度，有定期维护保养报表及检查			
4007	每个岗位每天工作流程已上墙			
4008	所有设备都有使用说明书			
4009	所有行为都有规范			
4010	"傻瓜式"管理模式（如一道菜对应特定调料碟）			
4011	统一规范的通告板。制度里的内容：①组织架构图；②工作职责表；③工作计划表（程序化）；④工作规范（规范化）			
4012	有防滑提醒——大堂地面，浴缸、卫生间地面			
4013	有防烫提醒——明档炉灶、浴缸热水			
4014	所有有电线和插座的地方都要贴上醒目的安全标志			
4015	防扭伤提示——25千克以上物品必须两人抬			
4016	设置六常法博物馆（包括改善前后对比的照片）			
4017	班前会控制在5分钟内，部门主管会控制在半小时内			
4018	注意节约资源，环保回收。循环再用的措施已落实。各主要部门有用水、电、天然气的定额标准和明确责任			
4019	在各分区张贴走火路线图，有紧急事故应变指引，全体员工都能辨识警报声音			
4020	配齐消防栓装置及灭火设备，有紧急安全出口标志，消防措施确保完好有效			
4021	标明电器设备的使用时段和标准，电线安装符合安全用电规定，无乱拉电线问题，操作人员持证上岗			
4022	将所有开关加上指示标识并标明开关时间			

大项累计总分：

常教育（5001~5005）

序号	评定项目	好的 6~8分	一般 3~5分	差的 1~2分
5001	今日事件今日毕——办公桌上整齐美观，没有过夜未处理的资料			
5002	制定了各部门员工的制服标准及仪表仪容标准，在更衣室区设有标准图及穿衣镜			
5003	每个员工都自定了每天收工前5分钟六常的具体工作并且执行，一线员工均有健康证			
5004	酒店在全员参与编写的基础上编制了酒店六常法手册			
5005	各部门都用报表和数字说话：各级管理人员有检查，有记录，有处理			

大项累计总分：

常自律（6001~6002）

序号	评定项目	好的 6~8分	一般 3~5分	差的 1~2分
6001	员工表现出自学的、整洁有序的意识			
6002	六常要求成为员工的工作习惯			

大项累计总分：

总分：

第五章
菜品研发与推广管理

引言

菜品研发创新已成为餐饮企业经营策略的重要内容之一,是企业可持续发展的动力源泉。所以它必须紧紧围绕企业,围绕市场,紧扣时代脉搏,紧密结合社会需求,根据市场定位、企业文化及经营特点和消费者的心理与生理需求,利用各类新的原料,经过独特的构思设计,研发创作出较为新颖的菜品。

第一节 菜品创新与研发

一、菜品开发与创新的基本原则

菜品开发与创新的基本原则,具体如下图所示。

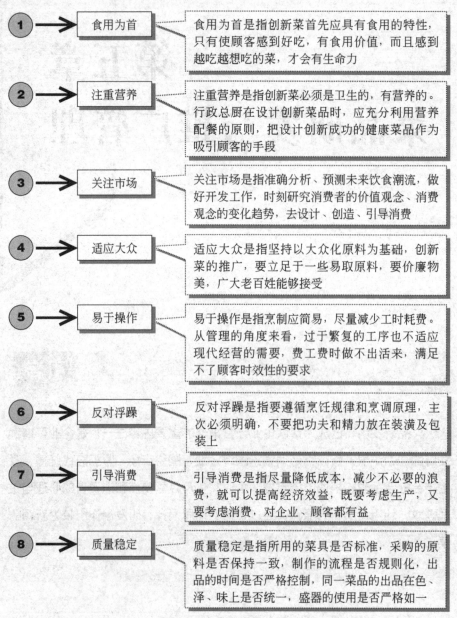

菜品开发与创新的基本原则

二、菜品创新的实现途径

菜品创新要迎合客人，求价格合理，物有所值；求菜品色、香、味、形俱佳，享受味觉美，视觉美，嗅觉美；求安全卫生，环境舒适；求被尊重；求服务热情周到；求上菜速度快；求知、求奇、求特等的心理。菜品创新要从以下几方面去实现。

（一）菜品原料的创新

烹饪原料不断从国际引进，有些菜品原料的搭配，也要不断深化改革，搜集海陆空三大奇珍异食，打破旧的传统观念，以突出原料创新菜。

（二）色彩创新

烹调中菜肴的色彩是由固有色、光源色、环境色共同作用的结果，在色彩的搭配上，要根据原料的固有色彩用异色搭配法和一席菜中的花色搭配法，使菜肴五颜六色、五彩缤纷、和谐悦目。

（三）口味形态的创新

五味调和百味香，五味调和百味鲜。菜肴的味型种类很多，第一种是利用原料本身的味道；第二种是采用多种原料复合的味道；第三种是利用中西餐各种复合调味品改变原料的滋味，复合成美味菜肴。菜肴的形态大部分是由刀工、刀法的种类来实现的，但更主要的是靠配菜去完善，靠塑造去美化，使菜肴形态逼真，美观大方，使就餐者赏心悦目，食欲大增。

（四）烹饪技法创新

烹饪技法有几十种，每种都有不同的特点和区别，菜肴的色、香、味、形、质、养主要靠烹调技法来实现，一字之差其口味各异。川菜的烹调技艺也存在一些不科学的程序和制法，必须在创新过程中加以解决。烹调技艺要按菜品质量和制作程序去烹制，避免制作过程中的营养流失，要逐步向标准化、工业化、现代化方向发展。作为一名好厨师，就要研究新技艺，创造新菜肴。

（五）中西餐结合创新

中西餐各具特色，南国之味，北国之风，异国奇特，将中西餐结合起来，具有本乡的主味，异国的别味，令人陶醉。

（六）挖掘古菜绝技

日月轮回，菜肴有时也要轮回，更别有一番风味，例如成都公馆菜、谭氏官府菜、满汉全席、三国菜、蜀王菜、民俗民风菜等至今都被人们所欣赏，餐厅生意火爆，因此更要挖掘古式菜品。

（七）器皿创新

俗话说"人是桩桩，全靠衣裳"。菜肴也是一样，菜肴离不开器皿，而器皿衬托菜肴。器皿的各种要求与菜肴的类别相适应，菜肴千姿百态，而器皿也应随着菜肴而变化无穷；器皿的色彩与菜肴的色彩相适应，器皿的色彩与菜肴的色彩之间有着调和与对比的关系，补色对比，弥补图案造型的不足；器皿的形状、花纹应与菜肴的图形、料形搭配，要配合得体。总之器皿和菜肴的搭配，要突出菜肴的艺术美和观赏美；器皿的质地要与菜肴的价格相吻合。菜肴贵在色、味、形，而器的价值在于它是精美的工艺品，两者结合，美食与美器相配，方显出色、香、味、形、质、养、皿的佳肴珍馐的特色。

（八）菜单创新

菜单形式多种多样，其形式五花八门。目前最实用的有图形菜单与实物鲜活菜单，使客人心明眼亮，明明白白消费，实实在在享用。

（九）其他方面创新

从历史文化、竞争对手、营养健康等方面借鉴创新着手，进行标准的研制开发，不断推陈出新。

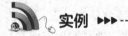
实例 ▶▶▶

某餐饮企业新菜品的研发方式

菜品研发是支撑团队持续成长的力量，但需要厨师团队有一套科学合理并持之以恒的菜品研发机制，那么菜品研发方式有哪些？如何进行菜品研发呢？以下介绍菜品研发的方式以及进行菜品创新的技巧，供参考。

一、菜品研发理念

老菜新做、传承"吃文化"、中西结合、料理无国界是厨师团队菜品研发的四大理念。

老菜新做，就是发扬传统技法优势，融合时尚理念，回归菜肴原汁原味。

传承"吃文化"，就是将传统菜品的吃法与文化传承下来，如将古老的湘菜变成中国的物质文化遗产，提高菜品的附加值。

中西结合，是将传统中餐、西餐的烹饪技法和调味技术上的优点相互融合，达到菜品上的优势资源互补。

料理无国界，即拿来主义，不管是哪个国家的菜品，只要能够得到客人的认可，客人喜欢，就认为这是一道好菜，西班牙菜、墨西哥菜、意大利菜、俄罗斯菜都可以拿来借鉴学习。

二、菜品四化

家常菜精细化、融合菜口味化、高档菜平民化、特色菜标准化是厨师团队研发时把握的四个方向。

家常菜精细化,就是让喜爱吃家常菜的食客能够体验到精细料理,从家常菜中吃出档次。

融合菜口味化,就是融合菜要既中看又中用,好吃也要有好味道。

高档菜平民化,就是认识到有些高档菜品华而不实的缺点,将它们改良成价格不高、更容易被老百姓接受的菜品。

特色菜标准化,即在保持自己研发的特色菜的特殊品味时,还要保证菜品的加工要标准化。

三、菜品创新高招

1. 每年推出四个美食节

在我们管理的某些酒店一年四季都会推出具有不同特点的美食节:春季推出野山菌、野菜美食节;夏季推出海鲜美食节;秋季推出菜系美食节(比如推出川菜美食节、淮扬菜美食节、湘菜美食节、鲁菜美食节);冬季推出暖冬美食节(使用各种暖冬食材,采用烫煲的形式上菜)。四个美食节搭配主菜单、试销菜单推出,丰富了客人的选择范围,既有持续旺销菜,也有应季菜。

2. 出巨资作为试菜费用

团队与合作伙伴每年拿出10万~30万元作为专门的试菜基金,专门用来研发创新菜,并且每年还会举办厨师创新菜大赛、基础技能厨师大赛。每个合作店都有菜品研发小组,他们会用食材基金研发新菜,每个店里拿出自己前三名的优秀菜品,与其他合作店的优秀菜品进行比赛,最终通过创新菜获胜的厨师将会得到创新菜奖,并会获取丰厚的奖金。

3. 走出去,请进来

交流、学习是厨师研发新菜的必备环节,经理经常带厨师去旺店吃饭,学习人家菜品的优点,将别人菜品的优点吸纳到我们的菜品体系中来。另外,还会定期请某个菜系、某个菜品领域的专业人士来我们店指导厨艺,并指出我们现在菜品的缺点和不足,以帮助我们提高。

4. 新菜品经过试卖探市场

通过厨房出品部和厨师大赛评出来的菜品都是比较优秀的,有些菜品经过出品部负责人修改以后更加出彩,这些新菜我们都放在试卖菜单上推出。经过试卖以后,在试卖菜品中销售排在前三名的冷菜、前三名的面点、前五名的热菜有资格进入大菜牌上进行销售。

5. 试卖菜牌不设销售提成

主菜牌上销售的菜品,不管菜品毛利高低,基本都有销售提成,提成低至五毛,高至几十元都有,菜品提成的高低是按照整个餐厅菜品毛利的稳定性来设计的。但在试卖菜牌上的菜品是没有销售毛利的,这样可以得到顾客的一个真实的喜好反馈,根据试卖菜牌上的销售统计,可以知道哪些菜品是顾客比较喜欢的,那些不被客人接受的菜品,就是要被淘汰的。

三、新菜品研发的程序

新菜品的开发程序包括从新菜品的构思创意到投放市场所经历的全过程。这样的过程一般可分为三个阶段,即酝酿与构思、选择与设计、试制与完善。新菜品的开发步骤,具体如下图所示。

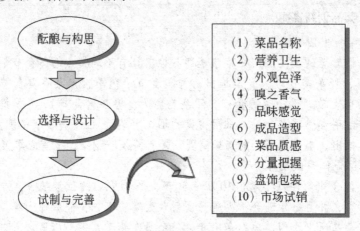

新菜品的开发步骤

新菜品在某一个方面考虑不周全,都会带来菜品的质量问题。

(一) 酝酿与构思

所有新菜品的产生都是通过酝酿与构想创意而开始的。新创意主要来源于广大顾客需求和烹饪技术的不断积累。

(二) 选择与设计

餐厅厨师长在选择与设计创新菜品时,首先考虑的是选择什么样的突破口,如下所示。

(1) 原料要求如何?
(2) 准备调制什么味型?
(3) 使用什么烹调方法?
(4) 运用什么面团品种?

（5）配置何种馅心？

（6）造型的风格特色怎样？

（7）器具、装盘有哪些要求等。

为了便于资料归档，行政总厨要提供详细的创新菜品备案资料。

（三）试制与完善

试制与完善的具体内容，如下表所示。

试制与完善的具体内容

序号	类别	具体内容
1	菜品名称	菜品名称既能反映菜品特点，又具有某种意义。创新菜品命名的总体要求是，名实相符、便于记忆、启发联想、促进传播
2	营养卫生	营养卫生是指做到食物原料之间的搭配合理，菜品的营养构成比例要合理。在加工和成菜中始终要保持清洁程度，包括原料处理是否干净，盛菜器皿、菜品是否卫生等
3	外观色泽	外观色泽是指菜品色泽是否悦目、和谐，这是菜品成功与否的重要一项。外观色泽是指创新菜品显示的颜色和光泽，它包括自然色、配色、汤色、原料色等
4	嗅之香气	嗅之香气是指创新菜品对香气的要求不能忽视，嗅觉所感受的气味，会影响顾客的饮食心理和食欲。因此，嗅之香气是辨别食物、认识食物的主观条件
5	品味感觉	品味感觉是指菜品所显示的滋味，包括菜品原料味、芡汁味、佐汁味等，它是评判菜品最重要的一项。味道的好坏，是顾客评价创新菜品的最重要的标准
6	成品造型	成品造型是指菜品的造型要求形象优美自然；选料讲究，主辅料配比合理，特殊装饰料要与菜品协调一致，并符合卫生要求，装饰时生、熟要分开，其汁水不能影响主菜
7	菜品质感	菜品质感是指从食品原料、加工、熟制等全过程中精心安排，合理操作，并要具备一定的制作技艺，才能达到预期的目的和要求
8	分量把握	分量把握是指菜品制成后，看一看菜品原料构成的数量，包括菜品主配料的搭配比例与数量，料头与芡汁的多少等。原料过多，整个盘面臃肿、不清爽；原料不足，或数量较少，整个盘面干瘪，有欺骗顾客之嫌
9	盘饰包装	盘饰包装是指要对创新菜品进行必要、简单明了、恰如其分的装饰。装饰要求寓意内容优美健康，盘饰与造型协调，富有美感。不能过分装饰、以副压主、本末倒置
10	市场试销	市场试销是指通过试销得到反馈信息，供制作者参考、分析和不断完善。赞扬固然可以增强管理者与制作者的信心，但批评更能帮助制作者克服缺点

四、菜品创新与研发的权责部门（人员）

（一）研发管理职责——厨政部

厨政部是公司菜品研发工作的职能管理部门，负责菜品研发的计划、组织、监督和成果鉴定等活动。

1.厨政部经理

（1）负责组织制定或修订研发管理制度，实现菜品研发的规范管理。

（2）组织制订菜品研发计划，组织、协调和指挥研发工作。

（3）组织菜品研发的立项申报工作。

（4）组织菜品研发的成果评定和奖励等工作。

（5）组织确定菜品结构，编制公司标准菜目录和菜品标准，实现菜品标准化、规范化。

2.菜品研发管理员

（1）负责制定或修订菜品研发管理制度、菜品研发流程，上报批准后组织执行。

（2）负责编制公司年度菜品研发计划和研发费用预算，上报审批。

（3）组织和督促各单店根据下达的公司年度菜品研发计划，申报各自的研究项目。

（4）负责组织单店各研发项目的立项评审和结题评审，组织确定项目预算。

（5）跟踪各单店菜品研发实施过程，组织、指导、监督各单店实施菜品的研发工作。

（6）审批预算内的研发费用支出，控制项目研发费用的正常使用。

（7）收集创新菜品的销售、效益、意见反馈信息等，组织研发成果评定、提出奖励建议。

3.厨政管理员

（1）协助开展菜品研发计划的制订、下达和组织实施工作，发现问题并及时协调解决。

（2）协助组织创新菜品的研究立项、成果评审等工作。

（二）研发辅助管理职责——其他部门

1.规划经营部

（1）组织编制公司年度经营计划，督促厨政部制订和执行公司菜品研发计划。

（2）参与创新菜品研究成果的评审和鉴定。

（3）参与创新菜品促销活动的组织和策划。

2.财务部

（1）在编制公司年度全面预算中，对研发预算的编制和预算总额的确定提供指导。

（2）参与单店立项研发项目预算的评审。

（3）审批预算外项目研发开支。

（4）负责各研发项目研发成本的核算。

（三）研发实施管理职责——单店经理

（1）根据单店经营需要，会同厨师长研究提出单店新菜品研究需求，编制单店菜品研究计划。

（2）审查后厨提出的立项研发项目。

（3）审查其费用预算。

（4）组织初审创新菜品的费用支出后上报。

（5）检查新菜品研究的进度，审批项目研发开支，协助处理出现的问题。

（6）组织创新菜品试销的前厅推广和顾客调查，收集调查反馈意见。

（四）研发实施管理职责——厨师长职责

厨师长是单店菜品研发的总责任人，其职责为如下。

（1）协助店经理制订单店年度菜品研究计划和预算。

（2）负责对公司下达的研究计划组织立项申报。

（3）审查研发项目预算。

（4）确定项目负责人，明确项目研究的目标、时间和验收标准。

（5）协助研究人员形成创新思路。

（6）提供必要的研制条件。

（7）监督研发进展情况，及时解决出现的问题。

（五）研发实施职责——项目负责人

（1）全面负责项目的创意构思设计。

（2）拟制试验菜谱方案。

（3）进行试验试制。

（4）改进完善菜品。

（5）研制过程数据记录。

（6）申请店内评审试销及改进。

（7）试制研发费用申请。

（8）最终的研究成果资料整理提交。

五、菜品研发的模式

菜品研发，包括现有菜品改进和全新菜品研发两种模式。

（一）现有菜品改进

现有菜品改进模式如下图所示。

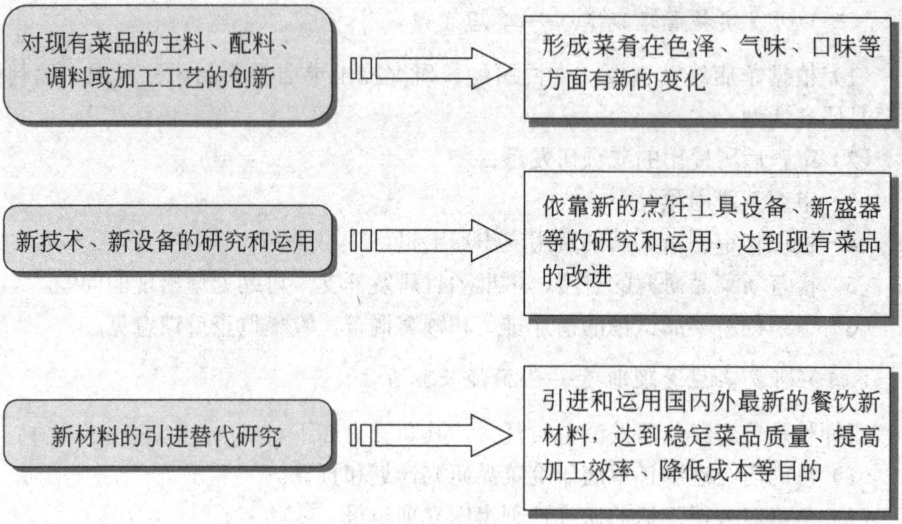

对现有菜品的主料、配料、调料或加工工艺的创新	⇒	形成菜肴在色泽、气味、口味等方面有新的变化
新技术、新设备的研究和运用	⇒	依靠新的烹饪工具设备、新盛器等的研究和运用，达到现有菜品的改进
新材料的引进替代研究	⇒	引进和运用国内外最新的餐饮新材料，达到稳定菜品质量、提高加工效率、降低成本等目的

现有菜品改进模式

（二）全新菜品研发

全新菜品研发的模式如下图所示。

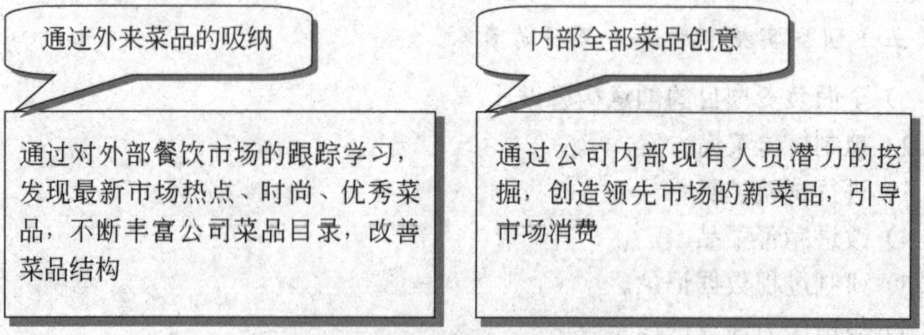

通过外来菜品的吸纳	内部全部菜品创意
通过对外部餐饮市场的跟踪学习，发现最新市场热点、时尚、优秀菜品，不断丰富公司菜品目录，改善菜品结构	通过公司内部现有人员潜力的挖掘，创造领先市场的新菜品，引导市场消费

全新菜品研发的模式

六、菜品研发管理流程

菜品研发管理流程如下图所示。

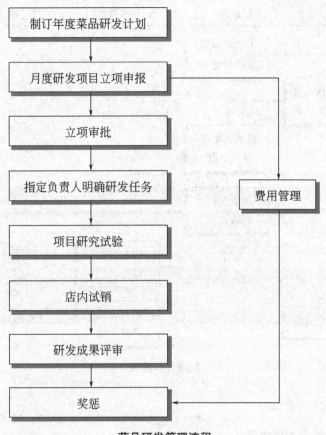

菜品研发管理流程

（一）菜品研发计划

1.计划工作的目的

（1）公司没有经营目标和战略，就像踩着溜冰鞋。

（2）公司的经营目标和战略是通过经营计划来落实的。

（3）经营计划是对公司经营工作全方位的安排。通常通过安排年度、月度计划，一步一步落实，把远景变为现实。

2.菜品研究计划的目的

（1）对公司核心能力的筹划。

（2）引导单店创新。

（3）统筹各单店研发能力。

3.研发计划流程

研发计划流程如下图所示。

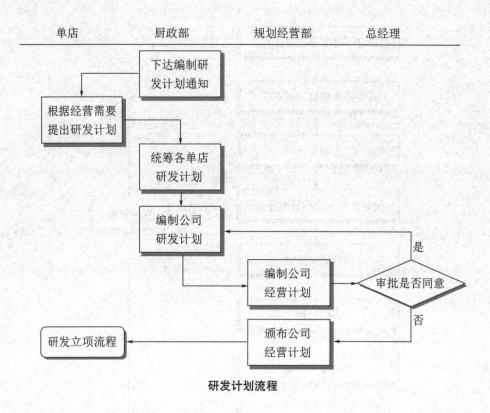

研发计划流程

(二) 研发项目立项

1. 研发项目立项的步骤

研发项目立项的步骤如下图所示。

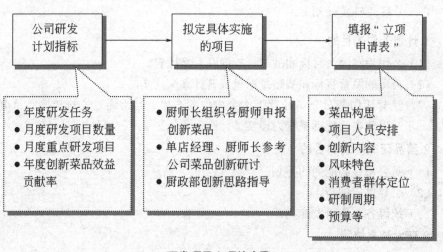

研发项目立项的步骤

2.研发立项的审批

研发立项审批流程如下图所示。

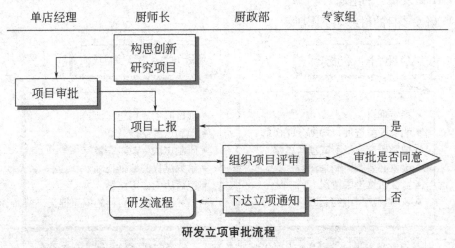

研发立项审批流程

3.审批的内容

（1）各店厨师能力资源分布情况。
（2）研发项目可行性。
（3）研发项目必要性。
（4）创新能力效率等。

菜品立项申请表

编号：

菜品名称				
菜品类别	冷菜类（ ）热菜类（ ）汤菜类（ ）粥品类（ ）烧烤类（ ）烧卤类（ ）			
申报单店				
销售收入及排名				
申报时间	20 年 月 日		菜品试验周期	年 月～ 年 月
制作人			联系电话	
菜品概述				
申报单位签章				
备注				

注：1.菜品类别栏中，在相应的类别上打勾；编号项目由申报单位填写。
2.菜品概述栏应简要描述申报理由及菜品投入、盈利目标。
3.申报单位签章栏需要有申报单位主管领导、厨师长签字，并加盖本单位公章。
4.菜品立项申请表应附有相应的详细菜品制作工艺说明。

(三) 菜品研发

1. 研发项目的组织

研发项目的组织如下图所示。

> 单店厨师长为总责任人
- 指定项目负责人
- 明确任务进度，均衡分配任务
- 协助研究人员形成创新思路
- 提供必要的研制条件
- 监督研发进展情况
- 及时解决出现的问题

> 项目负责人为直接责任人
- 项目的创意构思设计
- 拟制试验菜谱
- 研制试验、改时完善
- 研究过程的数据记录
- 申请店内评审试销
- 最终研究成果资料的编写提交

厨政部跟踪单店各研发项目的研究进展情况，审查和批准研发费用开支，在各店之间协调调配资源，提供相关支持。

研发项目的组织

2. 菜品研发

（1）构思新菜品的风味、特色，选定主配料、调味品和加工方法等。

（2）根据设计要求进行试菜，试验加工烹制方法。

（3）根据试验情况，调整和完善菜品。

（4）核算成本，确定毛利和售价。

3. 研发结果

（1）建立创新菜菜品标准。

（2）主料、配料、调料等各种原料的质量、数量配比。

（3）加工、烹制等生产工艺、过程中的注意事项。

（4）盛器盘饰、装盘要求等。

（5）主要技术指标。

（6）成本核算。

4. 创新菜单店试销

（1）研究阶段结束后，先由单店组织对其进行一个月的试销考察。

（2）单店制定促销方案，以桌牌图片、特价打折等适当的形式宣传促销，安排前厅服务人员进行创新菜品的推销介绍。

（3）在消费者消费后应征询其对新菜品的意见，填报"新菜品顾客评价单"，搜集市场意见作为评审的参考。

（4）单店收集汇总"新菜品顾客评价单"，最少搜集30份以上顾客评价资料，才能进入菜品申报阶段。

新菜品顾客评价单

尊敬的顾客朋友：

衷心感谢您对我们的新菜品进行评价，您的评价对我们的改进工作十分重要，谢谢！

菜品名称：

您认为该菜品是否适合您的口味？

（1）十分满意 （2）比较满意 （3）比较不满意 （4）不满意 （5）其他

您感觉该菜品的配料是否满意？

（1）十分满意 （2）比较满意 （3）比较不满意 （4）不满意 （5）其他

该菜品定价多少，您感觉能接接受？

（1）8元以下 （2）8～12元 （3）12～16元 （4）16～20元 （5）其他

您感觉该菜品外形、色泽是否满意？

（1）十分满意 （2）比较满意 （3）比较不满意 （4）不满意 （5）其他

欢迎您提出其他宝贵意见：_____

（四）研发成果验收鉴定

1. 研发成果提交

研发成果最终以研究报告的形式提交，研究报告包括以下内容。

（1）新菜品风格特色定位、创意思路。

（2）研究过程描述和研究总结。

（3）标准菜谱。

（4）试销情况总结（附顾客调查表原件）。

（5）客户意见反馈汇总分析。

（6）核心技术及说明。

如果有核心技术需要保密，可以作为报告的附件另行提交，由厨政部专项管理。

2. 研发资料的审查

（1）单店审查　单店在创新菜品申报之前，厨师长要进行认真审查。审查主要包括以下内容。

① 创新项目是否具备申报条件。

② 项目是否具有创新性。

③ 研究过程资料是否齐全。

（2）厨政部审查　厨政部主要审查资料的规范性和完整性，指导其按照要求上报所有研究成果。

3.研发成果鉴定评审流程

研发成果鉴定评审流程如下图所示。

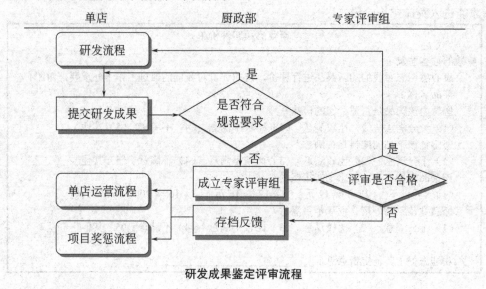

研发成果鉴定评审流程

（五）奖惩

研发工作考核和奖惩对象与内容如下图所示。

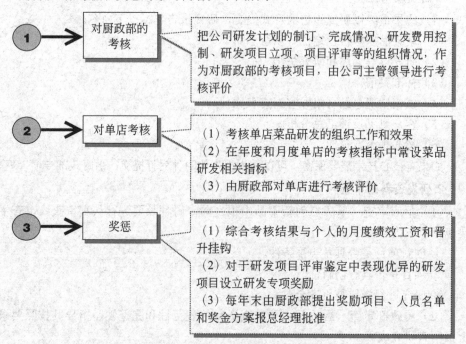

研发工作考核和奖惩对象与内容

（六）研发费用管理

1. 研发费用种类

研发费用包括以下几个方面。

（1）原料费用。

（2）设备费用。

（3）差旅费、学习培训。

（4）试销推广费用。

（5）其他费用。

2. 研发费用管理原则

研发费用管理原则如下图所示。

原则一　总额管理

（1）公司年度菜品研发费用支出限定在公司董事会确定批准的额度之内。一般为公司上年度利润额的 1%～5% 之内

（2）研发预算总额由厨政部负责管理控制，通过审批各单店研究项目数量和经费额度来控制预算总额

原则二　预算控制

（1）预算内原料审批由单店经理负责，到厨政部备案（高级原料经单店经理审批后由总经理审批）。预算外审批由厨政部、财务部和总经理联席审批

（2）设备费用、差旅费、试销推广费用由项目负责人提出申请，单店经理审批后 3000 元以内的预算开支提交厨政部经理审批即可。超过 3000 元或者超出预算，厨政部经理审批意见后经总经理批准方可开支

研发费用管理原则

3. 年度研发预算的编制

年度研发预算的编制流程如下图所示。

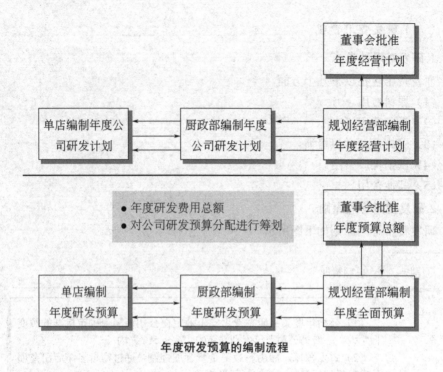

年度研发预算的编制流程

4. 研发项目预算

单店拟定需要研究项目的同时,要编制详细的研发预算,上报厨政部。

(1) 研发试验的原料费用预算。

(2) 设备费用预算。

(3) 差旅费预算。

(4) 试销推广费用等预算。

5. 厨政部项目预算的审核

厨政部组织评审申请立项项目的过程中,要进行项目预算的审核。审批项目申请预算条目的必要性,对申请预算中不必要的开支项目给予删除。

确定立项项目的研发费用预算,经厨政部经理审批后随《研发项目立项通知书》一起下达给申请人。

厨政部的预算审查原则如下。

(1) 保证年度和月度研发预算额度的控制。

(2) 控制固定资产设备的添置,力求充分发挥现有资源能力,避免重复采购,减少闲置资源造成的不必要的浪费。

(3) 厉行节约,减少和控制不必要的开支预算(例如无目的或效果不佳的外地出差、考察等)。

6. 项目经费卡——项目预算控制的工具

厨政部负责给每个项目建立"项目经费卡","项目经费卡"保存在项目负责人手中,从项目立项开始详细记载每一项开支。库房接到"研发项目领料单"后,核算领用原料总金额,在"项目经费卡"上给予登记。差旅费、推广费用和其他开支,财务部在费用报销时在"项目经费卡"上登记。厨政部可以查阅每一项目的"项目经费卡"上费用的累计和节余,作为审查和控制费用的依据。

7. 研发费用开支的归属

原料费用——列入单店成本,单店承担。

其他开支(设备、差旅费、推广费等)由分公司承担。

研发费用开支审批流程如下图所示。

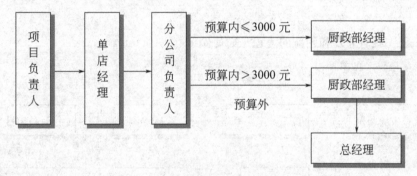

研发费用开支审批流程

××店菜肴研发和创新管理规定

一、菜肴的研发和创新注解及时间安排

菜肴的研发和创新有别于菜谱的制作,也有别于新开店的菜肴定位。它主要是针对已成型、正在运转的酒店,进行每季、每月或每一阶段菜肴的研发和创新。因此它必须以每个店已形成的"定位"为中心,围绕已有菜谱进行新菜肴的开发和研究。切记:千万不能因菜肴的研发和创新影响及改变酒店已有的定位。一般情况下,主要分为季节性菜单和台卡菜单两种菜单的开发及创新,时间安排如下。

(一)季节性菜单

(1)春季菜单于每年的3月15日左右上桌。

(2)夏季菜单于每年的5月15日左右上桌。

(3)秋季菜单于每年的9月15日左右上桌。

（4）冬季菜单于每年的12月15左右日上桌。

（二）台卡菜单时间安排（针对季节性菜单的制作周期）

（1）春季的4月15日新台卡菜单上桌（菜肴数量15道）。

（2）夏季台卡菜单分为2次，第一次为每年的6月15日上桌，第二次为每年的7月15日上桌（菜肴数量15道）。

（3）秋季菜单为每年的10月25日上桌（菜肴数量15道）。

二、菜肴开发和创新的负责部门及负责人（即菜单开发和创新的组织结构）

（1）负责部门 厨务部。

（2）负责人 厨师长。

（3）成员 厨务部全体员工。

三、菜肴开发和创新的流程（如何做）

（一）流程图

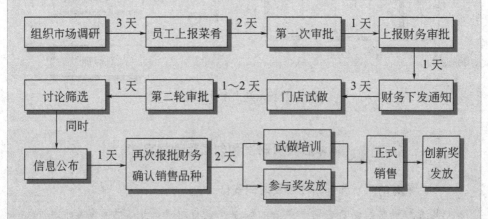

（二）流程图详解

1.市场调研

由厨师长组织所在店员工根据季节菜单和台卡菜单所需进行原料及餐具市场调研，填写"市场调研表"（备注：可根据实际情况向公司申请资源去其他餐饮酒店组织学习）。

2.员工上报菜肴

根据季节变化和菜单需求，原则上季节菜单每位员工上报4～5道菜肴，台卡菜单每位员工上报2～4道菜肴，员工以填写"菜肴制作标准表"形式上交。上报时间安排：当月20日前。

3. 第一次审批

由总经理组织所有参与菜肴创新的人员召开座谈会进行讨论删减，讨论形式基本为总经理报菜，创新人员进行讲解，所有人员举手表决，赞成人员过总数2/3的则菜肴通过，由厨务部经理填写"创新菜肴上报财务审核表"，汇总上报财务部审核，财务部审核后下发通知至本店。所有参与人员根据审批结果进行菜肴试做。财务审批结束时间安排：当月25日前。

4. 第二轮审批

由总经理组织，参与人员为营销经理、前厅经理、本店厨师长或同档次店的厨师长。评定前厨务部准备好菜卡，菜肴不记名上桌评定，评定时先评定员工菜肴，厨师长的菜肴最后进行评定。此次审批由参与评审人员填写"创新菜肴评审表"，根据此表结果汇总统计并填写"创新菜肴评比得分汇总表"。试做时间安排：当月27日前。

5. 讨论筛选

根据"创新菜肴评比得分汇总表"的结果进行筛选，筛选时应掌握以下原则。

（1）菜肴的数量　季节性菜单一般的排版先后顺序为：① 所在店特色主卖菜肴；② 冷菜；③ 季节特色菜肴；④ 热菜。

根据此排版来看，筛选新菜时一般要把握好：季节菜单炒菜筛选，烧菜筛选，上杂、煲仔类筛选，其余根据实际情况筛选，要考虑各档口工作量大小。季节菜单总道数不超过20道，台卡菜单总数不超过12道。

（2）菜肴的价格　一般要控制菜肴的售价在一个合理的范围之内，既要考虑菜肴综合毛利，也要考虑酒店的定位，并结合财务部意见最终确定销售价格。筛选时间安排：当月29日前。

6. 信息公布

将统计后的"创新菜肴评比得分汇总表"及时、准确地公布于公共信息栏处，以便员工知晓具体评选结果。

7. 再次上报财务审批

根据第二轮的筛选情况再次上报财务部进行审批。

8. 试做培训

厨务部经理组织员工根据"菜肴制作标准表"将部分操作技术含量高的菜肴进行现场操作培训；前厅部组织所有服务人员对菜肴进行直观的认识了解，以便向顾客推荐。厨务部经理将菜单内容交由办公室文员进行打印，打印好的样稿由厨务部经理审核同意后方可批量打印给前厅正式使用（次日中午11:30

前交由前厅部负责人)。

9.参与奖发放

根据第二轮菜肴筛减情况,对有菜肴入选菜单的员工由总经理当天组织全体员工大会进行奖励发放,每道菜肴50元,可累加。

10.正式销售

厨务部可根据前厅收集到的顾客意见及季节的变化对菜肴做微调,但调整的情况一定要准确、及时地通知前厅部,信息传达务必保持畅通、及时。正式销售时间安排:当月5日前

四、奖励

(一)参与奖

凡积极参与并经过第二轮筛选有菜肴被选入季节菜单或台卡菜单的人员进行50元/道的奖励,一人若有多道菜肴选入菜单,则奖励可累计。奖励于筛选信息公布后次日发放。

(二)创新奖

根据季节菜单和台卡菜单的使用周期对菜肴销售量进行统计排名,其中标准单下单的菜肴不计入销售统计。

(1)每月根据创新菜肴的销售排行榜,前两名的创新菜,奖励员工100~300元的现金或礼品。

参与制作的相关人员奖励分配如下。

①炉头操作人 奖励占50%(即50~150元现金或礼品)。

②案板操作人 (含水台)奖励占30%(即30~90元现金或礼品)。

③打荷操作人 奖励占10%(即10~30元现金或礼品)。

④勤杂操作人 奖励占10%(即10~30元现金或礼品)。

备注:奖励的现金或礼品根据门店当月的经营目标完成情况而定。

(2)根据当月经营目标完成情况,创新菜连续三个月销售较好,此创新菜分别另奖励现金100~300元,三个月后不再给予奖励,此菜被选入菜谱作为长期销售。

①若菜肴的创意者和操作者并非同一人时,则奖金由提供创意的人员和实际操作者进行对半平分。

②部门经理级以上管理人员不参与上述奖励。

③奖励时间为每次结束统计后的5个工作日内,必须由店总经理在全体员工大会上进行表彰发放。

④员工领取奖励时必须由厨师长进行统计,并与员工签字确认。

第二节　新菜品上市推广

一、评估新品上市的合理性、可行性

（一）市场背景分析及上市目的分析

（1）营运部负责该菜品品类市场的总体趋势分析。

（2）该菜品品类市场的区格及市场占比分析（按功能、口味、价格等要素区格）。

（3）得出结论：新品定位的市场整体趋势看好。

（4）产品选项迎合了某些市场机会：上市这个新品的目的正是利用这些市场机，达到销量、品牌的成长效果。

（二）新菜品描述及核心利益分析

（1）新菜品的口味、包装、规格、价格、毛利、目标消费群等要素详细描述。

（2）各要素相对竞争菜品的优势，如：本菜品与竞争菜品进行匿名口味测试的结果统计、本菜品在价格和通路利润方面比竞争菜品优胜多少？

（3）新菜品相对竞争菜品的诸多好处之中有什么特别优势（即：产品的核心利益），可以给新菜品上市提供有力的支持。

（4）最后得出结论：我们有充足的优势。

二、制定新菜品推广方案

各餐饮实体店推广方案由销售部牵头，餐厅部、膳食部、采购部共同参与制定推广方案，由销售部形成文案。"新菜品推广方案"的内容包括：

（1）本月新菜品分配及定价明细；

（2）菜品推介用语（服务人员、销售人员、点菜人员不同）；

（3）菜品培训时间及方式；

（4）宣传推广方式（宴请、赠送、酒店所有人员口头宣传、销售人员拜访客户宣传、制作别样的菜牌、易拉宝宣传、条幅宣传等方式）；

（5）装饰装点方式（环境氛围营造：展台设计、挂旗等）；

（6）激励措施。

某餐饮企业新菜品销售激励措施如下。

（1）奖励人员：点菜员。

（2）按照月度菜品满意度和销量进行奖励，只有推销的某菜品的销量和满意

度均在前3名的才给予奖励,月度的具体奖励方式由餐饮实体店在《推广方案》中体现。

(3)年度时由市场营销中心根据每月度的平均菜品销量和满意度,每个餐饮实体店评出1名明星点菜员,由集团统一奖励。

三、实体店新菜品的推广

(一)实体餐厅部

实体餐厅部在推广新菜品时要做好以下工作。

实体餐厅部推广新菜品的要点

项目	内容	需注意细节
新菜品推广准备工作	根据公司销售管理部提供的菜品基础资料,编写本月新菜品推介用语(点菜与服务不同)	
日工作	1.班前会上由领班对巡台时发现服务人员对新菜品推销的方式、推销语言的灵活度及顾客针对新菜品提出的问题等进行重点讲解、培训,不断提高服务员对新菜品的推广技能	
	2.意见征询和反馈 (1)无论是零点还是宴会,餐厅服务员必须主动向客人介绍新菜品,并向客人征询和听取客人对本餐新菜品的意见或评价,如果有酒店/公司的招待,要及时向宴请人员询问客户对新菜品的意见,并将征询的意见填写在"新菜品顾客意见征询表"上,每日交于餐厅领班处,由领班签字确认 (2)如果客人选用标准菜,客户在看菜单时,服务人员等要向客人主动介绍本餐菜单中的新菜品,给客人留下印象,并在餐中听取客人对新菜品的意见,同时在客人就餐将要结束时,要向客人主动征询对新菜品的意见,并将两者意见填写在"新菜品顾客意见征询表"上 (3)餐厅部班组负责人指定人员每餐就餐完毕将征询的新菜品意见汇总到餐厅统计的"新菜品顾客意见征询表" (4)餐厅部负责人在次日晨会上将顾客意见及时反馈给膳食部,以利于膳食部及时掌握客人对新菜品的评价	零点厅和宴会点菜意见征询量不少于新菜品销量的80%,宴会厅标准(有新菜品入单的标准菜品)意见征询量不少于新菜品销量的100%;新菜品的意见需罗列,如有重复意见可在意见后划"正"字,月底可以统一计算意见量

续表

项目	内容	需注意细节
日工作	3.及时补充"新菜品顾客意见征询表" 4.每天统计零点或宴会点菜的桌数	
周工作	领班每周将本班组的"新菜品顾客意见征询表"汇总后与本周零点或宴会点菜总桌数一同以电子版形式交于销售文员处	1.每款新菜品的意见累计统计即可,无须分周统计;每月汇总一次 2.每周周期:周六至下周五,周日上交。每月周期例:本月1日至本月30日,下月2日上午上交 3.点菜总桌数每天记录,每周上交本周点菜总数、每月上交本月点菜总数
月工作	领班每月将本班组的"新菜品顾客意见征询表"汇总后与本月零点或宴会点菜总桌数一同以电子版形式交于销售文员处	

(二)实体店厨房

实体店厨房在推广新菜品时要做好以下工作。

实体店厨房推广新菜品的要点

项目	内容	需注意细节
新菜品推广准备工作和试销工作	1.厨房负责人在新菜品分菜过程中需谨慎考虑本实体餐饭店的实际情况进行选菜,每个餐厅只能选择3~5款新菜	提供的新菜品基本资料需全面、专业
	2.及时将新菜品的基本资料发给厨政部	
	3.提供需现场操作新菜品的操作流程,对餐厅人员进行培训,并将操作流程提供给实体餐饮店销售部,写入本实体餐饮店新菜品推广方案中	
	4.新菜品的制作过程及口味特点,要对菜品制作人员进行不断培训和练习,保证菜品的制作工艺、流程等符合标准 对新菜品的制作过程及口味特点等要现场对服务人员进行培训,并解答培训过程中服务人员提出的疑问	
	5.菜品试销期间,要向餐厅、销售人员主动了解客户的意见和消费倾向,并据此调整、改良新菜品	
	6.配合餐厅部摆设新菜品的展台	

续表

项目	内容	需注意细节
日工作	1.在宴会菜单中要保证新菜品50%的入单率,且宴会标准菜单上要将新菜品特别标明,以给客人留下印象	
	2.在推销新菜品的过程中要保质保量,为顾客提供符合研发标准的菜品	
	3.每日统计新菜品的销量(注意按新菜品推广区域统计,且宴会按照宴会点菜和宴会标准分别统计)	每个厨房都记录新菜品的出处,分别记录在零点厅、宴会厅
周工作	每周向本实体销售部上交一次新菜品销量统计表	每周分别统计,不可累计。每周周期:周六至下周五,周日上交
月工作	每月向实体店销售部上交新菜品月度销量统计表	每月周期:本月1日至本月30日,下月2日上午上交

在实体店推广新菜品的过程中,为了便于对新菜品的受欢迎程度进行统计,可以设计一些表格来进行数据统计分析。

点菜桌数统计表

日期	中午点菜桌数	下午点菜桌数	总点菜桌数

新菜品意见汇总(餐厅部统计,电子版形式)
××酒店____月份____楼菜品意见汇总(零点厅)

菜品名称	意见总量	意见类别	意见数量	具体意见
		好		
		中		
		不好		
		好		
		中		
		不好		

××酒店____月份____楼菜品意见汇总（宴会厅）

菜品名称	意见总量	意见类别	意见数量	具体意见
		好		
		中		
		不好		
		好		
		中		
		不好		

××酒店____月份____楼菜品意见汇总（宴会标准）

菜品名称	意见总量	意见类别		意见数量	具体意见
		好			
		中			
		不好	菜品质量		
			菜品搭配		
			菜品口味		
			上菜速度		
			其他		

举例：

菜品名称	意见总量	意见类别	意见数量	具体意见
椒泥蒸豆腐	32	好	17	豆腐口味很好3 外形较美观2 豆腐滑嫩，口味较好12
		中	10	口味一般9 豆汁口味一般1
		不好	5	豆腐口味不如以前4 口味不好1

销量统计表（厨房统计）

1.零点厅

菜名	销售份数							
	周一	周二	周三	周四	周五	周六	周日	总计

统计人：厨师长_____

2.宴会厅

菜名	销售份数							
	周一	周二	周三	周四	周五	周六	周日	总计

统计人：厨师长_____

注：1.无论菜品大份、小份都算作"一份"统计。
2.如是按"位"上菜，则无论一桌内上几位，都算作"一份"统计。

新菜品统计表（销售部统计）

推广区域	菜品名称	零点			宴会点菜			宴会标准		备注
		销量	点击率	满意度	销量	点击率	满意度	销量	满意度	

注：1.点击率＝新菜品销量/点菜总桌数。
2.满意度＝（"好"意见量×100%＋"中"意见量×80%＋"不好"意见量×60%）/意见总量。
3.新菜品销量为"0"份时，需在备注上标注原因。

新菜品实体意见汇总（推广第二个月的新菜品）

推广区域	分类	菜品名称	实体原因
	精品类		
	加强推销类		
	质量改进类		
	取消类		

月份新菜品基本资料

实体：

菜品名称	主配料	口味特点	制作工艺介绍	菜品营养功效	菜品研发构思/菜品卖点

四、统计、分析及反馈

市场营销中心对各实体店上交的新菜品信息，按照新菜品的点击率、销量及顾客满意度进行统计分析。

（一）零点菜品

（1）测算零点新菜品点击率。经测算后计算标准点击率及满意度。新菜品点击率及满意度统计表见下表。

新菜品点击率及满意度统计表

推广区域	分类	菜品名称	销量	点击率	满意度	实体意见和原因	公司领导意见
	精品类						
	加强推销类						
	质量改进类						
	取消类						

（2）统计计算新菜品的销量、点击率及满意度，进行新菜品类型分析，如下图所示。

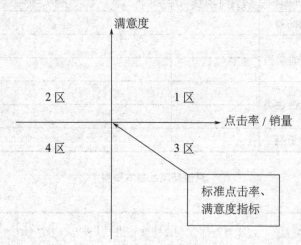

1区满意度指标在标准之上，点击率在标准之上，可确定为"精品类"菜品；2区满意度指标在标准之上，点击率在标准之下，可确定为"加强推销类"菜品；3区满意度指标在标准之下，点击率在标准之上，可确定为"质量改进类"菜品；4区满意度指标在标准之下，点击率在标准之下，可确定为"取消类"菜品

（二）宴会菜品

（1）宴会零点菜品同上。
（2）宴会标准菜品：只根据菜品满意度和结合具体意见对菜品进行分析。
① 设计宴会菜品征询表。
② 统计计算新菜品的满意度和顾客意见，进行新菜品类型分析。

满意度在标准之上，且客户不满意意见较少，可确定为"精品类"菜品。

满意度在标准之上，但客户不满意意见相对较多，可确定为"质量改进类"菜品，根据客户意见进行菜品改良。

满意度在标准之下，且菜品意见较多，可确定为"取消类"菜品。

第六章
连锁经营单店餐厅服务管理

引言

餐厅服务是餐饮企业的员工为就餐客人提供餐饮产品的一系列活动。餐厅服务与管理的最终目标是获取效益,效益是衡量经营成败的依据。为保证餐饮业务活动的顺利开展并达到预期的管理目标,连锁餐饮企业必须建立科学的单店组织机构,明确餐饮管理的职能,并对各项服务工作进行规范化、标准化的管理。

第一节 餐厅岗位设置与职位说明

一、餐厅岗位设置

餐厅岗位设置如下图所示。

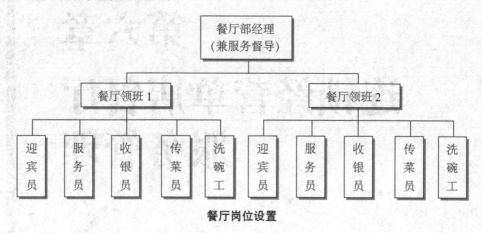

餐厅岗位设置

二、餐厅部经理(兼服务督导)职位说明

餐厅部经理(兼服务督导)职位说明如下。

餐厅部经理(兼服务督导)职位说明

报告上级	连锁店总经理	督导下级	餐厅领班
工作描述	负责连锁店餐厅部的运转与管理,完善和提高各项服务工作,确保提供优良服务和优质产品		
工作职责	1.拟定餐厅部经营计划与预算,带领前厅部全体员工积极并超额完成前厅部经营指标 2.拟定并不断修改完善餐厅部各项工作制度、服务标准和程序,并指导实施 3.巡视、督导餐厅部工作人员的日常工作、服务质量,保证高质量的服务水平 4.检查餐厅部员工仪表仪容和执行规章制度的情况 5.督导下属对所辖范围内的设施设备进行维护保养 6.严格控制餐厅部各项收支,做好成本控制工作 7.协助组织餐厅员工的培训工作,定期对下属进行绩效考核,并提出奖惩建议 8.做好餐厅部员工的内部协调工作及餐厅部与其他部门的沟通工作,尤其是餐厅部与厨房部之间的关系,以确保工作效率,减少不必要的差错 9.完成上级领导交付的其他任务		

续表

任职条件	1. 具有较强的事业心和责任感，工作认真踏实，为人处事公正严明 2. 熟练掌握餐饮管理与服务的专业知识和技能 3. 具有较强的组织管理能力，能制定各种餐饮服务规范和服务程序，并组织员工认真贯彻执行 4. 具有妥善处理客户投诉及其他突发事件的能力 5. 具有大专以上学历，有3年以上的餐厅管理经历 6. 身体健康，精力充沛

三、餐厅部领班职位说明

餐厅部领班职位说明如下。

餐厅部领班职位说明

报告上级	餐厅部经理	督导下级	迎宾员、服务员、收银员、传菜员、洗碗工
岗位职责	在餐厅部经理的领导下，负责本班组的服务管理工作，带领服务员按照服务规范的要求向宾客提供热情、周到、高效的餐饮服务			
工作程序与标准	1. 协助餐厅部经理制定和实施工作标准及服务程序，督导员工严格履行岗位职责 2. 根据营业情况，给本班组服务员分配工作任务，检查本班组的对客服务工作，保证提供优质服务 3. 随时注意辖区动态，进行现场指挥，遇有重要客人要亲自服务，以确保服务的高水准 4. 与客人和厨房保持良好的工作关系，及时向餐厅部经理和厨师长反馈客人对菜品、服务方面的信息，不断提高菜品质量和服务质量 5. 妥善处理餐厅服务工作中发生的问题和客户的投诉，并及时向餐厅部经理汇报 6. 定期检查、清点辖区的设备、餐具等物品，并将结果汇报给餐厅部经理 7. 督导服务员做好餐厅的清洁和安全防卫工作 8. 协助餐厅部经理做好对服务员的考核评估和业务培训工作，以不断提高服务员的服务技能 9. 完成餐厅经理交代的其他工作			
任职条件	1. 热爱本职工作，有较强的责任感，工作认真负责 2. 掌握一定的菜肴、食品、酒水、烹饪等方面的知识 3. 具有熟练的服务技能和技巧，能胜任餐厅各种接待服务工作 4. 具有高中以上学历或同等学力，具有一年以上服务员工作经历 5. 身体健康，仪表端庄			

四、迎宾员职位说明

迎宾员职位说明如下。

迎宾员职位说明

报告上级	餐厅部领班	督导下级	
岗位职责	负责进餐宾客的迎送、引座、接受咨询等工作		
工作程序与标准	1. 做好开餐前的各项准备工作,备好干净的菜单,掌握备餐情况,做好卫生工作 2. 热情主动地迎接宾客,将客人引领到适当的餐位,帮助拉椅让座,熟记常客及贵宾的姓名 3. 负责将宾客满意地送出餐厅,向宾客道别 4. 在餐厅客满时,向客人礼貌地解释,建议并安排客人等候 5. 了解餐厅的客源情况,以便随机安排 6. 做好宾客用餐人数、桌数、营业收入的统计工作 7. 解答客人提出的有关饮食、实施方面的问题,收集客人的意见并及时向餐厅领班汇报 8. 做好餐后结束工作和本岗位的卫生清洁工作 9. 完成餐厅领班交代的其他工作		
任职条件	1. 工作认真细致,态度端正,有较强的责任感 2. 熟悉餐厅特色,了解餐饮服务设施,具有一定的公关和社交知识 3. 具有较好的语言表达能力和外语会话能力,讲话口齿清楚,反应灵敏,有较强的沟通技巧 4. 具有高中以上文化程度,并能用一门以上外语对客服务 5. 身体健康,仪表端庄大方,气质较好		

五、服务员职位说明

服务员职位说明如下。

服务员职位说明

报告上级	餐厅部领班	督导下级	
岗位职责	按照程序化、规范化的优质服务规范为就餐宾客提供各项优质服务工作,为提高餐厅的经济效益和社会效益努力工作		
工作程序与标准	1. 负责开餐前的准备工作,按照规范要求布置餐厅、餐桌、摆台及补充各种物品 2. 按照餐厅规定的服务流程和服务规范做好对客服务工作 3. 主动征询客人对菜品和服务的意见,接受客人的意见并及时向餐厅领班汇报 4. 负责餐厅环境、设施、地面、台面的整洁和清洁卫生工作		

续表

工作程序与标准	5.熟悉餐厅各种酒水饮料、价格、产地、度数等 6.熟悉餐厅菜单上各种不同的菜肴，了解其原料配料、烹调方法及时间、口味，掌握菜肴服务方式 7.负责餐厅棉织品的送洗、领用、清点、保管工作 8.负责将所有脏餐具送到洗涤间分类摆放，并及时补充餐具柜应有的干净餐具 9.负责在宾客走后翻台，或为下一餐摆位 10.做好餐后结束工作和本岗位的卫生清洁工作 11.完成餐厅领班交代的其他工作
任职条件	1.工作主动、热情、认真、责任心较强 2.掌握餐厅服务规程，了解餐厅各种菜肴的基本特点和简单的烹饪方法 3.有熟练的服务技能技巧和一定的应变能力，能妥善处理服务中出现的一般性问题 4.高中毕业或具有同等学力，经过餐饮服务培训，有一定的日常外语会话能力 5.身体健康，仪表端庄

六、传菜员职位说明

传菜员职位说明如下。

传菜员职位说明

报告上级	餐厅部领班	督导下级	
岗位职责	负责餐厅订单和菜肴食品的传递工作，负责菜肴所跟佐料、服务用具的准备工作，做好餐饮服务的后勤工作			
工作程序与标准	1.负责备餐间的开餐准备工作，准备好调配料及走菜用具 2.负责及时准确地传递订单和划菜工作 3.负责将餐厅客人菜单上的所有菜肴，按上菜次序，准确无误地送到看桌服务员手里或送到餐厅指定工作台上 4.协助餐厅服务员将工作台上的脏餐具、空菜盘撤回洗碗间，进行分类码放 5.整理备餐间、规定地段的清洁卫生工作 6.负责领取餐厅用的各种调味品、水果以及服务用品等 7.负责保管订单，并交收款台以备核查结账 8.完成餐厅领班交代的其他工作			
任职条件	1.工作主动、认真、负责，态度端正 2.掌握传菜服务流程与规范，熟悉餐厅各种菜肴的基本特点 3.具有初中以上文化程度，受过餐饮服务培训 4.身体健康，精力充沛			

七、收银员职位说明

收银员职位说明如下。

收银员职位说明

报告上级	餐厅部领班	督导下级	
岗位职责	负责餐厅日常收款业务		
工作程序与标准	1. 掌握现金、人民币支票、外汇支票、信用卡、签单的结账方法和结账程序 2. 开餐前备好零用钱，清理所管辖的区域卫生 3. 熟练地使用收款机进行收款 4. 严格财务手续，每天进行现金盘点，发现问题及时上报，做到账款相符 5. 工作中如需暂时离开岗位，应注意钱款安全，随时锁好收款机和钱柜 6. 每日营业结束，统计当日营业收入，填写"餐厅营业日报表"，当日收入应当日上缴财务部 7. 熟悉掌握餐厅各类酒、饮料、菜的价目，并且要了解餐厅服务知识 8. 认真保存好所有账单，并交财务部以备核查，保证所有账单联号，一张不缺 9. 完成餐厅领班交代的其他工作		
任职条件	1. 工作主动、认真、细致、负责 2. 熟练掌握收款机的使用 3. 熟悉各种结算方式（现金、支票、信用卡等） 4. 熟悉餐厅的工作流程与菜品的价格 5. 具有高中或中技以上文化程度，财会专业优先		

八、洗碗工职位说明

洗碗工职位说明如下。

洗碗工职位说明

报告上级	餐厅部领班	督导下级	
岗位职责	负责餐具、用具的清洗消毒和所用设备的清洁保养工作		
工作程序与标准	1. 负责按规定的清晰消毒流程与规范清洗所有餐具和用具并进行消毒 2. 负责洗碗间、所辖区域的环境卫生清洁工作 3. 严格执行"卫生五四制"五专。专人、专室、专工具、专消毒、专冷藏。四勤：勤洗手、剪指甲、勤洗澡、理发、勤洗换衣服、被褥，勤洗换工作服、帽 4. 定期检查洗碗机的工作状况，发现问题及时向餐厅领班汇报 5. 餐具的保管 6. 负责破损餐具的拣剔和餐具的补充工作 7. 完成餐厅领班交代的其他工作		
任职条件	1. 有较强的责任心和敬业精神，能吃苦耐劳 2. 具有餐具及用具卫生方面的知识 3. 能够正确使用各种洗涤剂和正确操作洗碗机 4. 具有初中以上文化程度 5. 身体健康，体力强壮		

第二节 餐厅服务操作总流程

一、零点服务总流程

零点就是用餐客人根据自己的喜好从餐厅提供菜单上选择自己喜欢的菜品，餐后按所点的菜品数目计价付款的一种就餐形式。其特点是就餐时间在营业时间内，由顾客自己选择，时间不固定；宾客习俗不一；不提供固定桌次；备有固定菜单；所遇问题复杂，接待工作灵活。

（一）零点服务流程

零点服务流程如下图所示。

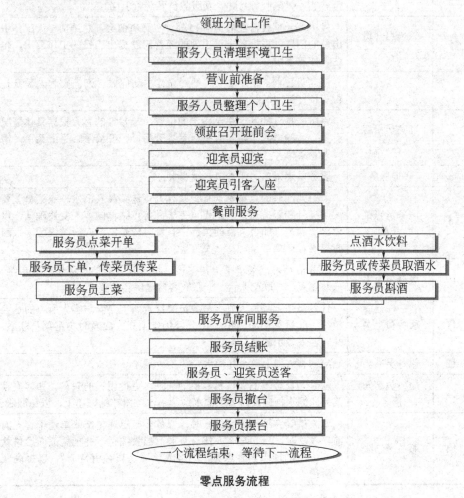

零点服务流程

（二）零点服务流程说明

零点服务流程说明如下表所示。

零点服务流程说明

序号	步骤	工作标准
1	领班分配工作	各餐厅领班检查记录本班组人员的出勤情况，分配零点服务区域
2	服务人员清洁环境卫生	主要是餐厅环境卫生，做到地面清洁、接手桌清洁、转台无油腻、无污渍，餐具摆放井然有序
3	营业前准备	餐厅领班检查餐厅设备、设施，服务员准备餐具进行摆台、吊线，使桌椅、餐具摆放纵横成线，以求协调、美观，并将"服务监督卡"插入桌牌号
4	服务人员整理个人卫生	全体人员上岗前要整理个人仪容仪表，符合卫生要求。服务员规范着装，佩戴服务号牌。女服务员要淡妆上岗
5	领班召开班前会	领班每天早晨营业前提前15分钟召开班前会，总结前一天工作中出现的问题，根据前一天出现的经营问题提出当日的工作要求，传达具体的事情
6	迎宾员迎宾	迎宾员提前5分钟站位，见到宾客主动问候。询问宾客人数及是否有预订等情况
7	迎宾员引客入座	将事先预订的宾客引至指定的位置，未预订的客人根据具体情况引至合适的位置。将客人引至餐桌旁后，拉开椅子，呈上菜单，请客人看菜
8	餐前服务	服务员递菜单、递香巾、倒茶水
9	服务员点菜开单	用一式四联的点菜单认真记录客人点选菜品及酒水，点菜单上要注明桌号和服务员姓名。点菜完毕，将点菜单向客人复述确认，以免出现误差。如客人点的菜品中有费时较长的，应及时提醒客人耐心等候
10	服务员下单	服务员及时把菜单下给传菜员。将一式四联的点菜单一联走菜、一联划菜、一联交账台、一联宾客自己保存备查
11	服务员上菜	传菜员传上菜后，看台服务员要检查所上菜肴与客人所点的是否相符。如果菜品间隔超过10分钟仍未上桌，应及时与跑菜员联系，并向客人表示歉意
12	服务员斟酒	应为客人斟上第一杯酒水
13	服务员席间服务	随时为宾客倒酒和饮料，换烟灰缸，更换用过的餐具。如客人续菜品和酒水，应及时另填酒水加菜单，并附在结账单上，以免漏账
14	服务员结账	客人就餐完毕，示意结账时，服务员应迅速将结账单送于客人面前。收款时，当面与客人核对金额，唱收唱付，并把凭证交给付款客人。主动征求宾客意见，请客人填写"宾客留言卡"，以提高服务质量

续表

序号	步骤	工作标准
15	服务员、迎宾员送客	客人离座后,服务员应提醒客人带好自己的物品,并礼貌道别。宾客用餐完毕离开餐厅时,迎宾员应主动使用文明敬语与客人道别。客人走后,服务员迅速检查餐台有无客人遗留物品,如果发现应及时通知餐厅领班,并及时交到保卫部门
16	服务员撤台、摆台	待台面撤掉后,铺换新台布,换上新用具,使餐台恢复原样

二、餐厅团体包餐服务总流程

团体包餐又称标准饭,就是由主办单位按用餐标准统一付款,厨房按用餐标准调剂搭配菜肴,酒水和饮料另行收费的就餐形式。主要适用于集体用餐,如国际、国内会议代表及旅游部门组织的旅游参观团(比宴会规格低,但分主宾双方的便饭也可采用此形式)。

（一）对团体包餐的基本认知

1. 特点

标准统一,菜式统一,规格统一,进餐时间统一,桌面摆放统一。

2. 上菜顺序

有冷菜,客人到达前15分钟摆好,客人入座后按照菜单顺序依次上菜。

3. 服务要求

在团体包餐的服务中,要求做到"四了解""四联系""四一样""十一注意",如下表所示。

服务要求

序号	要求	说明
1	四了解	了解任务情况,以便根据客人的要求和餐费标准进行服务 了解进餐时间,是按时还是提前或是推后,以便做好准备 了解客人生活喜忌和口味特点,以便投其所好 了解客人的特殊情况,以便满足客人的特殊要求
2	四联系	主动与厨房联系 主动与接待单位联系 主动与主管部门联系 主动与看台、传菜人员之间联系
3	四一样	国籍不同一样看待 职位不同一样主动 肤色不同一样热情 时间长短一样耐心

续表

序号	要求	说明
4	十一注意	注意有冷菜，客人入座后再问酒水需求 注意上菜后，客人对调味品的需用情况，以便随时添续 注意客人对菜品的食用情况，以便掌握客人对菜品的喜好和菜量 注意客人对服务、菜品的要求，以求改进质量 注意照顾好陪同人员，临时加菜加酒尽力满足 注意客人交办的事情要听清、记准、交明不误 注意了解当餐的菜品和酒水的名称及特点，做到心中有数，便于向客人介绍 注意对清真或素食客人以及老、弱、病、残、幼小儿童给予特殊照顾服务 注意观察，随时发现问题，及时、妥善处理 注意客人进餐结束时，请客人签字转账或交款结账 注意检查客人是否遗忘物品，发现后及时送还或上交

4.团体包餐服务中需要注意的事项

在团体多的情况下，有时一个餐厅内同时招待几个或几十个不同团体用餐，由于他们之间人数不同，因此进餐标准不同，时间也不同。所以，首要的是按团体安排好固定的桌位，不宜随时变动位置，除第一次进餐时应让人为其备好的桌位外，每次进餐时都要引导让入原座，如发现新来的客人坐错座位时，要有礼貌地说明情况，将其请到已为其准备的座位就座。

如遇团体客人提出过生辰喜日时，要根据不同国家和不同风俗，尽可能地在餐厅或餐桌上充分地体现出来，以示祝贺。

（二）餐厅团体包餐服务流程

餐厅团体包餐服务流程如左图所示。

餐厅团体包餐服务流程

餐厅团体包餐服务流程说明如下表所示。

餐厅团体包餐服务流程说明

序号	步骤	工作标准
1	领班分配工作	各餐厅领班检查记录本班组人员的出勤情况，根据公关销售部下达的团体包餐通知单中的团队人数、桌数计算服务人员数量，确定各服务区域的人员名单，做好人员分工记录，便于工作的检查以及问题的追溯
2	服务人员清洁环境卫生	主要是餐厅环境卫生，做到地面清洁，接手桌清洁，转台无油腻、无污渍，餐具摆放井然有序
3	餐前准备	（1）服务员根据团队人数、规模安排接待场地，整理陈设布局，适当、合理地安排桌位 （2）服务员、传菜员要根据任务通知单做好餐前准备，掌握有关宾客情况，明确宾客的国籍、民族、风俗习惯和宗教信仰等，以便有针对性地做好服务工作 （3）服务员要了解菜单内容，熟悉菜品口味及上菜顺序 （4）服务员根据团体包餐通知单上有关内容，备齐相应数量的餐酒用具 （5）服务员按《宴会摆台操作规范》进行摆台 （6）在各项准备工作就绪后，餐厅领班要进行餐前检查 ①检查台面摆设情况，确保餐酒用具无缺、无损坏 ②检查桌椅的平稳，以保证安全服务 ③协助后勤部门检查灯具照明及空调温度情况，确保客人安全用餐 （7）服务员在开餐前备好所需饮料、酒水，并在开餐前10分钟将冷菜按宴会要求摆放在转台上，然后在所指定的位置等候迎接宾客
4	服务人员整理个人卫生	全体人员上岗前要整理个人仪容仪表，符合卫生要求。服务员规范着装，佩戴服务号牌。女服务员要淡妆上岗
5	领班召开班前会	餐厅领班每天早晨营业前提前15分钟召开班前会，总结前一天工作中出现的问题，根据前一天出现的经营问题提出当日的工作要求，传达具体的事情
6	迎宾员迎宾	根据预订情况将宾客引至指定的位置
7	服务员接待	宾客在迎宾员的引导下进入餐厅后，服务员要笑脸迎接，礼貌问好，并帮助拉椅让位。协助穿外套、戴帽子的客人将其物品挂好，并整理好
8	服务员席间服务、传菜员传菜	客人落座后，看台服务员脱筷套并为客人铺垫口布，斟上酒水，并通知传菜员上菜，传菜员通知厨房走菜。服务员按冷菜→汤菜→热菜→甜品→面点→水果顺序上菜
9	服务员结账	（1）宾客用餐接近尾声时，服务员要询问陪同或领队是否添加酒水饮料，确定后核实宾客所用酒水饮料数量，如实填写结账清单，并根据不同的付款、签账单的方式与收银员共同准确、快速地完成结账工作 （2）结账完毕，征求顾客意见、建议，或主动向陪同、领队征求意见，并记录下来。最后，主动为宾客拉椅让路，提示客人带好自己的物品，并向客人致谢，礼貌道别
10	服务员、迎宾员送客	客人离座后，服务员应提醒客人带好自己的物品，并礼貌道别。宾客用餐完毕离开餐厅时，应主动使用文明敬语与客人道别。客人走后，服务员迅速检查餐台有无客人遗留物品，如果发现应及时通知餐厅领班，并及时交到保卫部门妥善处理

续表

序号	步骤	工作标准
11	服务员撤台	清理餐台上的餐酒用具及棉织品，餐椅归位，码放整齐
12	收尾	清理完毕后，检查餐厅安全情况，如门窗、电源开关和未熄灭的烟头，确认后方可关灯、锁门

三、宴会服务总流程

（一）对宴会的认识

宴请是国际交往中常见的礼仪活动形式之一。通常的宴请形式主要有宴会、招待会、茶话会等。宴会的名目类别较多：在宴会进餐的形式上分为立餐宴会和坐餐宴会；在宴会的规格上分为国宴、正式宴会和便宴；在宴会的餐别上分为中餐、西餐和中西合餐；在宴会举行时间上分为早宴、午宴和晚宴；在礼仪上分为欢迎宴会和答谢宴会。

1. 国宴

宴会服务流程

国宴是国家元首或政府首脑为国家庆典活动或为欢迎外国元首、政府首脑来访而举办的正式宴会。这种宴会的规格最高，也最为隆重，宴会厅内悬挂国旗，设乐队，演奏国歌，席间致辞，菜单和坐席卡上均印有国徽。国宴的特点是：出席者的规格高，盛大隆重，礼仪严格。

2. 正式宴会

通常是政府和民间团体有关部门为欢迎应邀来访的宾客，或来访的宾客为答谢主人而举行的宴会，正式宴会的安排与服务程序大体与国宴相同，宾主按身份排席次和座次，在礼仪上的要求也比较严格，席间一般都致辞或祝酒，有时也设乐队演奏席间乐，但不悬挂国旗，不奏国歌，出席者的规格一般也低于国宴。

3. 便宴

便宴，即非正式宴会，不拘严格的礼仪，随便、亲切，多用于招待熟识的宾朋好友，这种宴会常于午间进行，其规模一般较小，席间随便交谈，不做正式致辞或祝酒。

（二）宴会服务流程

宴会服务流程如左图所示。

宴会服务流程说明如下表所示。

宴会服务流程说明

序号	步骤	工作标准
1	领班分配工作	各餐厅领班检查记录本班组人员的出勤情况，根据公关销售部下达的宴会通知单中的团队人数、桌数计算服务人员数量，确定各服务区域的人员名单，做好人员分工记录，便于工作的检查，以及问题的追溯
2	服务人员清洁环境卫生	主要是餐厅环境卫生，做到地面清洁，接手桌清洁，转台无油腻、无污渍，餐具摆放井然有序
3	餐前准备	（1）餐厅领班、看桌服务员接到公关销售部下达的宴会通知单后，根据提供的信息做到"十知""三了解"。"十知"为知国籍、知人数、知宴会时间、知用餐单位（主办单位）、知桌数、知台型、知酒水饮料、知主宾会场、知宴会标准、知有关其他要求；"三了解"为了解宾客的风俗习惯、了解宾客的生活忌讳、了解特殊要求 （2）餐厅领班、看桌服务员掌握宴会名称，主办者的特殊要求，以及宴会的内容和程序，宴会标准情况 （3）看桌服务员应了解菜单内容，熟记菜品内容及出菜顺序，以便上菜和回答宴会中宾客可能对菜品风味提出的询问，掌握每道菜品的口味及服务程序，并根据菜品特点计算餐具用量，进行服务用具的准备 （4）宴会厅布置及服务用具的准备 餐厅服务员做好宴会场地的清洁卫生，并由领班进行督导检查。根据宴会的订餐要求，配齐酒具、水杯、台布、口布、小毛巾、桌裙、转台等必备物品，餐具的准备要充足 （5）摆台：服务员按宴会要求、人数、桌数进行铺台、摆位、布置场地，按需要布置台面、检查台面，保证餐具、酒具无缺无损，转台、台布完好无缺。围好桌裙，要求整齐无损。领班根据标准进行检查，不合要求处应及时纠正 （6）备酒水、冷菜：看桌服务员根据菜单以及宴会和贵宾接待的特殊要求，和酒水管理员联系，提前配足各类酒水和饮料，擦净瓶身，摆放整齐，其他物品也要准备充足
4	服务人员整理个人卫生	全体人员上岗前要整理个人仪容仪表，符合卫生要求。服务员规范着装，佩戴服务号牌。女服务员要淡妆上岗
5	领班召开班前会	餐厅领班每天早晨营业前提前15分钟召开班前会，总结前一天工作中出现的问题，根据前一天出现的经营问题，提出当日的工作要求，传达具体的事情
6	迎宾员迎宾	根据预订情况将宾客引至指定的位置
7	服务员接待	迎宾员将宾客引导到餐厅的适合位置后，由该区域的服务员迎宾客进入餐位入座，将椅子拉开让座；当客人有衣帽时，主动帮助客人把衣帽挂好，整理好；在此期间要面带微笑、热情大方、动作规范、语言规范

续表

序号	步骤	工作标准
8	服务员席间服务	（1）服务员应根据客人用餐时间，提前10分钟拿凉菜，备酒水和饮料 （2）客人入席后，为宾客铺垫口布，脱筷子套，揭掉凉菜保鲜膜，做好开餐前的各项服务工作 （3）主动进行自我介绍，为客人介绍餐厅的名称、典故，介绍时大方得体，语音流畅，语调亲切，言词简洁、清晰 （4）问清所需酒水，从主宾开始斟酒 （5）客人用凉菜后，服务员通知传菜员上菜，传菜员通知厨房走菜。传菜员应根据客人用餐的要求，同厨房协调好，掌握好上菜的时间，如果客人点鸭胚，就要根据烤鸭烤制时间，安排上菜时间 （6）走热菜（成品菜）时，服务员要主动为客人准备干净的布碟。热菜上桌后，摆在转台上，展示一圈，并介绍菜名、口味、所需原料及制作方法 （7）布菜：左手拿口布托住菜盘，右手拿叉勺从主宾左手处分菜；可以两个菜一个盘，注意菜与菜不可重叠；分菜时要姿势优美，动作准确到位。上下一道菜前要给客人换好布碟，一道菜一道盘，布菜时要注意剩余2/10，不要把带汁的菜洒到客人身上
9	服务员席间巡视	（1）及时为客人补酒水、饮料 （2）随时更换烟灰缸，见到3个烟蒂立即更换，更换时应把清洁的烟灰缸盖到需换烟缸上面，然后撤到托盘上再将清洁的烟缸送到餐桌上 （3）根据需要，随时撤换餐具，重点宴会一菜一碟，应在客人右边进行，要先撤后上 （4）见到客人吸烟时，应主动为客人点烟 （5）主人或主宾离座发表祝词时，服务员应在托盘内摆好红白酒杯各一杯，准备递给讲话人。主人或宾客离席去各桌敬酒时，服务员应主动随其身后，及时斟酒 （6）从始至终保持席面清洁整齐，及时清洁席面残物，收取脏餐具及整理桌面餐具 （7）及时清理接手台（工作台），保持其清洁、整齐，撤下的脏餐具由传菜员及时传递到洗碗间 （8）客人提出的要求要根据情况尽量满足。在整个服务过程中，要提倡主动与客人交流与服务有关的事宜，态度谦虚、热情、有礼貌，大方得体，不卑不亢
10	服务员结账	客人用餐结束后，需要结账时，服务员应先问清客人是用现金还是支票或其他支付形式，要保管好顾客提供的信用卡，用后及时交还客人，并表示感谢，根据客人要求提供结账清单和餐费发票
11	服务评价	服务员应在餐后征求顾客意见和建议，并记录下来
12	迎宾员送客	（1）主动向客人提示不要遗忘物品 （2）服务员送客时为客人拉椅让路，递送衣帽、提包，并协助客人穿外衣 （3）客人离开房间时，应礼貌送别，搀扶重要客人、年龄较大或行动不便的宾客，由迎宾员引导客人离店

续表

序号	步骤	工作标准
13	服务员撤台与清洁	（1）服务员参照《宴会撤台作业规范》清理转台及桌面餐具，送到洗碗间 （2）清洁转台，做到干净无污 （3）清洁接手桌 （4）清洁场地，处理垃圾，进行安全用电检查 （5）检查有无客人遗留物品，若有应及时送交保卫部
14	收尾	清理完毕后，检查餐厅安全情况，如门窗、电源开关和未熄灭的烟头，确认后方可关灯、锁门

第三节　餐厅部各岗位服务流程

一、餐厅部经理日常工作流程

餐厅部经理日常工作流程如下图所示。

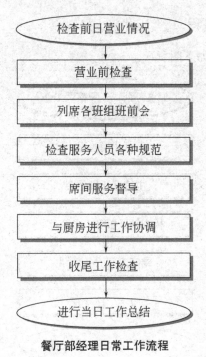

餐厅部经理日常工作流程

餐厅部经理日常工作流程说明如下表所示。

餐厅部经理日常工作流程说明

序号	步骤	工作标准
1	检查前日营业情况	主要检查餐厅前一天的销售额情况、服务员服务过程中出现的问题等
2	营业前检查	主要检查营业前餐厅的卫生状况、各项用品设施的准备情况
3	列席各班组班前会	听取各班组前日出现的问题及当日的要求，对重要性问题发表意见
4	检查服务人员各种规范	包括行为规范、语言规范、迎宾规范、传菜规范、摆台规范等
5	席间服务督导	在营业期间对餐厅进行巡视，对服务员的席间服务进行督导
6	与厨房进行工作协调	对当日出现的、需与厨房部协调的问题进行沟通协调，如菜品质量的反映、客人换菜等
7	收尾工作检查	当日营业结束后，对餐厅服务人员的收尾工作进行检查，如卫生的清洁、设施用品的整理等
8	进行当日工作总结	对当日餐厅的整体情况进行整理总结，包括餐厅的当日营业额、服务质量、环境卫生等，形成书面报告

二、餐厅领班工作流程

餐厅领班工作流程如下图所示。

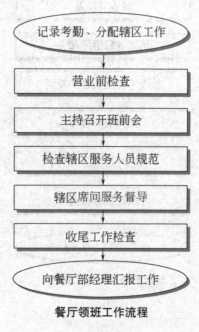

餐厅领班工作流程

餐厅领班工作流程说明如下表所示。

餐厅领班工作流程说明

序号	步骤	工作标准
1	记录考勤、分配辖区工作	检查记录本班组人员的出勤情况,根据零点、团队、宴会服务的不同要求,确定各服务区域的人员名单,做好人员分工记录
2	营业前检查	检查辖区内的环境卫生情况、各项用品设施的准备情况、服务员的摆台情况等
3	主持召开班前会	每天早晨营业前提前15分钟召开班前会,总结前一天工作中出现的问题,根据前一天出现的经营问题提出当日的工作要求,传达具体的事情
4	检查辖区服务人员规范	包括行为规范、语言规范、迎宾规范、传菜规范、摆台规范等
5	辖区席间服务督导	在营业期间对辖区餐厅进行巡视,对服务员的席间服务进行督导。遇有重要客人要亲自服务
6	收尾工作检查	当日营业结束后,对辖区内服务人员的收尾工作进行检查,如卫生的清洁、设施用品的整理等
7	向餐厅部经理汇报工作	对当日辖区内的整体情况进行整理总结,包括当日营业额、服务质量、环境卫生等,并向餐厅部经理汇报

三、迎宾员迎宾服务流程

迎宾员迎宾服务流程如下图所示。

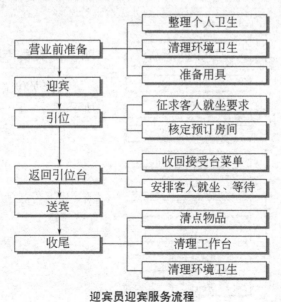

迎宾员迎宾服务流程

迎宾员迎宾服务流程说明如下表所示。

迎宾员迎宾服务流程说明

序号	步骤	工作标准
1	营业前准备	（1）着工装淡妆上岗 （2）清扫候餐室及引位台区域卫生 （3）提前五分钟站位，仪容仪表端庄整洁，站立于领位台后一米左右的位置，挺胸抬头，双脚微叉，双手自然交叉于腹前或背于后，微笑自然亲切，做好迎宾工作
2	迎宾	（1）客人进店后，主动迎上前表示欢迎，态度要和气，语言要亲切 （2）询问客人人数及是否有预订等情况 （3）客人提出的问题，要耐心解答
3	引位	（1）根据客人人数、服务员看台情况及客人对餐位的特殊要求，引导零点客人入座 （2）将客人引到桌边后，拉椅让座，然后呈上菜单、点菜单及宾客留言卡，请客人浏览 （3）负责宴会引位的领位员，需提前抄好引座卡，并及时与餐厅核对座位顺序，准确无误地将客人引至预订单间或桌位
4	返回引位台	（1）领位员在回归原位时，及时收回接手桌上的菜单，以免菜单被污损，并预备下次再用。菜单污损严重时要销毁，换用新菜单 （2）合理调配用餐桌位，按顺序安排等候的客人用餐，并与各部门做好协调工作，保证服务质量
5	送宾	宾客用餐完毕，离开餐厅时，应主动使用文明敬语与客人道别
6	收尾	（1）负责收尾工作的迎宾员在营业结束后，及时清点物品、清理工作台和环境卫生 （2）待宴会全部结束，客人离店后，迎宾员方可离岗

四、传菜员传菜服务流程

传菜员传菜服务流程如左图所示。

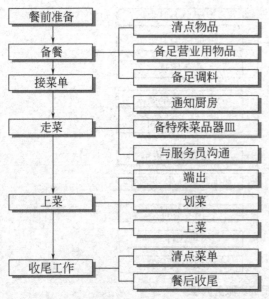

传菜员传菜服务流程

传菜员传菜服务流程说明如下表所示。

传菜员传菜服务流程说明

序号	步骤	工作标准
1	餐前准备	（1）打扫备餐室卫生 （2）按要求整理好仪容仪表，淡妆上岗，佩戴服务号牌
2	备餐	（1）清点好脏口布、台布、毛巾数，到库房过数后，领取干净的口布、台布、毛巾，运到备餐室放好 （2）备足餐盘、瓷碟、汤碗等服务时所需餐具，并码放整齐 （3）用热水将毛巾浸湿叠放整齐 （4）到料青室领出加工后的葱酱，并用酱碟备好葱酱 （5）将荷叶饼提前备出，蒸熟蒸热 （6）用容器盛出已预制好的鸭汤，放到备餐室，用酒精炉加热，以便餐厅服务员盛取
3	接菜单、走菜	传菜员接菜单后，将零点菜单按时间顺序排列；数好宴会接待单桌数、人数
4	上菜	（1）零点菜单下单后及时通知厨房，按凉菜→热菜顺序上菜。凉菜及时到冷荤间拿取，送菜到桌 （2）备出汤菜需要的汤碗和特殊菜品器皿 （3）宴会菜单的走菜时间、程序和速度听从服务员安排，并及时通知厨房 （4）上菜：热菜出锅装盘后，立即由传菜员端出，将该菜品从菜单上划去，传菜员根据菜单送达到桌
5	收尾工作	（1）清点菜单，确认没有遗忘的菜品 （2）负责餐后收尾工作 ① 关闭蒸箱，清理残余食品 ② 清洗托盘，将需要清洗的餐具送到刷碗间 ③ 清点台布、口布、毛巾，然后打包 ④ 打扫备餐室卫生

五、收银员收银工作流程

收银员收银工作流程如右图所示。

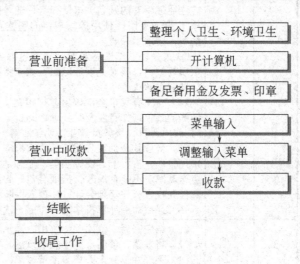

收银员收银工作流程

收银员收银工作流程说明如下表所示。

收银员收银工作流程说明

序号	步骤	工作标准
1	营业前准备	（1）营业前15分钟到岗，清扫责任区卫生，整理个人卫生 （2）打开总电源，接通POS机信用卡授权系统 （3）打开计算机开关，依次按顺序开打印机、显示器、主机，待其进入工作状态 （4）打开保险柜，清点备用金 （5）包好前日顾客明细消费单，外面写上日期，以备今后查找，准备好发票和印章备用 （6）根据备用金情况到会计室兑换零钱
2	结账、收尾工作	（1）开始营业后，收款员将服务员送来的菜单进行编号，并将桌号、用餐人数、服务员号、酒水、冷热菜、烤鸭全部逐一输入计算机。要求输入人员熟记菜品编码，手眼配合，动作熟练流畅，做到准确无误。将菜单摆放整齐 （2）服务员要求结账时，应及时将结账清单从计算机中调出，并根据菜单内容的增减进行调整输入，确认无误后，立即打印一式两份，一份给收款员；另一份给服务员交顾客查验。结账清单要注明顾客消费内容，餐厅附加如单间费、服务费等，所有价格都应符合菜谱规定要求 （3）收取服务员送交的餐费，包括如下几种形式 ①当收到现金时，对各种面值的钞票要用验钞机辨别真伪，并用眼看、手摸，做到仔细认真，唱收唱付，当面点清，不出差错 ②当收信用卡时，首先检查卡的真伪，按银行的要求去做。如：姓名与身份证是否相符，卡是否在有效期内，卡是否正确，持卡人是否签名等。待持卡人签名后，核对笔迹，无误后方有效。如遇有疑问的信用卡，应立即与银行有关部门联系，再采取必要的措施 ③当收支票时，要看填写的日期是否符合标准，是否过期，印章是否清晰，数字有无涂改嫌疑，限额是否超出，有无密码等。在支票背面的上方注明使用者的姓名、电话、身份证号码。如遇特殊情况，应请示领导 ④开发票时，使用国家规定的餐饮发票，字迹、印章清楚。如遇特殊情况，应请示领导 ⑤大型团队结账签单时，要与主办人员配合好，让主办人员按要求逐项填写签单，核对无误后结账。如有特殊情况，应及时与公关部及餐厅部经理联系解决 （4）待所有菜单全部调出并打印完毕后，应进一步检查是否有遗漏或未结账的菜单，如有应及时处理，确认无误后方可汇总，然后打印各种单据（如收入日报、服务员营业额明细账等） （5）营业款全部收齐后，所收款额应与计算机打印的相吻合，然后将支票、签单、信用卡、现金归类，汇总结算，分别填入缴款单中，并填写现金送款薄，不能有涂改。把现金包好封好，连同支票、签单、信用卡等全部营业收入一并交到会计室，锁入保险柜 （6）最后命令计算机结账，以便于次日重新工作
3	班后收尾	（1）结完账后，依次关闭主机、显示器、打印机和总电源 （2）将发票、备用金等物品清点后，锁入保险柜中，将钥匙妥善保管好 （3）整理并包好全天顾客消费清单，打扫卫生后方可离岗

六、洗碗工洗碗工作流程

洗碗工洗碗工作流程如下图所示。

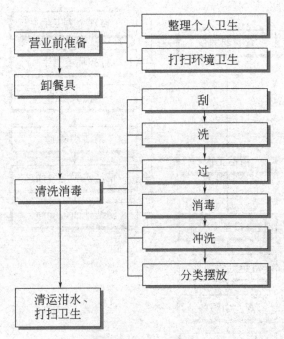

洗碗工洗碗工作流程

洗碗工洗碗工作流程说明如下表所示。

洗碗工洗碗工作流程说明

序号	步骤	工作标准
1	营业前准备	（1）整理个人卫生 （2）打扫洗碗间环境卫生
2	卸餐具	（1）洗碗工将装在餐车里的餐具取出，按类分放 （2）洗碗工发现破损餐具，及时清理出去，填写破损记录，并定期统计上报餐厅部经理
3	清洗消毒	（1）"刮"，去残渣，将餐具里的残剩食物刮到泔水桶里 （2）"洗"，将餐具浸泡在水池里，加入洗涤剂，去除油污，洗刷干净 （3）"过"，将洗刮过的餐具放在清水池，并冲洗干净 （4）消毒
4	清运泔水、打扫卫生	（1）将泔水桶里的泔水清运到指定地点 （2）工作完毕，彻底打扫工作场地的卫生，做好清洁工作

七、卫生间保洁员工作流程

卫生间保洁员工作流程如下图所示。

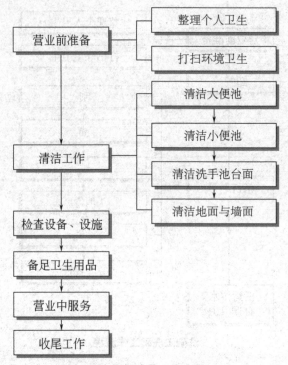

卫生间保洁员工作流程

卫生间保洁员工作流程说明如下所示。

（1）准备工作：整理个人卫生，打扫卫生间环境卫生。

（2）每日上、下午餐厅营业前对洗手间进行两次彻底清洁工作。

（3）检查卫生间抽水马桶、水龙头、排风扇、烘手器等设备、设施是否完好，出现问题及时报修。

（4）洗液盒装满洗手液，卫生纸盒内放上卫生纸、餐巾纸。

（5）营业时间内坚守岗位，为使用卫生间的宾客提供服务。

① 保持正确站姿，向进入卫生间的宾客点头示意，表示欢迎。

② 向宾客介绍卫生间相关设施的使用方法，客人洗手后主动递上餐巾纸。

③ 随时清理洗手间，保证洗手间清洁、卫生、无异味。

④ 随时检查卫生用品使用情况，及时补充，保证宾客使用。

⑤ 有重要宴会客人，听从领班安排，适当延长工作时间，待宾客离店后方可离岗。

（6）营业结束后将洗手间打扫干净，补齐卫生用品后方可离岗。

（7）营业时间内，各餐厅班组主管、领班对所属洗手间进行两次以上检查，填写"洗手间卫生检查表"。

第四节　服务员礼仪行为标准

一、服务员着装规范

（一）要求

上班时要按职务和岗位工种穿不同形式的工作服。餐厅服务员的着装不仅体现着餐厅的规格和经营特色，餐厅服务员着装的效果和着装的整洁程度也直接影响餐厅在社会上树立的形象。

餐厅服务员的着装应该符合以下要求：整洁，大方，和体，方便工作，统一协调；不卷袖筒，不光脚穿鞋；着装无破损，无异味，无污点。

（二）标准

1. 男装

挺括，领口、衣口严谨，领花或领带束戴端正，裤线挺直，皮鞋光亮，脚穿黑色或深色袜子。衣袋中不放与工作无关的杂物。衬衫在伸臂取送物品时袖口外露不超过2厘米。

2. 女装

挺括、合体，衣扣严谨，领花、飘带系结端正。裤装应配穿肤色短袜，袜口不得外露出裙装，袜子完好，无跳丝、无破洞。脚穿黑色鞋，裙装不宜穿布鞋。旗袍必须合体，方便工作。围裙应该系于腰间，裙带长短适度，系结式样统一。

3. 胸卡

男、女服务员的胸卡都应该佩戴于左前胸，相当于男衬衫第三枚扣子平齐处，胸卡端正，字号完整，字迹清晰。

二、服务员仪表仪容

仪表仪容是餐厅服务员精神面貌的体现，是宾客评价餐厅服务员精神面貌的重要依据之一，是餐厅服务员形体语言的主要内容，是关系餐厅在公众心目中的形象问题。

（一）要求

端正，大方，文雅，彬彬有礼。

（二）标准

1. 发型规范

男服务员头发侧不盖耳,不可蓄留大鬓角。头发后不盖衣领。不留怪异发型,不可烫发。

女服务员短发不可齐肩,长发要束起,刘海不可过眉。

2. 面部仪容

男服务员应该保持面部整洁,每日剃须,不可蓄留小胡子。女服务员应该画淡妆,不可浓妆艳抹;见到顾客要有得体的笑容。

3. 口腔卫生

牙齿保持洁净。上班期间不可食用有异味的食品,保持口腔气味清新。

4. 手部卫生

保持手部清洁,不可留长指甲,不可涂抹指甲油,不可戴戒指。

5. 其他

餐厅服务员上班时不允许使用气味浓烈的香水和药品,不可佩戴各种耳饰。其他饰品,如项链应该以不露出工作服为准。手镯、手链和造型夸张的手表不允许佩戴。

三、服务语言规范

语言是人类情感交流的主要工具。餐厅的优质服务就是规范服务和发挥个性服务的有效结合。没有语言的交流就不可能有优质的服务。餐厅服务员的语言运用包括语调、语音、用词和表情等多方面技巧。

（一）要求

语音流畅,语言谦恭,语调亲切,音量适度,言词简洁清晰,用词得体,充分体现主动、热情、礼貌、周到、谦虚的态度。根据不同对象使用语言要恰当。对内宾使用普通话,对外宾运用日常外语,做到客到有请,客问必答,客走道别。

（二）标准

服务过程各个环节运用礼貌敬语,并能灵活掌握。

(1) 宾客进店主动打招呼,使用招呼语。如:您好!欢迎您!

(2) 与宾客对话讲礼貌,使用称呼语。如:同志,先生,×女士,×太太,×夫人,×小姐。

(3) 向宾客问好时,使用问候语。如:您好!早晨好!您辛苦了!晚安!

(4) 服务过程热情周到,彬彬有礼,使用相请语或询问语。如:请您喝茶!

请您用毛巾！您想用哪一种酒水？您还有什么需要？

（5）听取宾客要求时要微微点头，使用应答语。如：好的，明白了，请稍候，马上就来，马上就办。

（6）服务不足之处或宾客有意见时，使用道歉语。如：对不起！实在对不起！打扰了，让您久等了，请您原谅，请您稍候，给您添麻烦了！

（7）感谢宾客时，使用感谢语。如：谢谢！感谢您的提醒！

（8）宾客离店时使用道别语。如：谢谢！欢迎您再次光临！再见！

四、服务员站立规范

站立是餐厅服务员静态造型的基本动作之一。标准、规范的站立姿势能给到餐厅就餐或路过餐厅的所有宾客留下美好的印象，是餐厅服务员基本素质的体现，是餐厅优质服务的基本因素之一。

（一）站立的要求与标准

1. 要求

精神饱满，注意力集中，不依不靠，不可有不规范的动作。

2. 标准

（1）抬头挺胸，目光平视前方，巡视工作区域内的情况。

（2）双肩平齐，手臂自然下垂，双手轻握于身前，手中不握任何物品。

（3）男服务员双腿微微分开，双脚与肩保持同宽，女服务员双脚呈小丁字步站立，一只脚向侧前方伸出约1/3只脚的长度。

（二）服务员行走规范

行走是餐厅服务员的动态造型的基本动作之一，是餐厅服务员基本素质的体现。通过观察人的行走姿态，可以看出人的不同心理状态和情绪变化。标准、规范的行走姿态能充分体现出餐厅服务员勤奋、热情和高效的精神面貌，有益于创造良好的用餐环境。

1. 要求

精神饱满，动作紧凑，快而不慌，轻盈敏捷。

2. 标准

（1）行走时头部端正，肩部平齐，目光平视行进前方，上身保持平稳，不摇，不晃。

（2）步幅均匀，小步快走。一般身材的服务员应该保持每步45～50厘米，步频紧凑，一般情况应该保持每分钟90步的频率。

（3）行走时双肩自然贴身摆动，不跑动，不蹦跳，不东张西望。

（4）餐厅服务员在行走的过程中，应该保持礼让宾客，不从交谈中的客人面前穿过。餐厅服务员在工作中要养成上菜者优先，持重物者优先的行走习惯。

五、服务员坐姿规范

双腿要并拢，双手自然摆放。不要仰靠椅背伸直双腿，不要将一条腿压在另一条腿上，不要摇摆，两腿做哆嗦动作。

第五节 餐厅服务操作规范

一、中式零点摆台

根据人数选用适宜餐桌。一般使用方桌较多，其规格（长、宽、高）为90厘米、100厘米、110厘米等，台布（正方形）为160厘米，台布铺放端正，不可沾地面，台布中凸缝向上，中线直对正副主人席位，四角下垂均匀，与地面距离约为40厘米。餐具按宴会要求摆放。

二、中式宴会摆台

宴会服务是一种正规的、高档次的餐厅服务方式。宴会餐台的布置和餐具的摆放，要体现出宴会的主题和气氛。宴会摆台不仅是一门艺术，同时也是一种文化。

（一）根据人数选用适宜餐桌

中餐台面常见的有圆桌和方桌两种，规格不同，以10人台为标准，选用圆桌直径为180厘米。宴会所用物品，台布规格为220厘米。宴会所需餐具共有103件：骨碟12个、小瓷勺12把、勺托10个、筷子12双、筷子架10个、红酒杯、白酒杯、饮料杯各10个、烟灰缸5个、口布10块、牙签桶2个。

（二）餐、酒具摆放顺序

餐具摆放大致可用托盘分5次托放。第一托：骨碟、勺托、瓷勺。第2托：葡萄酒杯、白酒杯。第3托：筷架、筷子、公用餐碟、公用勺、公用筷子和牙签盅。第4托：叠好的餐巾花（已插放在水杯中的）。第5托：烟灰缸。

（三）摆放规则

（1）铺台布：服务员站在副主人的位置上，距桌边约40厘米，将台布打开，并提拿好，身略前倾，朝主人方向轻轻抖去，做到用力得当，动作熟练，一次抖开并到位，台布不可沾地面，台布中凸缝向上，中线直对正副主人席位，四角下垂均匀，与地面距离约为40厘米。动作连贯敏捷，轻巧，一次完成，平整无皱纹。

（2）摆骨碟：双手消毒，从正主人席位开始，顺时针方向将骨碟正对餐位依次摆放，骨碟外缘距桌边1厘米，图案对正。左手托盘应始终保持在侧后方。

（3）勺垫和勺置于骨碟上方，中心对正，勺把朝右，距离1厘米。

（4）红酒杯置于勺垫正上方，中心对正，距勺垫1厘米，白酒杯在红酒杯右侧平行线处，杯门距离1厘米。

（5）公用骨碟置于正副主人酒杯的正上方，与红酒杯底边距3厘米，勺、筷置于骨碟内，勺把向右，筷尾向右置于勺的下方。牙签盅置于公用碟右侧，与筷尾平行相距2厘米。

（6）筷子架置于勺垫右侧，筷子尾部距桌边1厘米，头部架出1/3，筷子与骨碟相距3厘米。

（7）叠摆餐巾花：双手消毒，叠10种造型各异的餐巾花，插入杯种2/3处，主花置主位，花的高度略高与其他餐巾花，花面向客人。餐巾花杯置于红酒杯的左侧平行线处，距杯口1厘米。

（8）摆烟灰缸：从主人右侧起，每两人放置一个，烟灰缸的外切线与酒具的外切线平行，架烟孔朝向左右两位客人。

（9）围椅：围椅靠近下垂台布，椅间距离相等。

三、门卫操作规范

（1）开业前5分钟，着工作装站立于大门口一侧，双手自然垂直站立，注视坐车和行走客人。

（2）客人车辆停稳后，双手垂直站立等待，待宾客示意下车后，立即为客人拉开车门；车中有一位客人时，用左手拉车门，前后座位都有乘客时，双手拉前后门；左手拉车门时，右手放置车门上沿，以保证乘客下车安全。

（3）拉开车门后，微笑向客人说"您好，欢迎光临"，客人下车后，注意车内有无客人遗忘的物品，提醒客人带好自己的东西，关好车门，用右手示意司机开车，然后回转原位，双手交叉背后两脚自然分开。

（4）客人离店需要出租车，应及时帮助找车，在拉开车门的同时，微笑向客人说"欢迎您下次再来"，用右手示意司机开车，然后回转原位。

四、宴会接衣服务规范

宴会服务对服务员的要求是眼勤、手勤、腿勤、嘴勤。客人的每一个动作都应在服务员的意料之中，体贴入微、有礼有节。接衣服务是宴会服务员展示周到、细致、热情服务的重要环节，是宴会服务真正开始的第一个环节。

（一）要求

服务员主动热情、及时到位、动作规范、热情礼貌。

（二）标准

（1）礼貌语言在先。首先为女宾和主宾提供接衣服务。

（2）得到客人许可后，服务员站在客人身后约30厘米处，注意客人的动作。

（3）待客人解开大衣扣向后脱大衣时，服务员应迅速以双手接大衣的领口、肩胛部位，顺势将大衣向后偏下方移动。

（4）当客人双臂完全从衣袖脱出后，立即将大衣搭挂在左手小臂处，以右手接过客人的围巾或帽子。

（5）将客人的大衣迅速挂放在衣架上，并将客人的围巾或帽子收藏在客人的袖袋中。

（6）接拿客人的大衣时切忌以双手提拿衣领部位，特别是对裘皮大衣更不可采用如此粗鲁的动作。

（7）接衣服务的全过程，服务员的动作一定要敏捷、轻巧。服务员要特别注意不要把大衣拖在地上或蹭到墙壁。

五、拉、送餐椅操作规范

拉、送餐椅能反映出餐厅服务员主动、热情的服务态度。规范的拉、送餐椅动作，能使就餐者产生备受尊重的满足感。

（一）要求

主动礼貌、动作轻盈到位、服务规范。

（二）标准

（1）礼貌用语在先："您好！请坐！"双手轻提餐椅靠背向后移动30～40厘米，以手势指明就坐的位置。指示餐位时手指要并拢，微微弯曲，掌心向上，指示餐椅。

（2）待客人站在餐椅前方时，服务员双手轻提餐椅后腿，以膝盖部位轻轻推送餐椅，直至客人腿窝处，并再次说："请坐！"。

（3）当客人用餐完毕时，服务员应该主动走到客人的餐椅后，双手扶握餐椅靠背，随着客人站立动作，一起轻提餐椅向后方撤约30厘米。餐厅服务员此时要密切注意客人的行动和需求。

六、呈送菜单操作规范

呈送菜单是零点餐厅服务的重要环节,菜单是餐厅推销的重要工具,菜单的外观、内容和服务方式都可能直接影响客人在餐厅中消费的心理。

(一)要求

菜单外观整洁无破损,无涂改,无污迹。态度热情友善,服务动作规范得体,语言运用得当。

(二)标准

(1)开餐前,餐厅服务员或引位员应该备好开餐所需的菜单,保证菜单数量充足,检查菜单的整洁完好程度。菜单应摆放在方便服务员拿取的位置。

(2)开餐时,当客人均已入座后,服务员或引位员将菜单翻开第一页,站在客人的右侧,用双手呈送菜单至客人身前。菜单呈送的位置以不挡住客人的视线为准。

(3)呈送菜单应遵循先宾后主的基本原则,并且应该主动向客人介绍餐厅特点和当日的特色菜肴。

七、接受客人点菜规范

接受客人点菜是餐厅服务员与客人沟通的关键环节。点菜的过程是服务员与客人相互了解的过程,是客人审视餐厅经营特色和服务水准的过程,是餐厅服务员展示推销技巧的过程。在这个过程中,服务员既要提供服务,进行适当推销,还要准确地传递信息。

(一)要求

服务员站位适当,站姿端正,服务态度热情,主动介绍,适度推销,记录准确,特殊要求特别记录。

(二)标准

(1)准备好笔和点菜单,确保点菜单复写字迹清晰。一般点菜单一式四联,一联给客人,一联送厨房,一联送结账台,一联餐厅服务备用。

(2)接受点菜时,服务员站在客人的右侧约30厘米处,左手持点菜单于身前,右手握笔随时准备记录。记录时不可俯身将点菜单放置于客人面前的餐台上。

(3)适时、适度地向客人介绍菜品,描述语言简洁明了,给客人留以思考和比较选择的时间。切忌催促客人或以指令性语气与客人进行交谈。为客人指示菜单中的菜品时,切忌以手指或手中的笔指指点点,应该保持掌心向上的指示方式。

(4)集中精神注意观察客人的表情,与客人交谈时的声音应以能使客人听清且不干扰其他客人为标准。

（5）客人点菜完毕时，服务员必须认真地用清晰的语言重复客人所点的菜肴名称和数量。这是服务员对客人负责，对餐厅经营效益负责，更是服务员对自己负责的必要工作环节。

（6）对客人提出的特殊要求，在条件允许的情况下，方可对客人做出承诺，并在点菜单中加以明确说明。

（7）点菜结束后要及时收回菜单，并向客人表示谢意。

八、为客人展铺口布操作规范

展铺口布是客人入座后的第一个服务动作，服务员应该注意动作的规范和合理的运用。

（一）要求

服务员动作要轻盈、规范。注意卫生操作，服务语言运用得体，礼貌、和蔼、热情。

（二）标准

（1）客人入座后，服务员侧身站在客人右侧，与客人保持约30厘米的距离，用右手轻轻拿起口布，双手将口布在客人身体侧后方轻轻展开。

（2）右手捏拿口布右上角，左手捏拿口布左上角。右手在前，左手在后，将口布轻轻铺盖在客人身前。

（3）铺盖口布时一定要向客人致歉，提醒客人给予配合。

（4）展铺口布服务应该从女宾或主宾开始。服务员不可以站在一个位置分别为左右两个客人服务。

（5）为客人铺好口布后，服务员要主动为客人撤去筷子套。撤筷子套时，服务员首先将筷子从筷子套中倒出一截后，以手指捏拿住筷子根部，将筷子全部撤出，并放回到筷子架上。

九、递毛巾操作规范

使用前要漂洗洁净并高温消毒，在漂洗时可洒上少许香水，但一定不要太多，以致擦用时香味太浓而刺鼻。上毛巾的方法是把叠好的毛巾按座位人数摆放于盘中，放置于台面即可。

（1）递上前，将毛巾从蒸箱内取出。如果毛巾拿出后烫手，可以稍摊一下，然后按折叠线角整齐一致地摆放于托盘上。

（2）递毛巾时要用毛巾夹，按先宾后主的顺序进行。要先道声"请用毛巾"

再略弓身，用毛巾夹提起毛巾双层折叠的一角，轻轻抖开，搭在客人伸出的手上。

十、托盘操作规范

托盘是餐厅服务中的最基本的服务技能之一，它可以分为轻托和重托两种方式。合理地使用托盘有利于安全、卫生操作，有利于提高工作效率。正确地使用托盘有助于规范服务动作，提高餐厅服务水平。

（一）要求

姿势端正，动作自如，稳定安全，清洁卫生，摆放有序，切忌端盘行走。

（二）轻托标准

（1）左手五指分开，置于小托盘下部，位于托盘中心向前3厘米处，掌心悬空。

（2）左大臂保持自然下垂，左小臂弯曲90度，与大臂形成直角弯曲状。

（3）托盘中物品摆放要遵循重物靠身，轻物在外；高物靠身，低物在外；大件物品在下，小件物品在上的基本原则，以保证托盘时的稳定性。

（4）托盘服务一忌将托盘放在客人的餐台上；二忌托盘在客人眼前晃动；三忌托盘在就座客人的头顶晃动；四忌托盘装载无序或装载过量而失去平衡。

（5）持空托盘行走时的姿态应保持端庄，动作自如。可以保持托物时的基本姿势，也可以将托盘握于手中，夹在手臂与身体一侧的姿势，绝不允许手拎托盘行走。

（三）重托标准

（1）右手五指分开置于大托盘中心部位，右臂向上弯曲将大托盘托举至右肩上方，左手可以轻扶于大大托盘边缘，帮助维持大托盘平稳。头可向左侧微偏，但身体不可侧斜。

（2）装盘要适量，绝不可超量装载。装盘的基本原则与小托盘装盘相同。

（3）大托盘的起托和放落动作一定要稳、缓有序，托起时双腿微蹲，缩小肩部与大托盘的距离，支撑点在双腿而绝不是腰。

（4）在左手的辅助下，右臂完成转臂和举托动作，当大托盘置于右肩上方时，双腿直立，腰部顺腿部动作开始保持挺直状态，以防腰部扭伤。

（5）重托行走时必须坚持小步快行，上身平稳。

（6）重托放落时首先要站稳双腿，腰部挺直，双膝弯曲，手腕转动，手臂移动呈轻托状后，再将托盘放于工作台上。切忌从托举状的大托盘中拿取物品。

十一、斟倒饮料服务规范

斟倒饮料是餐厅服务的基本技能之一，斟倒饮料不仅是服务过程，还是向客人展示服务技巧的过程。服务员需要稳定的心态和热情、诚恳的服务态度。这样才能给用餐客人留下良好的第一印象。

（一）要求

服务员准备工作充分，站姿端正，从客人的右侧，按照女士优先、主宾优先的原则，依照顺时针方向进行服务。斟倒饮料时不滴不洒，瓶口不碰杯口，饮料的标识永远朝向客人。

（二）标准

（1）将客人所需饮料按内外高低的装盘原则摆放在托盘中，饮料的主要标识朝外。

（2）左手托稳托盘，右手握好饮料瓶的下半部，饮料瓶的标识向外，使客人可以清楚地辨认。

（3）侧身站立于客人的右侧，距客人约30厘米处服务。左手托盘切忌置于客人头顶部位。

（4）待客人确认饮料标识无误后，迅速倾斜饮料瓶，瓶口保持与杯口约5厘米的距离。

（5）斟倒饱含气体的饮料时，应该控制斟倒饮料的速度，让饮料沿杯子内壁缓缓流入杯子中，至杯中八成满时停止斟倒动作。此时杯中气泡应恰到杯口部位，谨防饮料外溢出杯口。

十二、斟倒啤酒服务规范

啤酒是一种饱含气体的饮品，因此斟倒啤酒时既要防止泡沫外溢，或是杯中泡沫多于酒液的现象，又要避免杯中酒液无泡沫，破坏了啤酒饮用时的观赏效果和口感。正确地运用啤酒斟倒技术是关键。规范的啤酒斟倒动作有助于提高服务员现场服务的效果。

（一）要求

服务员站立姿势端正，沉着稳健，不滴不洒，保持瓶口与杯口间的距离适当，酒液斟至杯中八成满处，酒沫厚度约2厘米且不外溢杯口。

（二）标准

（1）啤酒服务应根据季节控制好啤酒的酒温。斟酒前应保持酒瓶静止直立至少两分钟。酒瓶应在客人面前开启。

（2）侧身站立于客人的右侧，与客人保持30厘米的距离。

（3）右手握住啤酒瓶的下半部，酒标向外以利于客人辨认，手臂伸直，斟倒果断，瓶口距杯口保持5厘米距离，使酒液沿酒杯内壁缓缓流入杯中。

（4）当杯中啤酒七成满时，放慢斟倒速度。当啤酒泡沫齐杯口时停止斟倒。

十三、斟倒红葡萄酒服务规范

红葡萄酒作为佐餐美酒，具有提味、爽口的功效。

（一）要求

酒液无杂质，酒水最佳饮用温度与室温基本相同。饮用前应先将瓶塞开启，让瓶中红葡萄酒吸入些新鲜空气，以便使红葡萄酒的香气充分挥发出来。斟倒红葡萄酒的动作要平稳、连贯，不滴不洒，姿势端正。

（二）标准

（1）红葡萄酒的斟倒是从客人对所点酒品的酒标确认开始的。服务员以左手托扶住酒瓶底部，右手扶握酒瓶颈部，酒标正对点酒的客人，让酒标保持在客人视线平行处。

（2）待客人确认酒品后，服务员方可将酒瓶装入酒篮中，使酒瓶保持30度的斜角状卧放其中。

（3）用酒刀划开红葡萄酒瓶口处的封纸。用酒钻对准瓶塞的中心处用力钻入，注意红葡萄酒瓶应始终保持30度角斜卧于酒篮的状态，切不可将酒瓶直立操作。酒钻深入至瓶塞2/3处时停止。

（4）以酒刀的支架顶架于红葡萄酒瓶口，左手扶稳支架，右手向上提酒钻把手，利用杠杆原理将酒塞拔出。

（5）酒塞拔出后，放在一个垫有花纸的小盘中，送给客人检验。服务员要用口布将瓶口残留杂物认真擦除。

（6）右手握稳酒篮，左手自然弯曲在身前，左臂搭挂服务巾一块，站在点酒客人的右侧。服务员方按女士优先、主宾优先的原则，站在距离客人30厘米处按顺时针方向服务。

（7）斟倒红葡萄酒时，手握好酒篮，手臂伸直，微倾酒篮使红葡萄酒缓缓流入杯中，动作切忌过于剧烈。

（8）每斟倒一次，在结束时应该轻转手腕，使瓶口酒液挂于瓶口边缘，然后用在左臂上搭挂的服务巾上轻轻擦去瓶口残留的酒液，以防下一次斟倒时，瓶口残留的酒液滴洒在餐台或客人的衣服上。

（9）红葡萄酒的标准斟倒量应该是酒杯容量的2/3。

十四、斟倒白葡萄酒服务规范

白葡萄酒以其清爽、干冽的口感被公认为是与海鲜、鱼、虾相匹配的最佳饮品。为了突出白葡萄酒清爽、干冽的口感,几乎所有的白葡萄酒均应在酒温保持于12摄氏度左右饮用,否则将会对白葡萄酒的口感造成程度不同的影响。

(一)要求

备好冰酒桶,并将冰酒桶摆放在适当的位置。酒瓶开启动作规范,斟酒姿势端庄,不滴不洒,酒液温度符合要求。

(二)标准

(1)备好冰酒桶。桶内盛放约3/5的冰水,其中冰和水的比例为3∶1。

(2)开酒瓶前需向客人展示酒标,以便客人确认白葡萄酒的品牌。服务员站在客人右侧,以左手托住瓶底,右手扶住瓶颈,酒标朝向客人。待客人确认后方可将白葡萄酒瓶插放在冰酒桶中,桶口以口布覆盖。

(3)开酒瓶时,服务员站在冰酒桶的后方,右手持酒刀,轻轻划开瓶口封纸。将酒钻对准瓶塞中心点垂直钻入,待钻至瓶塞2/3处时停止。将酒钻支架顶住白葡萄酒瓶口部,左手扶稳酒瓶,右手缓缓提起酒钻把手,使瓶塞逐渐脱离瓶口,拔塞时应尽量避免声响。

(4)从酒钻上退下白葡萄酒瓶的木塞,并以干净的口布仔细清理瓶口的碎屑。

(5)用折叠成长条状的口布将白葡萄酒下部包好,露出酒标。经最后确认后服务员方可按女士、主宾优先的原则,依顺时针顺序为客人斟酒。

(6)斟酒时,服务员侧身站在客人右侧约30厘米处,左手背后,酒瓶口与酒杯保持约5厘米的距离,令白葡萄酒缓缓流入杯中。

(7)白葡萄酒每杯斟倒量应以七成满为宜,酒量过满则不宜于客人细细品酒。

(8)每斟一杯白葡萄酒,在结束斟倒时,手腕应轻轻向内侧旋转25度,并随之将瓶口抬起,使瓶口残留酒液沿瓶口而流,以防将酒滴洒在餐台或客人衣服上。

(9)服务员结束斟酒服务后,应将白葡萄酒瓶重新放回冰酒桶中,以口布覆盖冰酒桶,将冰酒桶移放到点酒客人右侧约30厘米处。

十五、冷菜的摆设操作规范

中小型宴会一般在正式开始前30分钟上冷菜,大型宴会则要提前40分钟就取冷菜上桌。过早摆既不卫生,又会影响菜品的新鲜,摆得过迟不仅会造成工作忙乱,甚至会使宴会不能按时开始。

(1)在摆放时要根据菜品的品种和数量,注意菜品色调的分布(同一颜色的菜尽量不要摆在一起);荤素的搭配(荤菜和素菜尽量间隔摆放);菜型的反正(如有拼盘图案应正面朝主宾);刀口的顺逆(要顺刀口摆放);盘间的距离(距离要相等,与整个台面布局要相称);口味的分列(把制作精美的冷盘放主宾前)。

（2）主宾席的冷盘所用的器皿通常小于普通席，有时分碟上。

（3）若没有转台，宴会开始后应视冷菜食用情况适当挪动调换。

十六、宴会分菜服务规范

中式宴会的分菜服务技能是宴会服务中使用最为频繁、动作要求最为严格的技能之一。分菜服务同时也是宴会服务技巧中最富于创造性和展示性的动作。

（一）要求

服务员操作动作敏捷、规范，操作卫生，菜肴分配均匀，装盘整洁，分盘效果良好。

（二）标准

中式宴会的分菜有三种常见的方式，都离不开服务员单手使用服务叉、勺的基本技能。单手使用服务叉、勺的基本要领是，将服务勺柄夹压在右手中指、无名指和小指之间，右手食指和拇指捏拿住服务叉柄，叉子正握或反握均可，视服务菜肴类型而定。

服务勺和服务叉在手指的操作下要能够灵活地夹合物品和菜肴。分菜中始终要保持勺在下，叉在上的基本形式。保证菜肴在分派过程中妥善移位，避免菜肴掉落。

（三）餐位分菜标准

（1）服务员以左手托稳菜盘，右手持服务叉、勺，在客人身旁首先将菜肴在餐桌上为客人展示全貌。展示菜肴时服务员的身体应微微前倾，以便菜肴的展示位置保持在客人视线的下方。

（2）餐位分菜时，服务员必须按照女宾优先、主宾优先的原则，依顺时针方向服务。服务员侧身站在客人的左侧，距客人20厘米处，微弯腰以便菜盘尽量接近客人的骨碟。用服务叉、勺夹取适量的菜肴，将菜肴分放到客人面前的骨碟中央。

（3）在分菜过程中，服务叉、勺应该始终保持在骨碟或菜盘上方，特别是在分放好菜肴后，要特别防止菜汁滴洒在台面或客人衣服上。

（4）分好菜后，服务员应将右手持服务叉、勺，并始终保持在菜盘上方，直起腰退离客人，再开始为下一位客人分菜。

（5）服务员在为客人分菜时，要特别注意菜肴主、辅料的搭配，特别注意客人骨碟中菜肴的摆放形状和效果。

（6）服务员分配菜肴分量要均匀。全桌菜肴分配完毕时，盘中还应留有2/10的余量，以备客人要求续添。

（四）台面分菜标准

（1）将干净的骨碟按用餐人数的多少，均匀有序地围摆在餐台上，中心留出上菜的空位。

（2）分菜时，服务员站在翻译、陪同身旁。首先将菜肴向全桌客人展示，然后左手持长柄汤勺，右手持服务叉、勺为客人分菜。

（3）右手用服务叉、勺夹菜，左手用长柄汤勺接送菜肴，以防菜肴汤汁溅洒在台面上。对一些需汤汁调味的菜肴，服务员应特意为它淋洒些汤汁。

（4）菜肴全部分好后，菜盘中仍需留有少量菜肴，将服务叉、勺顺盘边摆好，以便客人续夹菜肴时用。长柄汤勺则摆放在公用餐盘中。

（5）服务员将分派好的菜按女士优先、主宾优先的原则服务。上菜时，服务员应从客人右侧，以右手送上，绝不可以站在一处同时为两侧客人上菜。

（五）服务台分菜标准

（1）将菜肴首先送至餐台，向客人展示菜肴全貌，并报清菜名，然后撤至服务台上。

（2）备好与用餐人数相等的骨碟，摆放均匀并中央留出摆菜盘的位置。用服务叉、勺将菜肴均匀地分派在骨碟中。菜肴分完后应留有适当地余量。

（3）服务员将分好的菜肴托至餐台旁，按女士优先、主宾优先的原则，从客人右侧，以右手送上。

十七、上汤菜服务规范

中餐宴会的汤有在吃热菜前上的，也有在吃过全部热菜后上的，但无论是先上还是后上，多采取分碗制的方法，即在上汤前将汤分盛在小汤碗内，垫上垫碟，调羹放在垫碟内，勺把朝右，用左手从客人右侧依次上。

十八、撤换餐具服务规范

撤换餐具是餐厅服务中最为频繁的技术动作，它的目的是为就餐客人提供一个良好的用餐环境。

餐厅服务要做到频繁而不干扰客人用餐，这就要求服务员必须认真执行规范的操作标准。

（一）要求

主动及时，礼貌服务，动作轻盈，规范有序，干净利落，方便客人。

（二）标准

（1）将准备好的干净骨碟在托盘中放好，按照先女宾后男宾、先主宾后主人的顺序依次服务。服务员左手托盘，侧身站在客人的右侧约30厘米处，用右手从客人的右侧将干净的骨碟并排放在原骨碟的左侧。

（2）送上干净的骨碟后，服务员按上碟时的顺序从客人右侧用右手将客人用过的骨碟撤下。撤拿用过的骨碟前，服务员首先要礼貌地征求客人的意见，是否允许撤换。得到允许后，方可用右手将用过的骨碟撤下，并放到左手的托盘中。

（3）将用过的骨碟撤下去后，服务员应将客人左侧干净的骨碟移至客人面前，移动干净的骨碟时，服务员的手一定要仅触及骨碟的边缘部位。

（4）撤拿骨碟时，服务员应站在客人的右侧，距客人约30厘米处。用过的骨碟不可从客人眼前或头顶上撤至托盘，必须是从客人餐位前平移到客人身侧，然后放入托盘。

十九、更换烟灰缸服务规范

随时注意保持用餐环境的整洁是餐厅服务员的基本职责。

（一）要求

服务员更换烟灰缸要及时，礼貌语言在先，动作轻巧，姿势端正，动作规范，操作卫生。

（二）标准

（1）烟灰缸内的杂物直接影响客人用餐时的环境气氛。因此，服务员应该及时地发现问题，一旦发现烟灰缸中的烟头超过2个，就要主动上前为客人更换干净的烟灰缸。

（2）更换烟灰缸应以不打扰客人交谈或用餐为基本原则。如果对客人有所妨碍，服务员应该礼貌致歉。

（3）更换烟灰缸时，服务员应侧身站在客人的身旁，与客人保持不少于40厘米的距离。

（4）服务员左手托稳托盘，右手拿起干净的烟灰缸轻轻扣盖在脏烟灰缸上方，再用右手捏握住两个烟灰缸，取回并放在左手的托盘上。

（5）拿起扣盖在上的干净烟灰缸，放回餐台上客人感觉方便的地方。

（6）更换烟灰缸时，左手托盘应该始终保持在客人身体的侧后方位置。更换烟灰缸的过程中一定要避免脏烟灰缸从客人面前直接通过。

二十、餐后水果服务规范

餐后水果服务是餐厅服务中的一件看似简单的工作，但它却能真正体现出餐厅服务工作细致入微的特点。餐后的水果是让客人在品尝了美酒佳肴后，借水果的清香，细细回味、享受、放松的时刻，这需要良好的环境和恰如其分的服务来烘托气氛。

（一）要求

服务员的动作要细腻、敏捷，操作要卫生，服务员的礼貌语言要及时。

（二）标准

（1）在送上水果之前，服务员首先要征得客人同意，在客人许可后认真清理餐台上的餐具。

（2）从客人的侧面先撤下骨碟，然后再收撤小件餐具，如筷子、调味碟等。

（3）仅保留客人面前的饮料杯和茶杯。

（4）站在客人的右侧，用右手将餐台上的杂物，轻轻扫在小盘中。切忌将杂物直接扫落在地面上。

（5）根据餐后水果的品种，按照需要为客人提供相应的餐具。摆放餐具时，从客人右侧摆好甜品盘，并将水果刀、叉分别摆放于甜品盘的两侧约1厘米处。刀在右，刀刃朝向餐碟；叉在左，叉尖朝上。

（6）从客人右侧将水果盘轻轻送至餐台中央，由客人随意选择。如果餐后水果仅一个品种，服务员则应主动地为客人分派水果。分派水果应根据女士优先、主宾优先的原则进行服务。

二十一、零点餐厅撤台操作规范

（1）客人离席后，服务员要先巡视一下餐桌四周是否有宾客遗留的物品，如发现要立即送交领导处理。

（2）拉开餐椅，圆桌正、副客人各三把，左、右客人可随意，方桌四边各一把。

（3）撤棉织品（香巾、口布）。

（4）撤餐具（菜盘、小布碟），要分类码放，不要洒落汤水和摔坏餐具，用托盘或餐车送到洗碗间。

（5）撤茶、酒具及其他物品（大水杯、葡萄杯、白酒杯），要分类摆开，以免相互碰撞，筷子头尾分开，筷子架、牙签筒、调料罐、烟缸分类摆放送到洗清间，用行业消毒标准进行洗刷，擦净以备再用。

（6）撤转台之前要擦干净，玻璃转台要明亮、无油迹。胶台布抖掉脏物后送到物品保管组，以旧换新。

（7）餐桌及时铺上干净台布，摆上餐、茶、酒具及其他用具，餐椅摆放整齐，准备迎接新的客人（等待）。

二十二、宴会餐厅撤台操作规范

（1）先巡视四周是否有宾客遗留的物品，若发现要立即送交领导处理。

（2）拉开餐椅，正、副客人各三把，左、右客人可随意。

（3）把棉织品（餐巾、香巾）10个一捆，送到物品保管组，以旧换新。

（4）撤餐具（菜盘、小布碟），分类码放，不要洒落汤水和摔坏餐具，用托盘或餐车送到洗碗间。银器撤后要及时清洗干净。

（5）撤茶、酒具及其他物品（大水杯、葡萄杯、白酒杯），要分类摆放，不能互相碰撞，以免破损，撤筷子要头尾分开，筷子架、牙签筒、调料罐、烟灰缸用托盘送到洗消间按照行业消毒标准进行洗涮，擦净以备再用。

（6）撤转台之前擦干净台面上的污迹，玻璃转台要明亮放回原处，脏台布要抖掉脏物，上交物品保管组，以旧换新。

（7）对于休息室，先巡视四周是否有宾客遗留的物品，若发现立即送交领导处理。

（8）用托盘把茶几上的脏茶碗及茶碟、烟灰缸送到消毒间，按照行业洗清标准进行洗清，擦干净以备再用。

（9）整理沙发、扶手，清理地毯。

（10）检查是否有未熄的烟头。

（11）对于工作台（接手桌），把自己所用的服务用具收拾干净，剩余的餐具也要送到洗碗间再次消毒，接手桌的抽屉要干净，不能留有其他杂物，铺上干净餐巾，以备再用。

（12）安全：在离开餐厅之前全面检查一遍灯、火、电及其他安全隐患，检查完毕，关灯、锁门。

二十三、客用洗手间卫生操作规范

（一）清洁大便池

（1）每次清洁时打开马桶盖，放清水冲去尿液和污物。

（2）用马桶刷和少许清洁剂刷便池内外和座盖，再冲洗干净。

（3）用毛巾擦干表面，再用消毒毛巾消毒，最后擦干四周地面。

（二）清洁小便池

（1）拣除池小便中的烟头、杂物，用清水冲一遍。

（2）用马桶刷和少许清洁剂擦池内外，再用清水冲洗干净。

（3）如有水锈、水迹，用酸性清洁剂刷掉，再放清水冲洗一遍。

（4）在小便池内放置除味的芳香球。

（三）清洁洗手池台面

（1）面盆清洗。用肥皂或清洁剂涂于面盆内外和方台表面，用毛刷洗刷干净，放清水冲洗后，用干毛巾擦干。

（2）不锈钢水龙头清洗。先用清洁剂洗擦，去除污迹、印记，再用清水擦洗，最后用毛巾擦干。

（3）镜面清洁。用毛巾擦拭，直到擦干净、明亮为止。若镜面上有污迹、印记，先用玻璃水从上到下擦拭，再用清水冲洗，最后擦干。

（四）清洁地面与墙面

（1）拣去地面废纸、杂物，倒入纸篓。
（2）用清水先擦地面，注意上下水道是否通畅。
（3）用干毛巾擦拭地面，去除水印。
（4）用湿毛巾擦墙面，去除污迹、水迹。

（五）清洁门窗

用毛巾擦拭门面、玻璃窗、空调风口，保持无灰尘、污迹、印记。

第六节 客户投诉处理规范

一、客户投诉的形式

客户投诉的形式主要以有下几种。
（1）口头投诉。
（2）书面投诉。
（3）电话投诉。
（4）网上投诉。
（5）媒体投诉，如向报纸、杂志、电台、电视台等媒体进行投诉。

二、客户投诉的内容与解决措施

（一）不能满足客人点菜要求时

（1）当客人依据菜单点菜时，遇到所点的菜或希望品尝的菜没有而遭到拒绝，或者换一道菜后（也是客人比较喜欢的菜），可服务员又说"对不起，此菜今日也没有供应"，客人就会非常懊恼。尽管服务员彬彬有礼，客人也会对服务产生不满。因此，餐厅须做到"凡是菜单上列出的、只要是客人需要的，都必须保证供应",这样才能使客人对餐厅的服务产生好感。

(2)为了保证供应菜单上的所有菜式,必须在管理上突出菜单的地位,使各项业务如销售预测、原料采购、厨房生产、仓库储存量控制、厨房与餐厅协调等都以菜单为纲进行运转。

(3)在营业时间临近结束或某种所需原料"断档"时,此类事件则难免要发生。这时厨房应尽早知会餐厅,以便在客人点菜前告知,并请客人原谅,取得客人的谅解。若客人对于某菜不能提供而感到遗憾时,可让餐厅经理出面,向客人致歉,并向客人推荐价格、菜质相似的其他替代菜肴。

(二)客人对菜肴质量不满时

1.重新加工

若客人提出的菜肴有质量问题,可以通过重新加工得以解决。比如,口味偏淡、成熟度不够等,服务员应对客人说:"请稍候,我让厨房再给您加工一下。"然后向餐厅领班汇报,经餐厅领班同意后撤至厨房进行再加工,并保证在10分钟内加工完毕,重新上桌。

2.换菜

若客人对菜肴原料的变质或对烹饪的严重失误提出质疑,服务员应向餐厅经理汇报,由经理出面表示关注与致歉,并应维护餐厅形象。经理应对客人说:"十分抱歉,这是我们的失误,以后不会发生了。我立即让厨房给您换菜,一定会让您满意。"并保证在15分钟内换上新菜。指示服务员给客人加菜,以示慰问。

3.价格折扣

若客人在结账时提出菜肴有质量问题,又属实际情况时,加上客人是老主顾,可由餐厅经理决定给予菜价一定折扣,以九折或九五折为妥。

(三)汤汁菜汁洒在宾客身上

(1)若服务员操作不小心将汤汁、菜汁洒在客人身上时,由餐厅领班出面,诚恳地向客人表示歉意,并由服务员及时用干净的毛巾为客人擦拭衣服,动作轻重适宜。根据客人的态度和衣服被弄脏的程度,由餐厅领班主动向客人提出为客人免费洗涤的建议,洗涤后的衣服要及时送给客人并再次道歉。若衣服弄脏的程度较轻,经擦拭后已基本干净,餐厅领班应为客人免费提供一些饮料或食品,以示歉意。在处理此类事件时,餐厅领班人员不应当着客人的面批评和指责服务员,内部问题放在事后处理。

(2)用餐途中若客人出于粗心,将衣服上洒了汤汁、菜汁,看桌服务员应迅速到场,主动为客人擦拭,同时要安慰客人;若汤汁、菜汁洒在客人的菜台或台布上,服务员要迅速清理,用餐巾垫在台布上,并请客人继续用餐,不能不闻不问。

（四）服务员对客人不礼貌

1. 避免在前

餐饮部服务员须经过严格的职业道德和服务标准培训，在观念上树立"客人永远是对的"意识，绝不可对客人不礼貌。

2. 让服务员回避

一旦发生服务员与客人争吵，餐厅部经理应立即出面，首先指示服务员离开服务现场，然后以经理身份向客人道歉，认真倾听客人的投诉，主动替服务员向客人认错，最后表示一定会认真对该服务员进行教育和处理。

3. 替换服务员

对于屡次在服务现场与客人发生争执或对客人不礼貌引起客人不满的服务员，必须将其撤离岗位，由能胜任对客服务工作的、素质良好的服务员担当。

（五）其他客人投诉情况及处理规范

（1）餐厅坐满了客人，值台服务员忙不过来，又无人帮忙。应保持镇定，先给客人菜单及冰水或茶水，尽量及时地错开为两桌或三桌客人同时服务，迎宾员此时也应主动协助点菜及开票打单，不能让客人产生不受重视的不良感受。

（2）由于突然增加了许多客人，厨房烹调食品的速度跟不上。倒茶水给客人，提供更多的饮料，告诉客人菜还未好，不要使客人觉得他（她）的菜被遗忘了。

（3）儿童吵闹。设法使儿童高兴，令其喜欢。但尽量不要抱客人小孩及带其远离其父母周围。

（4）食品做得不符合客人要求。上菜后注意客人3～5分钟，看客人是否满意，如客人有意见应及时解决。

（5）客人说食品熟的程度不够或凉了，应说："我给您拿回厨房继续做好或加热"，并迅速送至厨房。

（6）食品做得过老而不能弥补时。应向客人道歉，马上重新做一份或建议客人另点其他菜肴，并说明会很快做好。

（7）客人因不满而说"不会再来"时，请餐厅领班处理，并给客人的消费予以优惠。

（8）服务员忘记将点菜单送进厨房，发现时客人已等了很长时间，马上将点菜单送至厨房，请餐厅部经理向厨房主管或厨师长请求协助，立即为客人做菜，同时向客人道歉，可免费提供客人一杯咖啡，必要时还可提供一些饮料。

（9）客人因急于赶飞机或火车，希望快点进餐。要耐心安抚客人，并主动为客人介绍一些方便快餐。主动去厨房商量，请其及时、迅速地为客人做好餐点，使客人不至于因焦急而产生不快。

（10）有些客人在心情不愉快时，会特别烦燥，但又不愿被服务员发现。对待这种客人，一定要谨慎小心，尽量由熟练的服务员接待，方法是主动送饮料，热情介绍菜品，用细致的服务去投其所好，取得较好的效果。

三、客户投诉的处理

（一）客户投诉处理的原则

1. 态度

正确贯彻国家、旅游局和饮食行业关于投诉的暂行规定，正确对待客人投诉。对客人投诉要高度重视，服务员要保持冷静，任何情况下都必须认真听取客人意见。

2. 方式

（1）不与客人争辩，向客人表示歉意，表示愿意为客人服务，让客人感到你对他的关注，让客人充分相信你。

（2）通过了解情况，迅速掌握事实；询问客人的要求，迅速谋求补救措施。

（3）自己解决不了的投诉，应立即报告上级，同时使客人感到高管对他的意见是重视的，需要时，主管领导出面为客人解决问题。

（4）与有关部门协调，共同解决客人投诉，必要使用其他形式补救，或赔偿其损失的部分，保全餐厅的声誉。

3. 记录工作

（1）对每一次投诉都要做好记录，内容包括投诉事项、时间、地点、接洽人、处理办法、处理人、处理结果等。

（2）对投诉定期汇总，总结分析，总结经验教训。对严重影响公司声誉的人员进行教育或做行政处理，并在今后工作中加以改进，杜绝事故再次发生。

4. 不要在现场处理

发生客户现场投诉的事件时，最好不要在现场处理，以免影响周围顾客的正常进餐。餐厅服务员与领班应礼貌地将投诉客户请到办公室，妥善处理客户的投诉事宜。

5. 逐级汇报

发生客户投诉事件时，应遵循逐级汇报原则，即服务员及时上报餐厅领班，餐厅领班根据具体的事件及时上报餐厅经理。

（二）客户投诉处理的机构

客户投诉处理的机构由餐厅经理、连锁店经理组成。

(三）客户投诉处理的流程

客户投诉处理的流程如下图所示。

客户投诉处理的流程

1. 受理投诉事件

接到客人投诉的个人与机构将投诉人申请递交至受理投诉机构。受理投诉机构根据有无受理投诉权进行受理。

对投诉受理立案情况进行登记，包括日期、编号、投诉人姓名、住址、投诉内容、对象等。

2. 核查事实，调查原因

受理投诉机构根据投诉申请人提供的资料进行事实的核查，调查事件发生的真正原因，包括对当事人调查、对餐厅领班调查、对在场者调查等。

3. 做出处理决定

根据经过核查的事实和原因，视事件的具体情况及补救的措施做出处理决定。如警告、记过、扣发奖金，严重者给予开除处分。

4. 结案

受理投诉机构根据投诉事件的具体情况及产生的影响采取相应的措施，如赔礼道歉、补偿经济损失、提供补偿服务等，并将处理的结果通知投诉客人。

5. 存档

将投诉的立案情况、调查情况、处理决定、补救措施等资料进行整理归档、备查。

第七节　特殊事宜处理规范

一、客人在进餐过程中损坏了餐具

客人不小心损坏了餐具，餐厅服务员首先应收拾干净破损的餐具，对客人的失误表示同情，不可指责批评客人，使客人难堪，并视具体情况，根据餐厅有关财产的规定决定是否需要赔偿。若是一般的消耗性物品，可告诉客人不需要赔偿；若是较为高档的餐具，需要赔偿，服务员应在合适的机会以合适的方式告诉客人，然后在结账时一并结算，要讲明具体赔偿金额，开出正式的现金收据。

二、客人与服务员发展私交

客人对某个服务员的服务表示满意而要与其合影留念、交换家庭地址、电话等。遇到这样的问题时应该做到以下几点。

（1）同意留影。一般只要客人是善意的，同时又不影响服务工作时，应欣然同意与客人留影。

（2）不留家庭地址。尤其是不了解客人的底细及用意的情况下，不可轻易将住址告诉客人。

（3）工作以外的时间，由服务员自己定夺。

三、妥善处理醉酒客人

（1）不再添酒。发现有酒醉客人，应立即加以劝阻，并不再给客人添酒。

（2）泡茶水醒酒。若酒醉客人一时无法离开餐厅，须泡上一杯浓茶，并劝客人喝茶醒酒。

（3）预防客人呕吐。见客人有呕吐倾向，应立即指明洗手间方向，并请共餐的客人搀扶其离开餐厅。

（4）记忆经常来餐厅用餐并饮酒过量的客人，以便出现醉酒倾向时尽早劝阻。

四、客人用餐后私拿餐具

当发现客人用餐后私拿餐具后，应按以下方式处理。

（一）委婉地提醒客人

发现客人拿走餐具，不可产生轻视心态，仍应礼貌地向前说："对不起，您误拿了餐厅的餐具，是吗？"若客人立即归还，应说谢谢。

（二）说明制度

若客人在经提醒后仍然不拿出餐具，服务员应心平气和地向客人解释，说："根据我们餐厅规定，客人不能把餐具带出餐厅的，或者请您按价购买，可以吗？"

（三）留作纪念品

如果客人需要作为纪念品，一般应视其原由汇报经理，经理允许将此餐具送给客人，并作为销售公关的开支后，方可将此餐具洗净、包装，慎重地送给客人；经理不同意时，按前方法处理。

（四）准备纪念品

欧洲和美国客人如喜欢中国筷子，餐厅可准备一些，赠送客人。

五、客人在营业时间过后的用餐要求

当遇到客人在营业时间过后提出用餐要求，应按以下方式处理。

（1）解释。尽管营业时间已结束，对于来餐厅用餐的客人，从态度上仍应表示欢迎。但要向客人解释，餐厅的营业时间已过，厨房生产也已停止，无法提供服务，请客人谅解。

（2）尽力满足。客人执意用餐，服务员应请客人稍候，进入厨房与厨师商量，尽量提供一些简易菜肴，满足来客用餐要求。若仍不行，需再次向客人解释，请客人谅解。

（3）如属无理取闹的，应及时报告餐厅部经理妥善处理。

六、宴会中原定菜肴不够

当遇到宴会中原定菜肴不够时的处理方法如下图所示。

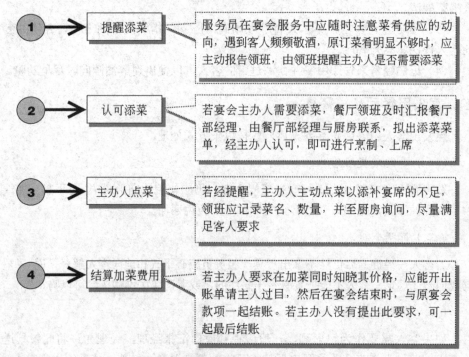

当遇到宴会中原定菜肴不够时的处理方法

七、客人自带酒水

客人自带酒水的情况下应按以下方式处理。

（1）说明规定。一般情况不允许自带酒水，如需自带，需经公关销售部或餐厅部经理允许方可自带。

（2）酒水折扣。若客人是老顾客或酒席规模较大等情况，可以在酒水中打些折扣，以示优惠。

八、预订取消或减少

当预订取消或减少时，应按下图所示情况处理。

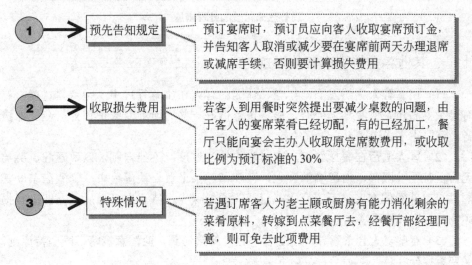

预订取消或减少时的处理措施

九、客人电话预订（散客预订）

（1）派人支付定金。若客人在电话中已基本确定标准日期及要求，应提出请本人或委派他人在前一天来餐厅支付预定金，并进行确认。

（2）若是老客户，可以根据其信誉免收订金，但必须强调自动取消日期或时间，到时自动取消留台。

十、用餐后未付款

对于用餐后未付款的客人，应按下图所示方法来处理。

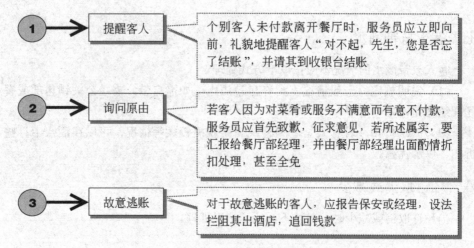

用餐后未付款的处理措施

十一、其他各类特殊事宜处理规范

（1）用餐客人突然发病。年老、体弱的客人在旅游行程中，因劳累过度，有时会突然昏倒在餐桌边，此时，服务员除做好一些力所能及的护理外，应立即报告，请医生来或送客人去医院急救。

（2）客人酒后在餐厅肇事。有时客人饮酒过度，不能自制，以致呕吐、哭笑无常，甚至斗殴等。对醉酒的客人，可在其额头上盖一块湿毛巾，倒醒酒茶助其醒酒。对斗殴的客人，不应介入，应及时通知保安，待事态平息后，立即清点损坏物品，责成肇事者如数赔偿。

（3）有些客人会蓄意寻衅，出言不逊。如果遇到，应注意策略，既坚持原则，又要掌握分寸。

第八节　餐厅质量管理标准

一、餐厅环境质量标准

（一）门前环境

各餐厅门前整齐、美观。过道、门窗、玻璃清洁卫生，餐厅名称、标志牌安装与摆放端庄，位置适当，设计美观，中英文对照、字迹清楚。适当位置有候餐等候座椅。高档餐厅、宴会厅门口有客人衣帽寄存处和休息室。进门处有屏风、盆栽盆景，设计美观、大方、舒适，整个门前环境幽雅，赏心悦目，客人有舒适感。

（二）室内环境

各餐厅室内环境与餐厅类型、菜品风味和餐厅等级规格相适应，装饰效果独具风格，能够体现餐厅特点，具有民族风格和地方特色。天花板、地面、墙面与家具设备的材料选择和装饰效果相适应。整体布局协调美观，餐桌坐椅摆放整齐，各服务区域分区布置合理，花草盆景、字画条幅装饰相得益彰。用餐环境舒适典雅、餐厅气氛和谐宜人。整个室内环境与饮食文化相结合，各具特色。

（三）微小气候

各餐厅空气新鲜、气候宜人。冬季温度不低于18摄氏度，夏季温度不高于24摄氏度，用餐高峰客人较多时不超过26摄氏度，相对湿度为40%～60%。风速为0.1～0.4米/秒，一氧化碳含量不超过5毫克/立方米，二氧化碳含量不超过0.1%。可吸入颗粒物不超过0.1微米/立方米。新风量不低于200立方米/（人·小时），用餐高峰期不低于180立方米/（人·小时）。细菌总数不超过3000个/立方米，自然采光照度不低于100勒克斯，各服务区域的灯光照度不低于50勒克斯。电源灯光可自由调节。餐厅噪声不超过50分贝。

二、餐厅用品配备标准

（一）餐茶用品

各餐厅餐具、茶具、酒具配备与餐厅等级规格、业务性质和接待对象相适应。瓷器、银器、不锈钢和玻璃制品等不同类型的餐茶用具齐全，种类、型号统一。其数量以餐桌和座位数为基础，一般餐厅不少于3套，高档餐厅和宴会厅不少于4套，能够适应洗涤、周转需要。有缺口、缺边、破损的餐具应及时更换，不能上桌使用。新配餐具与原配餐具在型号、规格、质地、花纹上基本保持一致，成套更换时方可更新。各种餐具由专人保管，摆放整齐，取用方便。

（二）服务用品

各餐厅台布、口布、餐巾纸、开瓶器、打火机、五味架、托盘、茶壶、围裙等各种服务用品配备齐全。数量充足、配套，分类存放，摆放整齐，专人负责，管理制度健全，供应及时、领用方便。

（三）客用消耗品

餐厅需要的酒精、固体燃料、鲜花、调味品、蜡烛、灯具、牙签等各种客人用餐使用的消耗物品按需配备，数量适当，专人保管，摆放整齐，领用方便。开餐时根据客人需要供应及时，无因配备不全或供应不及时而影响客人需要的现象发生。

(四)清洁用品

餐厅清洁剂、除尘毛巾、擦手毛巾、餐茶具洗涤用品等各种清洁用品配备齐全,分类存放,专人管理,领用方便,需要专用的各类清洁用品无混用、挪用现象发生。无因专用洗涤剂使用不当,造成银器、铜器、不锈钢餐具、茶具、酒具出现污痕、褪色、斑点无法洗涤等现象发生。有毒清洁用品由专人保管,用后收回,无毒气扩散或污染空气现象发生。

三、餐厅设备质量及日常保养标准

(一)门面与窗户

餐厅门面宽大,选用耐磨、防裂、抗震、耐用的玻璃门,或用醇酸瓷漆、环氧树脂或原木制作,装饰美观大方、舒适典雅。门前左侧配中英文对照标志牌,设计美观、大方。标志牌上餐厅名称、经营风味、营业时间等内容书写整齐、美观。

门:安全、有效、无破损、无灰尘、无污迹。

门头、门板:完好无损,无破损、无灰尘、无污迹。

门锁:完好有效,无破损、无灰尘、无污迹。

门把手:完好,色泽光亮,无破损、无灰尘、无污迹。

餐厅窗帘宽大舒适、光洁明亮,自然采光充足良好,有经过化学处理或本身具有阻燃性质的装饰窗帘或幕帘。门窗无缝隙,遮阳保温效果良好,开启方便自如,无杂音和噪声。

窗户:窗台、窗框、窗钩、窗把手完好、有效,无破损、无灰尘、无污迹。

(二)墙面与地面

餐厅墙面满贴高级墙纸或选用耐磨、耐用、防刮损的装饰材料,易于整新与保洁。墙面配有大型或中型壁画装饰,安装位置合理、紧固、美观,尺寸与装饰效果同餐厅等级规格相适应。

墙壁:完好,无破损、无灰尘、无污迹。

地面选用大理石、木质地板、水磨石或地毯装饰,装饰材料与酒店星级标准相适应,防滑防污。地毯铺设平整,图案、色彩简洁明快,柔软耐磨,有舒适感。

地面:完好,无油污、无灰尘、无污迹,不打滑。

(三)天花板与照明

天花板选用耐用、防污、反光、吸音材料,安装紧固,装饰美观大方,无开裂起皮、脱落、水印等现象发生。

天花板：应无裂缝、无水泡、无塌陷、无水迹。

餐厅宫灯、顶灯、壁灯选择与安装位置合理，灯具造型美观高雅，具有突出餐厅风格的装饰效果。各服务区域灯光光源充足，照度不低于50勒克斯，适合客人阅读菜单和看报需要。灯光最好可自由调节，能够形成不同的用餐气氛。

灯具：完好、有效、无灰尘、无污迹。

（四）冷暖与安全设备

采用中央空调或分离式大空调箱，安装位置合理，表面光洁，风口美观，开启自如，性能良好。室温可随意调节。噪声低于40分贝。餐厅暖气设备隐蔽，暖气罩美观舒适，室内通风良好，空气新鲜，换气量不低于30立方米/（人·小时）。餐厅顶壁设有烟感器、自动喷淋灭火装置、紧急出口及灯光显示。安全设施与器材健全，始终处于正常状态，符合酒店安全消防标准，使客人有安全感。

（五）通信与电器设备

餐厅配有程控电话，能够适应客人订餐、订坐和工作需要。有紧急呼叫系统、音响系统和备用电话插座。各系统线路畅通，音响、呼叫声音清楚，无杂音，使用方便。

（六）工作台与收款设备

餐厅适当位置设接待台、工作台、收款台，台型美观大方。收款机、信用卡压卡机、订餐簿、办公用品齐全，摆放整齐，备用餐具或展品分类存放或展示，形象美观舒适。

（七）餐桌椅

餐厅餐桌椅数量齐全，样式、高度、造型与餐厅性质和接待对象相适应。桌椅配套，备有儿童坐椅。各餐厅餐桌椅摆放整齐、美观舒适。空间构图采用规则形、厢坐形、中心图案形或其他造型，根据需要确定。桌椅之间通道宽敞，布局合理，线路清晰，便于客人用餐进出和服务员上菜需要。

（八）配套设备与装置

高档餐厅配不小于20英寸（1英寸＝2.54厘米）电视、钢琴及演奏台、衣架、盆栽盆景。进门处设屏风。各种配套设备与装置设计美观，安装位置合理，与餐厅整体装饰协调。小单间有自动闭门器，厨房和餐厅之间有隔离防油烟装置。

（九）客用卫生间

餐厅附近设有公共卫生间和洗手间，设施齐全，性能良好，专人负责清洁卫生和为客人服务。始终保持清洁，无异味，无蚊蝇，使客人有舒适感。

（十）设备配套与完好程度

各餐厅各种设施设备配套，同一餐厅、同一种类的设备在造型、规格、型号、色彩、质地上保持风格统一，整体布局美观协调，空间构图典雅大方，环境气氛舒适宜人。各种设施设备维修制度、维修程序健全、具体，日常维护良好，损坏或发生故障维修及时，设备完好率趋于100%，不低于98%。

四、餐厅卫生质量标准

（一）日常卫生

餐厅卫生每餐打扫。天花板、墙面无蛛网、无灰尘，无印迹、水印、掉皮、脱皮现象。地面边角无餐巾纸、无杂物、无卫生死角。光洁地面每日拖光不少于3次。地毯地面每日吸尘不少于3次。整个地面清洁美观。门窗、玻璃无污点、无印迹，光洁明亮，餐桌台布、口布无油污、无脏迹，整洁干净。门厅、过道无脏物、无杂物，畅通无阻。盆栽盆景新鲜舒适，无烟头、无废纸，字画条幅整齐美观，表面无灰尘。配套卫生间专人负责日常卫生，清洁舒适、无异味。

（二）餐具用品卫生

各餐厅餐具、茶具、酒具每餐消毒。银器、铜器餐具按时擦拭，无污痕，表面无变色现象发生。瓷器、不锈钢餐具和玻璃制品表面光洁明亮，无油滑感。托盘、盖具每餐洗涤，台布、口布每餐换新，平整洁净。各种餐茶用具、用品日常保管良好，有防尘措施，始终保持清洁。

（三）员工卫生

各餐厅员工每半年体检1次，持健康证上岗。有传染性疾病者不得继续上岗。员工勤洗澡、勤洗头、勤理发、勤换内衣，身上无异味。岗位服装整洁、干净，发型大方，头发清洁、无头屑。岗前不饮酒、不吃异味食品。工作时间不吸烟、不嚼口香糖。不在食品服务区域梳理头发、修剪指甲，不面对食品咳嗽或打喷嚏。女服务员不留披肩长发，不戴戒指、手镯、耳环及不合要求的发夹上岗，不留长指甲和涂指甲油，不化浓妆，不喷过浓气味的香水。男服务员不留长发、大鬓角。个人卫生做到整洁、端庄、大方。

（四）操作卫生

各餐厅服务员把好饭菜卫生质量关。每餐工作前洗手消毒，装盘、取菜、传送食品使用托盘、盖具。不用手拿取食品。拿取面包、甜品用托盘、夹子，拿取冰块用冰铲。保证食品卫生安全，防止二次污染。服务过程中禁止挠头、用手捂口咳嗽、打喷嚏。餐厅内食品展示柜清洁美观，展示的食品新鲜。服务操作过程中始终保持良好的卫生习惯。

（五）客用洗手间卫生

客用洗手间是直接接待客人的岗位，要求清洁人员能为客人提供良好的卫生环境和高效的优质服务。客用洗手间的卫生要求如下。

（1）台面、镜面、地面无水珠。

（2）地面、墙壁无灰尘、无污迹。

（3）小便池无水迹污垢、无杂物。

（4）洗手台无污迹、无头发、无杂物。

（5）门窗、光亮、无灰尘。

（6）不锈钢设备光亮，不发黑。

（7）碱油盒无污迹、无头发，不漏碱油。

（8）坐便器不积杂物。

（9）无臭味，通风，空气质量好。

（10）各设备完好无损。

第七章
连锁餐饮企业人力资源管理

引言

连锁餐饮经营企业因经营单位过于分散,大的挑战就是如何对其进行有效的实时管控。如果过于分权,可能造成经营单元自由权过大而导致失控;而过于集权,也可能造成经营单位自由度过小而消极怠工的局面。因而,对人力资源管理与掌控则尤显重要。

第一节 连锁餐饮企业招聘管理

为满足公司持续、快速发展的需要，餐饮企业必须规范人员招聘流程和健全人才选用机制。

一、招聘职责

（一）人力资源部职责

（1）制定公司中长期人力资源规划。
（2）制定、完善公司招聘管理制度，规范招聘流程。
（3）核定公司年度人力需求，确定人员编制，制订年度招聘计划。
（4）组织分析公司人员职位职责及任职资格，制定并完善职位说明书。
（5）决定获取候选人的形式和渠道。
（6）设计人员选拔测评方法，并指导用人部门使用这些方法。
（7）主持实施人员选拔测评，并为用人部门提供录用建议。
（8）定期进行市场薪酬水平调研，核定招聘职位薪酬待遇标准。
（9）提供各类招聘数据统计及分析。

（二）用人部门或门店的职责

（1）编制部门年度人力需求计划，提出正式人力需求申请。
（2）做好本部门职位职责和任职资格的分析，协助人力资源部制定并完善职位说明书。
（3）对候选人专业技术水平进行测评。

二、招聘组织

（一）招聘组织管理

一般人才招聘工作由人力资源部负责拟定招聘计划并组织实施，人员需求部门参与招聘测评的技术设计和部分实施工作。高级人才的招聘由总经理直接领导（特殊情况可授权他人负责），人力资源部负责协助。

（二）招聘流程

招聘流程分为如下工作环节：提出人员需求、拟定招聘计划、发布招聘公告、人员筛选录用、招聘工作评估。

（三）人力资源需求计划

（1）各部门、门店根据本年度工作发展状况和公司下一年度的整体业务计划，拟定年度人力资源需求计划，于每年年底报人力资源部。

（2）制订人力资源需求计划的基本依据：未来组织结构的预测、人员供求关系、现有人员的调配培训等。

（3）人员需求预测要综合考虑公司战略、可能获得的人才资源、竞争对手的人才政策、管理变革可能导致的公司规模变化、员工流动等因素造成的人力资源需求的变动。

（4）人员供给预测要综合考虑内部人才和外部人才供给情况。人力资源部建立内部人才库，信息包括每位员工的绩效记录及评价、职业兴趣、教育背景、工作经验、培训课程、外语水平、具备的技能和证书等。进行内部人才供给预测时要调用内部人才库，判断内部人员是否与所需工作相匹配。在内部供给无法满足需求的情况下进行外部供给预测，外部供给预测要根据总体经济状况、全国和地方劳动力市场状况、行业劳动力市场状况和拟招聘职位的市场状况进行判断。

（5）人力资源部在人力资源需求与供给预测的基础上，制订出年度的人力资源需求计划。

各部门对于因人员调动或其他原因造成人员短缺的临时需求，在确认内部调配难以满足情况下，可以由部门主管提前一个月申报人力需求，填写"人力资源需求申请表（增员）"或"人力资源需求申请表（补员）"。

"人力资源需求申请表（增员）"适用范围：增设职位、原职位增加员工数量、储备人才。"人力资源需求申请表（补员）"适用范围：员工离职补充、调动补充。

_____ 部门年度人力需求计划表

职位名称	主要职责	现有人数	新增编人数	计划减员人数	储备人数	拟招聘人数	拟到岗日期	任职资格要求

填制日期： 年 月

部门负责人： 主管总监： 总经办主任：

年度人力需求计划表

职位名称	主要职责	现有人数	新增编人数	计划减员人数	储备人数	拟招聘人数	拟到岗日期	任职资格要求
招聘计划安排	时间	工作内容						
招聘费用预算	项目	金额						
	合计金额							

填制日期： 年 月 　　总经办主任：　　　　　总经理审批：

人力资源需求申请表（增员）

编号：

申请职位	职位名称		需求人数		申请日期	
	所属部门		现有人数		期望到职日期	
	直接负责人		定员人数		可晋升职位	
	联系电话		工作地点		可相互转换职位	
申请理由	（1）增设职位： （2）原职位增加人力： （3）储备人力：					
工作内容及职责：						
任职要求	性别		年龄		专业		学历	
	1.经验及行业背景： 2.培训经历： 3.专业知识及技能： 4.性格特征：					

部门负责人：	主管总监：	总经办主任：	总经理：
年 月 日	年 月 日	年 月 日	年 月 日

实际录用和到位情况（由人力资源主管填写）

　　　　　　　　　　　　　　　　　　　　　签名：　　　　年 月 日

人力资源需求申请表（补员）

申请职位	职位名称		需求人数		申请日期	
	所属部门		现有人数		期望到职日期	
	直接负责人		定员人数		可晋升职位	
	联系电话		工作地点		可相互转换职位	
申请理由	（1）原职位离职：_____ （2）原职位调动：_____ （3）其他：_____					
申请人意见	签字：　　　　　　　　　　　　　　　年　月　日					
部门负责人： 　　　　　　　　　　　年　月　日			主管总监：　　　　　　　　　　年　月　日			总经办主任：　　　　　　年　月　日
备注	（1）适用于员工异动补充 （2）如申请职位的职位描述、任职资格及薪酬等项目有调整，请在申请意见中注明					
实际录用和到位情况（由人力资源主管填写） 　　　　　　　　　　　　　　　　　　　　签字：　　　　　　年　月　日							

编号：

（四）招聘需求审批权限表

招聘需求审批权限表如下表所示。

招聘需求审批权限表

需求职位性质	提出	审核	批准
增员	部门负责人	人力资源部经理	总经理
补员	直接主管	部门/门店负责人	人力资源部经理

（五）拟定招聘计划

招聘计划应包括招聘人数、招聘标准（年龄、性别、学历、工作经验、工作能力、个性品质等）、招聘经费预算、招聘具体行动计划等。

三、招聘形式

招聘形式分为内部招聘和外部招聘两种。招聘形式选择，要根据人才需求分析和招聘成本等因素来综合考虑。

（一）内部招聘

鉴于内部员工比较了解企业的情况，对企业的忠诚度较高，内部招聘可以改善人力资源的配置状况，提高员工的积极性，公司进行人才招聘通常会优先考虑内部招聘。

1. 招聘形式

在尊重员工和用人部门意见的前提下，采用推荐、竞聘等多种形式，为供求双方提供双向选择的机会。

2. 招聘流程

内部招聘的流程如下图所示。

第一步 内部招聘公告

人力资源部根据公司所需招聘岗位的名称及职级，组织用人部门编制工作说明书，并拟定内部招聘公告。公告发布的方式包括公司内部网通知、在公告栏发布等形式。内部招聘公告要尽可能传达到每一个正式员工

第二步 内部报名

所有正式员工在上级主管的许可下都有资格向人力资源部报名申请

第三步 甄选

人力资源部将参考申请人和空缺职位的相应上级主管意见，根据职务说明书进行初步甄选。对初步甄选合格者，人力资源部组织内部招聘评审小组进行内部评审，评审结果经总经理或总经理办公会批准后生效

第四步 录用

经评审合格的员工应在一周内做好工作移交，并到人力资源部办理调动手续，在规定的时间内到新部门报到

内部招聘的流程

内部招聘公告

编号：

公告日期：　　　　　　　　　　结束日期：

在_____部门中有一个全日制职位_____，职级为_____可申请。此职位对/不对外部候选人开放。

薪金支付水平：
　　最低：_____　　最高：_____

职责：
（参见所附职务说明书）

所要求的技术或能力：
（候选人必须具备此职位所要求的所有技术和能力，否则不予考虑）
1.在现在/过去的工作岗位上表现出良好的工作业绩，其中包括：
（1）有能力完整、准确地完成任务；
（2）能够及时地完成工作并能坚持到底；
（3）有同他人合作共事的良好能力；
（4）能进行有效的沟通；
（5）有较强的组织能力和领导能力（如果该职位是管理岗位）；
（6）掌握解决问题的方法；
（7）有积极的工作态度。
2.可优先考虑的技术和能力：
（这些技术和能力将使候选人更具有竞争力）

员工申请程序如下。
1.确保在_____时间前将填好的内部工作申请表连同截止到目前的履历表一同交至人力资源部_____。
2.对于所有的申请人，人力资源部和该空缺职位的上级将根据上述的资格要求进行初步筛选。
3.面试小组将对初选合格的申请人进行面试及必要的测试。
4.内部招聘结果将在_____时间前公布。

（二）外部招聘

在内部招聘难以满足公司人才需求时，可以考虑外部招聘。

1.招聘组织形式

外部招聘工作的组织以人力资源部为主，其他部门配合。必要时公司高层领导、相关部门参加。

2.招聘渠道

外部招聘要根据岗位和级别的不同采取有效的招聘渠道组合。外部招聘人员来源可来自内部职工引荐人员、职业介绍所和人才交流机构人员以及各类院校的毕业生。外部招聘的渠道如下图所示。

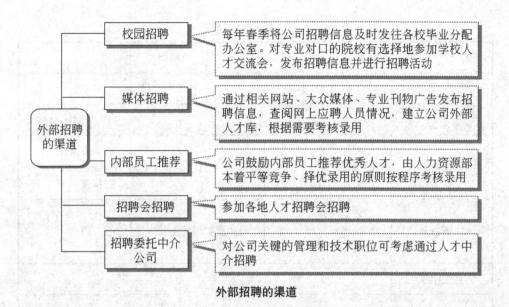

外部招聘的渠道

3. 甄选

（1）人力资源部负责建立涵盖测评方式、测评指标、测评内容及测评小组的人才测评体系，并负责在实际工作中不断加以丰富和完善。

（2）测评小组由招聘负责人、用人部门负责人组成，对于重要管理人员和技术人员的招聘，可邀请外部专家和公司高层领导参加，一般由3～5人组成，负责对候选人的测评。

（3）人力资源部和用人部门应根据拟招聘职位的任职资格要求进行测评。

（4）甄选包括初试和复试，具体要求如下图所示。

要求一 初试

初试包括笔试和面试。候选人参加由人力资源部拟订试题的素质测试，主要考核对方逻辑推理能力、思维能力、空间想象能力、观察力等。面试则主要了解对方求职动机、职业道德、家庭背景、学历背景、工作经历等基本信息。通过初试，人力资源部招聘负责人审查候选人是否具备该职位必备的素质条件及与企业文化的相融度，并在"应聘人员初试测评表"中填写人力资源部初试意见

要求二 复试

通过初试的候选人必须参加由用人部门主持的复试，复试形式主要有面试、笔试。通过复试，测评人主要考核其专业知识、专业能力、必备技能等，以审查是否能够胜任职位要求，并在"面试评价表"中填写用人部门意见

初试和复试的要求

应聘人员初试测评表

姓名		性别		年龄		应聘岗位	
学历			专业			户口所在地	
形　象							
仪表	□衣冠讲究 □整洁一般 □随便懒散			态度		□大方得体 □傲慢 □拘谨	
语言	□表达清晰 □尚可 □含糊不清			精神面貌与健康状况		□佳 □一般 □差	
直观印象							
能力							
语言表达能力							
沟通能力							
应变能力							
综合能力							
专业知识技能							
工作经验							
其他							
求职动机							
工作态度							
薪酬要求							
综合评价							
面试评语				主试人意见： □拟予聘任 □拟予复试 □不予考虑		面试人：	

面试评价表

评价人姓名：		职务：		面试时间：			
应聘人姓名：		性别：		年龄：		编号：	
应聘职位：			原单位：				

评价方向	评价要素	评价等级				
		1（差）	2（较差）	3（一般）	4（较好）	5（好）
个人基本素质评价	1. 仪容					
	2. 语言表达能力					
	3. 亲和力及感染力					
	4. 诚实度					
	5. 时间观念与纪律观念					
	6. 人格成熟程度（情绪稳定性、心理健康等）					
	7. 思维逻辑性，条理性					
	8. 应变能力					
	9. 判断分析能力					
	10. 自我认识能力					
相关的工作经验及专业知识	1. 工作经验					
	2. 掌握的专业知识					
	3. 学习能力					
	4. 工作创造能力					
	5. 所具备的专业知识、工作技能与招聘职位要求的吻合性					
录用适合性评价	1. 个人工作观念					
	2. 对企业的忠诚度					
	3. 个性特征与企业文化的相融性					
	4. 稳定性、发展潜力					
	5. 职位胜任能力					
总得分						
人才优势评估			人才劣势评估				
评价结果							
建议录用	安排再次面试		储备		不予录用		
	时间：						

4. 录用

（1）甄选结束后，测评小组成员就甄选情况进行综合讨论及评定，确定候选人最终排名，提出初步录用意见。

（2）人力资源部对拟录用人员做背景调查。

（3）应聘人员的"录用决定"按权限由领导签署后，人力资源部负责通知拟录用员工到指定医院进行指定项目的入职体检。

背景调查电话交流记录表

[应聘者姓名]已向我公司提交求职申请书，我代表××公司人力资源部想向您了解以下情况。

请您确认[应聘者]在贵公司的工作时间	从[日期]至[日期]
请问贵公司的规模/网站	
[应聘者]在贵公司任职期间的职位	
[应聘者]工作职责的简单描述	
[应聘者]的最终薪金水平	[金额]元/月 [金额]元/年
[应聘者]的品行如何？	
[应聘者]的工作表现是否令人满意？	
[应聘者]与同事、上司的关系如何？	
离职原因：	
非常感谢您与我交流。您是否还有其他情况要补充吗？	

记录人： 　　　　　　　　　　记录日期：

录用决定

应聘人姓名	
部门	
拟聘职位	
面试人	
薪资/福利情况（总经办填）	
入公司日期	
综合评估	签字：　　　　日期：
用人部门负责人意见	签字：　　　　日期：
总经办主任意见	签字：　　　　日期：
总经理意见	签字：　　　　日期：

录用通知书

×××：

　　我代表××有限公司很高兴地通知您，欢迎您加入我们公司总经办，任文秘职位。

一、报到请携带以下资料

1. 录用通知书。
2. 身份证原件及复印件一份。
3. 学历证明原件及复印件一份。
4. 资格等级证书原件及复印件一份。
5. 一寸免冠近照两张。
6. 体检报告单。
7. 与原单位离职证明或解除劳动合同证明。
8. 社会保险关系证明（养老、医疗、失业、工伤、生育保险等）。

二、您的职责与待遇

1. 试用期为2个月，根据工作表现可以提前，但不能短于2个月。
2. 工作时间：公司的工作时间为8:00～17:00。中午12:00～13:00为午餐及休息时间。
3. 试用期月薪为1000元。试用期满，经评估合格后，给予转正，公司将根据您的业绩、能力和表现，重新确定您的工资待遇。公司将在您的月工资中按劳动法规定代扣出您的个人所得税的个人缴纳部分及其他国家规定的有关保险等费用。
4. 档案调入公司后，可享受社会养老保险、医疗保险、失业保险、生育保险及住房公积金，公司将从工资中代扣个人应缴部分。
5. 您有义务对您的薪资内容保密，不得其告知第三方，一旦发现，视情节严重，做相应处分。
6. 聘用解除：试用期间，无论您还是公司都可以在任何时间、以任何理由解除聘用关系。

　　我们非常高兴您能加盟××有限公司，若有任何疑问，请随时向人力资源部提出。

员工签字：＿＿＿＿＿＿＿＿＿＿＿＿

日　　期：＿＿＿＿＿＿＿＿＿　　　　　　　人力资源部

（4）人力资源部根据拟录用员工体检结果，对体检合格者办理录用手续。对社会应聘人员发试用通知书，并到相应劳动部门办理劳动手续；对被录用的应届毕业生向其所在高校发接受函，签订就业协议书。同时，人力资源部将面试结果通知落选的应聘者。

（5）经批准录用人员须按公司规定的时间统一到人力资源部报到，办理入职手续。报到需提供材料：身份证原件及复印件一份、学历证明原件及复印件一份、资格等级证书原件及复印件一份、一寸免冠近照两张、体检报告单、与原单位离职证明或解除劳动合同证明。应聘人员必须保证向公司提供的资料真实无误，若发现虚报或伪造，公司有权将其辞退。

新员工入职手续清单

个人资料	姓名		年龄	
	性别		入公司时间	
	部门		职位	
	部门直接负责人		联系电话	

请在入职前确认下列项目。

序号	项目	经办部门	负责人	确认签字	日期
1	入职登记	总经办	木海卫		
2	签订合同	总经办	王丽萍		
3	制作胸卡	总经办	木海卫		
4	服装及劳动保护	总经办	王丽萍		
5	新员工入职培训安排及《员工手册》领取	总经办	王丽萍		
6	领取办公室门钥匙	总务部	王涛		
7	其他				

以下项目由部门完成。

序号	项目	负责人	确认签字	日期
1	参观部门			
2	介绍部门人员			
3	确认座位			
4	申请计算机、办公电话			
5	职位职责与工作说明			

我已办完入职手续，可开始在公司上班。

新员工签字：_____   时间：_____

5. 试用

根据劳动合同签订的期限，试用期可定为2～6个月。企业自用工之日起1个月内与员工订立书面劳动合同。试用期内试用员工提前3日通知用人单位，可以解除劳动合同。试用人员在试用期内被证明不符合录用条件或工作中出现重大失误，公司可以解除劳动合同。

6. 转正

人力资源部应在试用期满一星期前向试用部门书面征询意见。试用部门不管是否同意继续使用，均须于收到人力资源部通知24小时内出具书面意见。由用人部门填写"试用员工转正审批表"，由本人填写试用期间工作小结，由用人部门和人力资源部填写考核意见，经总经理批准后，人力资源部发放转正通知，试用人员转为正式员工。

试用员工转正审批表

姓名		部门		职务	
学历		毕业院校及时间		专业	
试用期		年 月 日～ 年 月 日			
见习/试用期工作小结（本人填写）					
申请人			日期		
考评内容（主管填写）					
考评内容	评估要点	分数/分	自评	领导评分	
工作业绩	及时、保质完成工作	10			
	高效开展工作	10			
	工作方法	10			
称职能力	良好的职业道德，品行端正	8			
	岗位专业知识拥有程度	8			
	实际工作经验以及解决岗位问题的能力	8			
	对本岗位职能与职责的认识程度	4			
	工作中能提出创新的见解和方法	3			
	善于学习，提高自身的知识水平和技能	5			
	务实与敬业精神，热爱本岗位工作	5			
	日常工作管理及自我管理	3			
	愿意与人协调、沟通，具有团队协作精神	5			

续表

考评内容	评估要点	分数/分	自评	领导评分
称职能力	工作计划与条理性，有项目目标意识	3		
	工作主动性与积极性	5		
	工作的服从与配合情况	5		
	遵守公司各项规章制度及出勤情况	5		
	对公司及企业文化的认识程度	3		
考核等级	□优秀　□良好　□合格　□较差		合计得分	
部门负责人简评	见习/试用期考核情况： 建议转正类别：□提前转正　转正日期＿＿＿年＿＿月＿＿日　□按期转正 □延长试用期，（　）个月　　□辞退			
部门经理意见		企管中心签署意见		
分子公司经理审批		总经理审批		

注：1. 此表适用于公司见习/试用期员工，考核由业绩考核及称职能力考核两部分组成，考核评估分为员工自评和直接上级评分，其中员工自评不计入得分，仅供参考。

2. 本表交企管中心备案。分子公司主管级以上人员需要企管中心签署意见。

3. 评分等级：90～100优秀，89～70良好，79～60合格，60分以下较差。

（三）高级人才招聘

为了满足公司对特殊人才的需求，公司建立人才特区，对高级人才采取特殊的招聘形式和管理方式。

1. 高级人才招聘渠道

高级人才招聘主要以特殊的外部招聘渠道，如人才中介、国外信息搜集渠道、国内研究机构和院校挖掘、同行业竞争对手处挖掘等渠道。

2. 高级人才面试形式

高级人才可以不经过人力资源部的初试和面试小组的复试，由人力资源部部长、总经理及资深专业人士直接进行面试，人力资源部在高级人才招聘流程中起到搜集及传递高级人才相关信息和初步筛选的作用。

3. 高级人才薪酬政策

对于高级人才，在招聘时可以采取谈判工资，并制定灵活的优秀人才雇佣合同。

四、招聘工作评估

人力资源部应对招聘流程的每个环节进行跟踪，以检查招聘效果。从职位空缺是否得到满足、雇用率是否符合招聘计划的设计来检查；从求职人员数量和实际雇用人数的比例等来分别衡量招聘质量。

招聘活动结束后，人力资源部应调查求职者及新员工对招聘组织工作的意见，测量新员工的工作业绩，研究每种招聘渠道的时间、成本和效果等评估招聘活动，作为招聘工作进一步改进的依据。

第二节 连锁餐饮企业培训管理

一、培训的机构和责任

（一）教育培训部

连锁总部教育培训部负责培训活动的计划和控制，包括培训需求分析、设立培训目标、建立培训档案等，具体职责如下：

（1）培训制度的拟定及修改；

（2）培训计划的拟定；

（3）向培训中心下达培训计划；

（4）建立餐饮企业连锁经营培训工作档案，包括培训时间、培训方式、培训师、受训对象、培训人数、培训内容、学习情况等；

（5）建立连锁店员工培训档案，将各连锁店员工接受培训的具体情况和培训结果详细记录备案，包括培训时间、培训地点、培训内容、培训目的、培训效果自我评价、培训者对受训者的培训评语等。

（二）培训中心

培训中心主要负责培训计划的执行与培训活动的具体实施。具体职责如下：

（1）培训实施方案的拟定；

（2）各项培训计划费用预算的拟定；

（3）各项培训课程的拟定；

（4）聘请培训师；

（5）培训课程的举办；

（6）部分培训教材的编撰与修改；

（7）培训实施情况的督导、追踪与考核；

（8）培训评估的组织；

（9）培训相关档案的整理与上报。

（三）各连锁店相关部室

负责协助总部教育培训部进行培训的实施、评价，同时也要组织内部的培训。具体职责如下：

（1）培训需求与计划的呈报；

（2）配合总部教育培训部组织相关培训的实施、评价与测验；

（3）专业培训规范制定及修改，培训师人选的推荐；

（4）连锁店内部专业培训课程的举办及成果汇报；

（5）专业培训教材的编撰与修改；

（6）受训员工完训后的督导与追踪，以确保培训成果。

二、培训的内容与类型

（一）培训内容

培训内容主要包括经营意识和理念的培训，岗位知识与技能的培训，管理制度和服务规范的培训，以及人员素质的培训，如下图所示。

内容一 经营意识和理念的培训

不断实施餐饮企业文化、价值观、经营理念的培训，建立起餐饮企业与连锁店员工之间的相互信任关系

内容二 岗位知识与技能的培训

不断实施在岗员工专业和相关专业的知识、岗位职责、操作规程及专业技能的培训，使员工具备完成本职工作所必需的基本知识，掌握、运用并不断提高岗位技能，并保证餐饮企业产品质量的标准化与稳定性

内容三 管理制度和服务规范的培训

不断实施餐饮企业内部管理制度及服务规范的培训，保证各连锁店在管理模式及服务标准上的规范性与一致性

内容四 人员素质的培训

不断实施心理学、人际关系学、社会学等方面的培训，满足员工自我实现的需要

培训内容

（二）培训类型

培训类型如下图所示。

类型一 连锁店开业前培训

该项培训是指总部为潜在加盟商提供的培训，主要是开业前对潜在加盟商进行的集中培训。该项培训主要为评估连锁经营加盟者的潜力而设。培训的内容可包括公司的企业文化与经营哲学，对餐厅经营的描述，有关连锁经营提供的产品与服务的实际操作经验等。该项培训可以设在公司总部进行

类型二 对托管特许外派人员的培训

该项培训主要是指连锁总部在向托管特许连锁店派驻人员之前对其进行托管模式、经营管理、专业技能、制度规范等方面的培训，使外派人员能够迅速有效地在连锁店开展工作，保障连锁店运营管理工作的顺利进行

类型三 连锁店经营过程中的培训

连锁店经营过程中的培训主要是指总部在连锁店运营的过程中对连锁店所有员工进行的培训，具体可分为初期开业培训、经营期间连续性培训和经营期间短期培训

类型四 初期开业现场培训

该项培训主要在连锁餐厅开业期间为其提供协助而设。培训的内容可以包括指导管理人员进行经营管理、岗位技能培训、管理制度与服务规范的宣灌、解决技术问题等

类型五 经营期间连续性培训

该项培训主要指在连锁店经营业务期间，连锁经营总部针对连锁店经营过程中产生的问题进行经营管理、岗位技能、管理制度等方面的培训

类型六 经营期间短期培训

该项培训是指连锁总部应根据市场、业务、技术的发展变化随时为连锁企业人员举办相应的短期培训，使连锁企业人员及时掌握新的技术，推动连锁经营业务的发展

培训类型

（三）培训师的类型

1. 外部培训师

外部培训师是指在某一领域内具有权威性或多年经验的专家学者，具有丰富的实践经验且表达能力良好的专业人士。外部培训师的聘请可由专业的顾问公司推荐或代聘，由培训中心邀请聘任，确定培训日期、内容、费用等后送交教育培训部及主管经理批准。开课前七天前请培训师提供讲义草稿及打印要求，并在第

二天以电话确认。

2.内部培训师

内部培训师可由连锁体系各相关部门主管人员担任培训,内容以公司规定的技术标准、服务规范、制度规定、公司政策等为主。内部培训师的选拔可由主管经理推荐,由培训中心确定培训日期、内容等后送交教育培训部及主管经理批准。开课前七天前请培训师提供讲义草稿及打印要求,并在第二天以电话确认。

三、连锁店开业前培训

开业前对潜在加盟商的培训流程如下图所示。

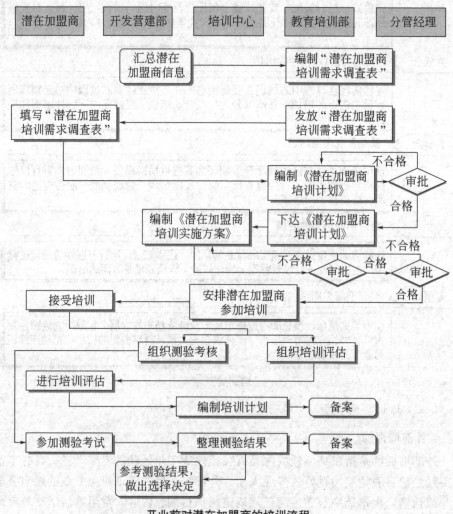

开业前对潜在加盟商的培训流程

(一)培训的计划

(1)教育培训部根据加盟开发部提供的潜在加盟商信息发放"潜在加盟商培训需求调查表",加盟开发部结合各潜在加盟商的实际情况汇总,组织潜在加盟商填写该表并报至教育培训部。

(2)教育培训部根据加盟开发部上报的"潜在加盟商培训需求调查表"制订潜在加盟商开业前集中培训计划并下达给培训中心,培训中心根据培训计划制定实施方案,具体包括组织培训的部门及负责人、培训的目标和内容、培训的对象、培训师、培训的形式和方法;制定培训计划表、培训经费的预算等。

(3)经教育培训部及公司主管领导同意和批准后,以餐饮企业连锁总部文件的形式下发到相关部门。

潜在加盟商培训需求调查表

日期:____年__日

姓名		性别	
学历		联系方式	
工作经历:			
培训理由:			
个人培训需求:			
培训项目	培训形式		培训时间
注:培训形式指教育授课、幻灯片演示、录像片演示、研讨会等			
其他:			

(二)培训的内容

开业前集中培训的内容主要如下表所示。

开业前集中培训的内容

培训内容	培训对象	具体内容
餐饮企业企业文化与经营理念	各潜在连锁加盟商	(1) 餐饮企业简史 (2) 餐饮企业章程 (3) 餐饮企业CI宣言,包括企业精神、企业宗旨、企业目标、经营方针、企业作风等 (4) 餐饮企业标识系统
餐饮企业连锁经营的管理模式	各潜在连锁加盟商	(1) 连锁经营描述 (2) 餐饮企业连锁经营模式,包括模式的设计原则、模式描述、模式结构图、股份公司的组织结构与部门职责等 (3) 餐饮企业连锁经营加盟商指南
相关法律与规定的培训	各潜在连锁加盟商	(1) 商标法 (2) 产品质量法 (3) 消费者权益保护法 (4) 广告法 (5) 反不正当竞争法 (6) 食品卫生法 (7) 特许经营管理条例等
餐饮业经营管理模式的培训	各连锁加盟商	(1) 餐饮业基本知识,包括餐饮服务的起源、商业性与非商业性的餐饮服务企业、餐饮服务设施的类型与餐饮服务业的未来等 (2) 餐饮企业的组织结构 (3) 餐饮业市场营销管理 (4) 餐饮服务经营中的营养问题 (5) 菜单管理 (6) 标准食品成本与定价策略 (7) 食品制作的准备,包括采购、验收、储存、发放等 (8) 食品制作管理 (9) 餐饮服务的管理 (10) 卫生与安全管理 (11) 硬件的设计、布局和设备管理 (12) 财务管理

(三)培训的实施

(1) 培训中心应依培训实施方案按期实施并负责该项培训的全盘事宜,如培训场地安排、教材分发、通知培训师及受训的潜在加盟商。

（2）各项培训课程实施时，参加培训的潜在加盟商应签到，培训中心对各潜在加盟商的出席状况进行备案，建立"潜在加盟商开业前集中培训记录"并上交教育培训部备案。

（3）各项培训结束时，根据情况举行测验或考核。测验或考核可由培训中心或培训师负责主持，测验或考核题目由培训师于开课前送交培训中心准备。培训测验或考核的结果将列入最终连锁加盟者的选择参考。

潜在加盟商开业前集中培训记录表

编号：

培训项目				
学时		培训教师		
培训时间	年　月　日			
培训地点			培训人数	
缺席人员名单				
学习内容				
考核方式	□理论考试	□绩效评估	□操作技能	□其他
评估结论			时间：	

培训签到表

（四）评估与反馈

（1）培训结束后，培训中心负责组织培训结束后的评估工作，以判断培训是否取得预期培训效果，并形成书面报告上报教育培训部备案。

（2）评估对象：包括培训师和培训组织者。

（3）评估形式：可以采取调查表的形式。每项培训结束时，培训中心应视实际需要组织受训的潜在加盟商填写"培训工作评价表"并汇总意见。

培训工作评价表

日期：____年____月____日

培训项目				
培训师		培训方式		
对培训师的评价	培训师敬业程度	□优 □好	□尚可	□劣
	讲授水平	□优 □好	□尚可	□劣
	讲授方式	□十分生动 □生动	□一般	□不生动
	联系实际	□密切联系	□有些联系	□无联系
	培训师对员工的要求	□非常严格	□严格	□不严格
对教材的评价	教材适用性	□适用	□基本适用	□不适用
	教材难度	□较难	□适中	□较简单
	教材逻辑性	□合理	□适中	□不合理
对培训组织者的评价	培训内容	□优 □好	□尚可	□劣
	培训方式	□优 □好	□尚可	□劣
	培训时间	□太长 □适合	□不足	
	培训设施	□优 □好	□尚可	□劣
	培训收获	□较大 □一般	□较少	□无
	建议：			

四、托管特许外派人员培训

托管特许外派人员培训流程如下图所示。

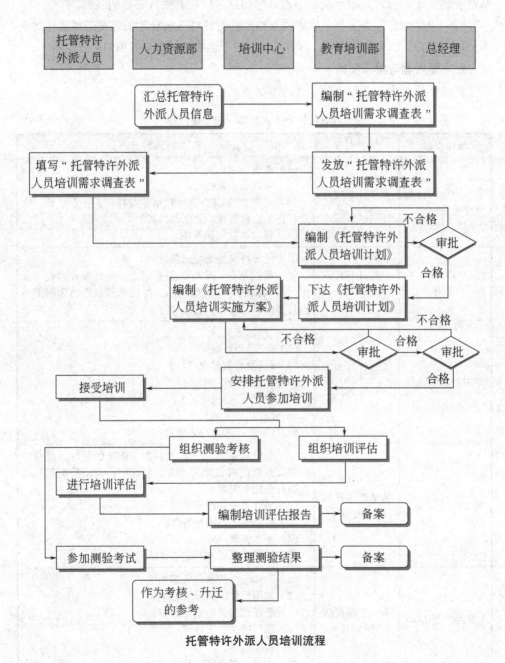

托管特许外派人员培训流程

1. 人员来源

（1）社会招聘人员　人力资源部根据招聘的相关规定和托管特许的业务情况从社会聘人才，办理入职手续后由教育培训部组织对其进行必要的培训。

（2）集团内部储备人员　集团内部根据托管特许业务开展的需要选拔储备相关人员，由人力资源部负责管理。教育培训部将根据实际情况对其组织必要的培训。

2. 主要内容与组织实施

托管特许外派人员培训的主要内容如下表所示。

托管特许外派人员培训的主要内容

培训内容	培训对象	具体内容
餐饮企业的企业文化与经营理念	全体托管特许外派人员	（1）本餐饮企业简史 （2）餐饮企业章程 （3）餐饮企业CI宣言（包括企业精神、企业宗旨、企业目标、经营方针、企业作风等） （4）餐饮企业标识系统
托管特许模式的培训	全体托管特许外派人员	（1）托管特许经营模式描述 （2）餐饮企业托管特许经营模式，包括模式的设计原则、模式描述、模式结构图、特许总部及连锁店组织结构与部门职责等
相关的法律法规	全体托管特许外派人员	（1）《商标法》 （2）《产品质量法》 （3）《消费者权益保护法》 （4）《广告法》 （5）《反不正当竞争法》 （6）《食品卫生法》 （7）《特许经营管理条例》等
餐厅的经营管理	备选的连锁店总经理	（1）餐饮业基本知识，包括餐饮服务的起源、商业性与非商业性的餐饮服务企业、餐饮服务设施的类型与餐饮服务业的未来等 （2）餐饮企业的组织结构 （3）餐饮业市场营销管理 （4）菜单管理 （5）标准食品成本与定价策略等
技术规范的培训	备选的连锁店厨师长	（1）厨师工作的各项规章制度 （2）常用餐厅工具及设备知识 （3）烹饪原料的鉴别与保存 （4）原料的初加工处理 （5）切配技术 （6）不同菜肴的制作技术

续表

培训内容	培训对象	具体内容
技术规范的培训	备选的连锁店厨师长	（7）菜品创新的方法与技术 （8）厨房菜品成本控制与核算 （9）安全生产知识及应急预案 （10）中华人民共和国食品卫生法与餐饮业食品卫生管理办法等
专业知识的培训	备选的连锁店财务管理人员、营销管理人员、餐厅经理等	（1）针对财务管理人员的培训内容可包括：《餐饮行业财务管理》《餐饮企业托管特许财务管理手册》等。针对营销管理人员的培训内容可包括：《餐饮业市场营销管理》《餐饮企业股份公司促销管理手册》等 （2）针对餐厅经理的培训内容可包括：《餐饮服务的管理》《餐饮企业连锁店服务手册》等

3. 托管特许外派人员培训的组织实施

（1）教育培训部根据人力资源部汇总的托管特许外派人员基本情况编制并发放"托管特许外派人员培训需求调查表"，人力资源部组织托管特许外派人员填写并报至教育培训部。

（2）教育培训部根据托管特许外派人员填报的"托管特许外派人员培训需求调查表"制订托管特许的培训计划并下达给培训中心，培训中心根据培训计划制定具体的培训实施方案，具体包括组织培训的部门负责人、培训的目标和内容、培训的对象、培训师、培训的形式和方法；制定培训计划表、培训经费的预算等。

（3）实施方案经教育培训部及公司主管领导同意和批准后组织实施。

（4）培训中心根据培训实施计划按期实施并负责该项培训的全盘事宜，如培训场地安排、教材分发、通知培训师及受训连锁店相关人员。

（5）各项培训课程实施时，参加培训的人员应签到，培训中心对员工上课、出席状况进行备案、考核，建立托管特许个人培训档案并上报教育培训部备案。

（6）培训结束后，由培训中心组织对培训师及培训组织者的评估工作，以判断培训是否取得预期培训效果，并形成书面报告，上报教育培训部备案。

（7）评估对象包括培训师和培训组织者。

4. 评估

评估可以采取调查表的形式，每项培训结束时，培训中心应视实际需要组织受训的托管特许人员填写"培训工作评价表"并汇总意见，上报教育培训部备案。人员的外派与储备结束托管后，特许培训的人员或者由人力资源部直接外派至连锁店工作，或者由人力资源部管理，作为未来外派人员的储备。

五、连锁店经营过程中培训

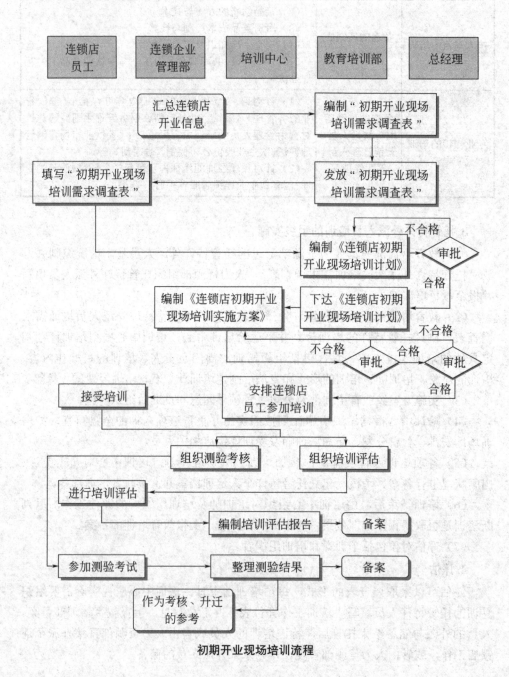

初期开业现场培训流程

(一)培训的计划

(1)教育培训部根据连锁企业管理部提供的连锁店开业信息发放"初期开业现场培训需求调查表",连锁企业管理部结合各连锁店的实际情况汇总,组织各连锁店员工填写该表并报至教育培训部。

(2)教育培训部根据连锁企业管理部上报的"初期开业现场培训需求调查表"制订连锁店初期开业现场培训计划并下达给培训中心,培训中心根据培训计划制定具体的培训实施方案,具体包括组织培训的部门负责人、培训的目标和内容、培训的对象、培训师、培训的形式和方法;制定培训计划表、培训经费的预算等。

(3)实施方案经教育培训部及公司主管领导同意和批准后,以餐饮企业连锁总部文件的形式下发到各相关部门与连锁店。

培训经费预算表

课程名称:　　　　　　　　　　　　　　　　____年____月____日

单位	参加人员	培训科目	时数	讲课费	总计	盖(签)章
财务管理部			教育培训部		分管经理	

(二)培训的内容

初期开业现场培训的内容主要如下表所示。

初期开业现场培训的内容

培训内容	培训对象	培训课程
连锁店经营管理理论与实务的培训	各连锁店的总经理、副总经理	(1)连锁店发展规划的制定 (2)部门与岗位的设置 (3)人力资源管理 (4)营销管理 (5)财务管理 (6)设备维护
前台、餐厅、后厨的营运管理等服务规范的培训	各连锁店餐厅服务人员	(1)餐饮服务的管理 (2)餐饮企业连锁店服务礼仪、流程、标准、规范 (3)处理投诉的技巧

续表

培训内容	培训对象	培训课程
技术规范的培训	各连锁店餐厅热菜厨师、冷荤厨师、面点厨师等技术人员	(1) 厨师工作的各项规章制度 (2) 常用餐厅工具及设备知识 (3) 烹饪原料的鉴别与保存 (4) 原料的初加工处理 (5) 切配技术 (6) 不同菜肴的制作技术 (7) 菜品创新的方法与技术 (8) 厨房菜品成本控制与核算 (9) 安全生产知识及应急预案 (10) 中华人民共和国食品卫生法与餐饮业食品卫生管理办法等
相关制度的培训	各连锁店全体员工	(1) 公司人事管理制度 (2) 公司行政管理制度 (3) 公司财务管理制度等

（三）培训的形式

服务、技术规范培训主要采取现场操作指导的形式，管理理论与实务及相关制度的培训可采取教室授课、幻灯片展示、研讨会的形式。

（四）培训的实施

（1）培训中心应依培训实施方案按期实施并负责该项培训的全盘事宜，如培训场地安排、教材分发、通知培训师及受训连锁店相关人员。

（2）各项培训课程实施时，参加培训人员应签到，培训中心对员工上课、出席状况进行备案、考核，建立连锁经营个人培训档案，并上报教育培训部备案。

（3）受训人员应准时出席，因故不能参加者应提前办理请假手续。

（4）各项培训结束时，根据情况举行测验或考核。测验或考核可由培训中心或培训师负责主持，测验或考核题目由培训师于开课前送交培训中心准备。各项培训测验或考核缺席者，事后一律补考，补考不列席者，一律以零分计算。培训测验或考核成绩成果报告，列入考核及升迁参考。每项培训结束后一周内，培训师应将员工的成绩评定出来，登记在"员工培训考核成绩表"，连同试卷送培训中心，培训中心经过整理汇总后上报教育培训部备案以完善连锁经营个人培训档案。

（5）培训中心也可要求受训人员写出《培训课程心得报告》，总结在思想、知识、技能上的进步，与培训成绩一起放进连锁经营个人培训档案并上报教育培训部备案。

（6）各连锁店应编制《初期开业现场培训实施结果报告》，经由连锁企业管理部转送教育培训部，以反馈该部门近阶段员工培训实施情况。

员工培训考核成绩表

日期：____年____月____日

员工姓名		培训方式	
培训项目			
考核项目	培训前		培训后
能力			
态度			
培训师评价：			
培训组织者评价：			

培训课程心得报告

姓名：_____ 单位：_____ 职务：_____ ____年____月____日

项目	心得内容
一	个人启示：
二	课程学习感想：
三	可马上应用于工作上的内容：
四	综合总结：
五	对本次课程建议：

员工培训记录表

部门：_____ 姓名：_____ 代号：_____

项次	培训前职位	培训名称	培训日期	培训时数	成绩	考核记录

部门：_____ 经办：_____ 年 月 日

（五）评估与反馈

培训结束后，培训中心负责组织培训结束后的评估工作，以判断培训是否取得预期培训效果，并形成书面报告上报教育培训部。

（1）评估对象　包括培训师和培训组织者。

（2）评估形式　可以采取调查表的形式。每项培训结束时，培训中心都应视实际需要组织受训员工填写"培训工作评价表"并汇总员工意见。

六、经营期间连续性培训

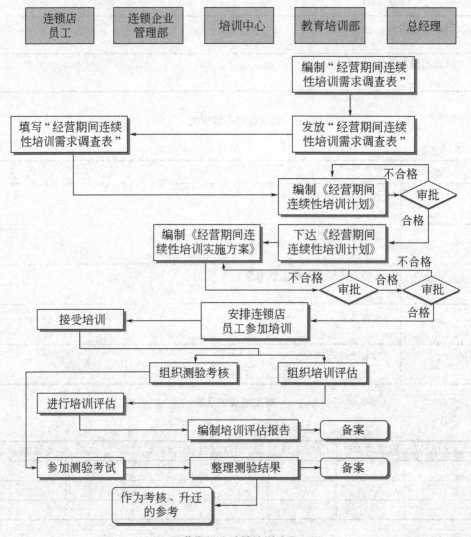

经营期间连续性培训流程

（一）培训的计划

（1）教育培训部每月向连锁企业管理部发放"连锁店经营期间连续性培训需求调查表"，连锁企业管理部结合正在运营的各连锁店的实际情况进行汇总，组织各连锁店员工填写该表并报至教育培训部。

（2）教育培训部根据连锁企业管理部上报的"连锁店经营期间连续性培训需求调查表"制订连锁店经营期间连续性培训计划并下达给培训中心，培训中心根据培训计划编制具体的培训实施方案，包括组织培训的部门负责人、培训的目标和内容、培训的对象、培训师、培训的形式和方法；制定培训计划表、培训经费的预算等。实施方案经教育培训部及公司主管领导同意和批准后，以餐饮企业连锁总部文件的形式下发到各相关部门与连锁店。

（二）培训的内容

连锁店经营期间连续性培训的内容如下表所示。

连锁店经营期间连续性培训的内容

培训内容	培训对象	培训课程
问题导向的连锁店经营管理理论与实务的培训	各连锁店总经理、副总经理	主要是根据连锁店在经营过程中出现的有关经营管理方面的问题进行培训，如连锁店发展规划的制定实施、部门与岗位的运行、在人力资源管理、营销管理、财务管理、设备维护及前台、餐厅、后厨的营运管理等方面产生的问题等
问题导向的服务规范的培训	各连锁店餐厅服务人员	主要是连锁店的服务人员在营业过程中遇到的问题的解决方法与技巧、注意事项
问题导向的技术规范的培训	各连锁店餐厅技术人员	连锁店的技术人员在营业过程中遇到的问题的解决方法与技巧、注意事项

（三）培训的形式

服务、技术规范培训主要采取现场操作指导的形式，管理理论与实务及相关制度的培训可采取教室授课、幻灯片展示、研讨会的形式。

（四）培训的实施

（1）培训中心应依培训实施计划按期实施并负责该项培训的全盘事宜，如培训场地安排、教材分发、通知培训师及受训连锁店相关人员。

（2）各项培训课程实施时，参加培训人员应签到，培训中心对员工上课、出席状况进行备案、考核，建立连锁经营个人培训档案并上报教育培训部备案。受训人员应准时出席，因故不能参加者应提前办理请假手续。

（3）各项培训结束时，根据情况举行测验或考核。测验或考核可由培训中心或培训师负责主持，测验或考核题目由培训师于开课前送交培训中心准备。各项培训测验或考核缺席者，事后一律补考，补考不列席者，一律以零分计算。培训测验或考核成绩成果报告，列入考核及升迁参考。

（4）每项培训结束后一周内，培训师应将员工的成绩评定出来，登记在"培训考核成绩表"中，连同试卷送培训中心，培训中心经过整理汇总后上报教育培训部备案以完善连锁经营个人培训档案。

（5）培训中心也可要求受训人员写出《培训课程心得报告》，总结在思想、知识、技能上的进步，与培训成绩一起放进连锁经营个人培训档案并上交教育培训部备案。

（6）各连锁店应编制《连锁店经营期间连续性培训实施结果报告》，经由连锁企业管理部转送教育培训部，以反馈该部门近阶段员工培训实施情况。

培训实施结果报告

部门			负责人		填表日期	
培训项目1	参加人数		培训日期		培训人	
	组训人		考核人			
	培训主题					
	完成情况					
	培训效果					
培训项目2	参加人数		培训日期		培训人	
	组训人		考核人			
	培训主题					
	完成情况					
	培训效果					
副总经理意见				人力资源部意见		
总经理意见						

（五）评估与反馈

培训结束后，培训中心负责组织培训结束后的评估工作，以判断培训是否取得预期培训效果，并形成书面报告上报教育培训部。

（1）评估对象 包括培训师和培训组织者。

（2）评估形式　可以采取调查表的形式。每项培训结束时，培训中心应视实际需要组织受训员工填写"培训工作评价表"并汇总员工意见。

七、经营期间短期培训

经营期间短期培训流程如下图所示。

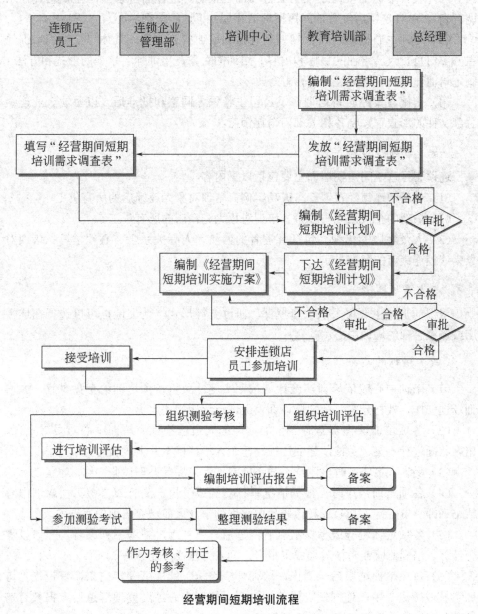

经营期间短期培训流程

（一）计划的制订

（1）教育培训部向连锁企业管理部发放"连锁店经营期间短期培训需求调查表"，连锁企业管理部结合正在运营的各连锁店的实际情况进行汇总，组织各连锁店员工填写该表并报至教育培部。

（2）教育培训部根据连锁企业管理部上报的"连锁店经营期间短期培训需求调查表"，制订连锁店经营期间短期培训计划并下达给培训中心。

（3）培训中心根据培训计划编制具体的培训实施方案，具体包括组织培训的主办部门负责人、培训的目标和内容、培训的对象、培训师、培训的形式和方法；制定培训计划表、培训经费的预算等。

（4）实施方案经教育培训部及公司主管领导同意和批准后，以餐饮企业连锁总部文件的形式下发到各相关部门与连锁店。

（二）培训的内容

连锁店经营期间短期培训主要包括以下内容。

（1）最新的连锁经营理论与成功案例。培训对象为连锁店的所有员工。

（2）最新的相关法规与政策。培训对象为连锁店的所有员工。

（3）人员素质的培训，包括管理者的素质、人际关系学、心理学等。培训对象为连锁连锁店的所有员工。

（三）培训的形式

培训的形式主要可采取教室授课、研讨会等形式。培训地点可以选择在连锁店或连锁总部的培训中心。

（四）培训的实施

（1）培训中心应依培训实施计划按期实施并负责该项培训的全盘事宜，如培训场地安排、教材分发、通知培训师及受训连锁店相关人员。

（2）各项培训课程实施时，参加培训的人员应签到，培训中心对员工上课、出席状况进行备案、考核，建立连锁经营个人培训档案并上报教育培训部备案。

（3）受训人员应准时出席，因故不能参加者应提前办理请假手续。

（4）各项培训结束时，根据情况举行测验或考核。测验或考核可由培训中心或培训师负责主持，测验或考核题目由培训师于开课前送交培训中心准备。

（5）各项培训测验或考核缺席者，事后一律补考，补考不列席者，一律以零分计算。培训测验或考核成绩成果报告，列入考核及升迁参考。

（6）每项培训结束后一周内，培训师应将员工的成绩评定出来，登记在"培训考核成绩表"中，连同试卷送培训中心，培训中心经过整理汇总后上报教育培训部备案以完善连锁经营个人培训档案。

（7）培训中心也可要求受训人员写出《培训课程心得报告》，总结在思想、知识、技能上的进步，与培训成绩一起放进连锁经营个人培训档案并上报教育培训部备案。

培训考核成绩表

培训计划表编号：

培训主题		培训时间		培训地点		讲师	
成绩合格人员							
部门	姓名	成绩	考核方式	部门	姓名	成绩	考核方式
成绩不合格人员							
部门	姓名	成绩	考核方式	部门	姓名	成绩	考核方式
备注							

制表： 日期：

（五）评估与反馈

培训结束后，培训中心负责组织培训结束后的评估工作，以判断培训是否取得预期培训效果，并形成书面报告上报教育培训部。

（1）评估对象　包括培训师和培训组织者。

（2）评估形式　可以采取调查表的形式。每项培训结束时，培训中心都应视实际需要组织受训员工填写"培训工作评价表"并汇总员工意见。

八、受训者的权利与义务

（一）受训者的权利

在不影响本职工作的前提下，连锁店员工有权利要求参加餐饮企业连锁总部为其举办的各类相应的培训。经批准参加培训的连锁店员工有权利享受餐饮企业为受训员工提供的各项待遇。

（二）受训者的义务

培训期间受训人员一律不得故意回避或缺席。培训期间受训人员应遵守各项培训规定，维持培训现场秩序。培训结束后，员工有义务把所学知识和技能运用到日常工作中去，并有向连锁店内其他员工传授的义务。

第三节 连锁餐饮企业薪酬管理

好的薪酬管理制度能完善员工与企业之间的关系，让企业与员工之间建立一个和谐的雇佣与被雇佣的关系。企业薪酬设计按人力资源的不同类别，实行分类管理，着重体现职务级别专业技术等级和绩效成绩。鼓励员工长期为企业服务，共同致力于公司的不断成长和可持续发展，同时共享公司发展所带来的成果，共享成功资源。

一、薪酬体系

公司员工分成7个职系，分别为高层管理者职系、中层管理者职系、基层管理者职系、业务职系、职能职系、生产职系和其他。针对这7个职系，薪酬体系分别采取三种不同的类别：与公司年度经营业绩相关的年薪制，结构工资制，与岗位相关的固定工资制。特聘人员的薪酬参见工资特区的有关规定。各岗位与薪酬体系的对应详见下表。

各岗位与薪酬体系的对应

薪酬体系	岗位名称	职系
年薪制	总经理和副总经理	高层管理者职系
结构工资制	各部门负责人	中层管理者职系
	单店经理	基层管理者职系
	寻址员、装修设计员、预算员、工程监理员、技术员和证照管理员	业务职系

续表

薪酬体系	岗位名称	职系
结构工资制	规划员、企划员、信息员、评估员、采购员、核算员、调度员、质检员、督导员、库管员、安全员、会计、出纳、资产管理、单店核算会计、综合办干事、人事员和监察办干事	职能职系
	中心厨房厨工、单店厨工和配送员	生产职系
固定工资制	单店领班、收银员、服务员、杂工和中心厨房杂工	其他

二、年薪制

年薪制适用于公司总经理和副总经理。

（一）工资构成

$$年薪总额＝基础年薪＋绩效年薪$$

每年初由董事会确定总经理应取得的年度税后利润、销售收入、资产保值增值率、战略目标和年薪总额等，并以经营合同的形式确定下来；对副总经理，由董事会和总经理共同确定其年度工作目标或经营目标及年薪总额，并以经营合同的形式确定下来。

由于公司效益和各岗位综合考核系数的不确定，基础年薪与绩效年薪之和不一定等于年薪总额。

（二）基础年薪

$$基础年薪＝年薪总额×60\%$$

（三）绩效年薪

$$绩效年薪基数＝年薪总额×40\%$$

绩效年薪根据各岗位承担的年度经营目标或工作目标完成情况确定。

（1）年终由董事会对总经理经营目标的完成情况进行考核和审计，最后确定总经理的年度综合考核得分。

（2）年终由总经理对副总经理年度目标的完成情况进行考核，副总经理的年度综合考核得分经董事会审批后确定下来。

（四）实发绩效年薪

$$实发绩效年薪＝绩效年薪基数×绩效年薪系数$$

其中，绩效年薪系数按下表查算。

考核系数对照表

A	<80分	80～100分	101～120分	121～150分	150分以上
B	0				

注：A为年度综合考核得分；B为绩效年薪系数。

（五）年薪的发放

基础年薪按月平均固定发放。

绩效年薪下年初发放90%，其余10%留作任职抵押，任期期满经离职审计一年后予以返还，出现以下情况当期的抵押金或任期内的抵押金全额扣除。

（1）重大决策出现较大失误，给公司造成重大损失。

（2）承担的重要工作（或项目）没有按时按质完成，严重影响公司整体战略目标的实现。

（3）自行离职，给公司带来一定损失。

（4）个人严重违反公司工作纪律或规章制度，或触犯党纪国法。

（5）离任后，某些责任还没有完全消除，重大责任事故出现后为主要责任人。

三、结构工资制

（一）结构工资制的构成

收入整体构成＝基本工资＋岗位工资＋年终奖＋附加工资

其中，岗位工资＝岗位固定工资＋岗位绩效工资。

1. 基本工资

基本工资是员工最基本的生活保障，同时也是对员工所拥有职称、学历的一种补偿，包括基本生活费、职称津贴、学历津贴、工龄津贴、司龄津贴等。

2. 岗位工资

岗位工资由岗位固定工资和岗位绩效工资两部分组成，是在工作分析与岗位评价的基础上，以评估的结果来确定岗位工资等级的工资单元。其中，岗位固定工资从岗位价值和员工的技能因素方面体现了员工的贡献，而岗位绩效工资则是依据员工通过努力而取得的工作成果和业绩来确定，与员工的考核结果挂钩。不同工作性质人员的岗位固定工资和岗位绩效工资的计算方法不同。

3. 年终奖

年终奖依据公司年度效益、各部门当年完成的年度任务绩效以及部门内员工年度工作表现确定。

4. 附加工资

附加工资为公司在册正式员工所享有，包括养老保险、基本医疗保险和失业保险。

（二）职能人员的工资

职能人员的工资适用于公司店管部经理、中心厨房经理、采购部经理、财务部经理、经营办主任、综合办主任、监察办主任及店管部员工（除配送员外）、中心厨房库管员、房产部评估员、采购部员工、财务部员工、经营办员工（除证照管理员）、综合办员工、监察办员工。

工资构成如以下所示。

$$收入整体构成 = 基本工资 + 岗位工资 + 年终奖 + 附加工资$$

其中，岗位工资 = 岗位固定工资 + 岗位绩效工资。

（三）业务人员的工资

业务人员的工资适用于工程部经理及其员工、房产部经理及寻址员、技术中心主任及技术员和经营办证照管理员。

业务人员的工资构成如下所示。

$$收入整体构成 = 基本工资 + 岗位固定工资 + 项目奖 + 年终奖 + 附加工资$$

（四）店经理的工资

各单店经理的工资构成如下所示。

$$收入整体构成 = 基本工资 + 岗位固定工资 + 月度奖金 + 半年奖 + 年终奖 + 附加工资$$

（五）厨工及配送员的工资

1. 工资构成

中心厨房厨工、单店厨工和店管部配送员的工资构成如下所示。

收入整体构成 = 基本工资 + 计时/计件工资 + 年终奖 + 附加工资

计时/计件工资是按照完成的定额工时或工件数量与单位工时/工件的工资含量计算得到的收入。计时/计件工资可结合工作或产品质量、成本定额、员工态度等指标的考核进行调整。

$$计时/计件工资收入 = 个人完成的工时或工件数量 \times 单位工时或工件的工资含量 \times 个人月度考核系数计时/计件$$

2. 工时定额标准的编制

（1）工时定额标准由公司综合办组织专业技术人员编制。

（2）随生产技术组织条件的变化和劳动生产率的提高，工时定额标准须定期修订，保证先进合理性。

3. 单位工时/工件的工资含量的确定

单位工时/工件的工资含量由公司根据近期公司效益状况，于每年年底或每半年确定一次。

四、固定工资制

（一）固定工资制的适用条件

（1）市场化程度高，劳动力价格能够客观、公正、合理地反映工作付出和工作要求状况。

（2）劳动力供应充足，且竞争较充分，如果不能胜任本工作，容易替代。

（3）人员流动局限性小，公司有权淘汰不能胜任工作的员工，受政策、成本等方面阻碍小。

（二）适用范围

单店的领班、收银员、服务员和杂工。
中心厨房的杂工。

（三）工资构成

收入整体构成＝岗位工资+激励奖

岗位工资由其所处的岗位档级确定，按月支付。激励奖由店经理或中心厨房经理根据员工的具体表现给予发放。

五、工资定级与调整

（一）工资等级的确定

初始工资等级按照个人被聘岗位以及个人能力进行综合评定。

学校应届毕业生和没有同行业工作经验的初任者正式录用后原则上进入所聘岗位对应职级的最低等级（即起薪级）。

新录用的有经验同行业员工，参考本公司同岗位人员的工资标准并考虑其在其他公司的工资标准或谈判价格确定所聘岗位对应职级所在等级。

一人兼任不同岗位时，岗位工资的确定采用就高原则，不发双岗工资。

（二）工资调整的原则

工资调整采取整体调整和个别调整相结合的原则。

工资整体调整的形式分为基本工资、附加工资和岗位工资的调整。

1.基本工资、附加工资的调整

根据国家相关政策、地区、行业工资水平等外在因素的变化而做相应的调整。

2.岗位工资的调整

根据公司年度经营状况和经济效益对岗位工资水平进行调整，调整周期与调整幅度根据公司效益与公司发展情况确定。

（三）工资的个别调整

工资的个别调整根据员工个人年底考核结果、职称、工龄和岗位变动确定。

1.根据考核结果调整

（1）年底考核结果为"优"或连续两年考核结果为"良"的员工，岗位工资在本工资级别内晋升一档。若目前等级已经达到本工资档位晋升通道的最高级，则工资等级不再根据考核调整，除非该员工转入其他晋升通道。

（2）当年考核结果为"不合格"或连续两年考核结果为"基本合格"的员工，岗位工资等级下调一档。

（3）对于连续两年考核结果为"不合格"或连续三年考核结果为"基本合格"的员工进行待岗处理。

2.根据职称、学历、工龄等条件的变化调整基本工资

若员工的职称、学历和工龄发生变动，则应根据新的标准重新计算基本工资。

3.岗位变动调整

岗位工资调整遵循以岗定薪，薪随岗变，实现薪酬与岗位价值的挂钩。岗位变动后从下一个月起调整岗位工资。如调整后的岗位等级高于原岗位，新岗位工资所在档次的工资水平应不低于原岗位工资水平。如调整后的岗位等级低于原岗位，新岗位工资所在档次的工资水平应不高于原岗位工资水平。岗位工资调整原则上每次只能上升或下降一档。

六、工资特区

（一）设立工资特区的目的

设立工资特区，使工资政策重点向对公司有较大贡献、市场上稀缺的人才倾斜，目的是为激励和吸引优秀人才，使公司与外部人才市场接轨，提高公司对关键人才的吸引力，增强公司在人才市场上的竞争力。

（二）设立工资特区的原则

设立工资特区应遵循下图所示原则。

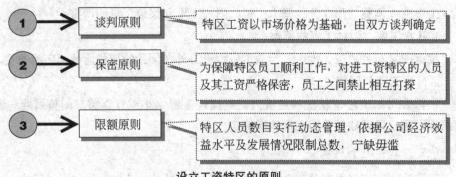

设立工资特区的原则

（三）工资特区人才的选拔

特区人才的选拔以外部招聘为主。其条件为名优院校毕业生、公司人力资源规划中急需或者必需的人才、行业内人才市场竞争激烈的稀缺人才。

（四）工资特区人员工资的发放形式

工资特区人员工资以双方谈判确定的发放形式为依据。如为年薪制，应以签订的劳动合同中所规定的考核结果为依据；如为结构工资制，根据双方谈判确定的工资构成因素并参照结构工资制的相关规定发放。

（五）工资特区人才的淘汰

工资特区内的人才，年底根据合同进行年度考核。有以下情况者自动退出人才特区。

（1）考核总分低于预定标准。

（2）人才供求关系发生变化，不再是市场稀缺人才。

（3）工资特区工资总额不超过公司工资总额的3%～5%。

第四节 连锁餐饮企业绩效考核管理

绩效考核的目的是通过考核将经营计划落实为每一个员工的具体工作，促进公司经营目标的实现；通过绩效考核加强上下级沟通和各部门间的相互协作；通过客观评价员工的工作绩效，帮助员工提高自身工作水平，从而有效提升公司整体绩效。

一、考核组织管理

（一）公司薪酬与考核管理委员会职责

公司薪酬与考核管理委员会是公司薪酬与考核管理的最高决策机构。其职责如下：

（1）负责制定高管人员和各部门负责人的考核细则；

（2）审核公司一般员工的年度考核结果；

（3）最终处理员工考核申诉。

（二）公司综合办职责

公司综合办作为公司考核工作具体组织执行机构，主要负责：

（1）制定员工考核管理制度的实施细则；

（2）对各项考核工作进行培训与指导，并为各部门提供相关咨询；

（3）对考核过程进行监督与检查；

（4）通报公司员工月度、季度、年度考核工作情况；

（5）对考核过程中不规范行为进行纠正与处罚；

（6）协调、处理员工考核申诉的具体工作；

（7）组织实施考核，统计汇总员工考核评分结果，并严格保密；

（8）建立员工考核档案，作为薪酬调整、职务升降、岗位调动、培训、奖励惩戒等的依据。

（三）经营办职责

公司经营办作为部门、项目考核工作的具体执行机构，其职责如下：

（1）负责部门、项目绩效考核管理制度的实施细则；

（2）根据公司年度经营计划，提出项目、部门考核方案，包括各部门考核指标、目标值、权重等，考核管理委员会通过后组织执行；

（3）负责组织部门、项目考核的实施，汇总统计部门、项目考核评分结果，报综合办；

（4）通报公司部门、项目考核工作情况；

（5）负责部门、项目考核最终结果的公布。

（四）各部门、项目负责人的职责

（1）负责本部门、项目考核工作的整体组织及管理；

（2）负责处理本部门、项目关于考核工作的申诉；

（3）负责制定本部门、项目员工的考核指标；

（4）负责本部门、项目员工的考核评分及统计汇总；

（5）负责对本部门、项目员工的考核结果进行反馈，并帮助其制订改进计划，并对考核工作情况进行通报；

（6）为本部门、项目人员建立考核档案，作为薪酬调整、职务升降、岗位调动、培训、奖励、惩戒等的依据。

二、考核方法

(一) 考核周期

考核分为月度考核、季度考核、项目考核和年度考核。其中月度考核、季度考核于月度、季度结束后10日内完成；项目考核于项目结束后10日内完成，年度考核于次年1月20日前完成。

不同的考核对象考核周期不同，详见下表。

考核周期表

考核对象	考核周期
公司高管人员	年度考核
经营办、财务部、综合办、监察办等职能部门全体员工，以及房产部、工程部、技术中心等业务部门中未参加项目的职能人员	季度考核、年度考核
采购部、店管部、中心厨房、单店全体员工	月度考核、年度考核
房产部、工程部、技术中心等业务部门负责人及参加项目的业务技术人员、证照管理员	项目考核、年度考核

(二) 考核关系

考核关系分为直接上级考核、直接下级考核、同级人员考核三种。不同考核对象在不同的考核中对应不同的考核关系，所有可能的考核关系见下表。

考核关系表

考核对象	考核关系
高管人员	直接上级
部门负责人	直接上级、同级、直接下级
一般员工	直接上级、同级考核

(三) 考核维度

考核维度是对考核对象考核时的不同角度、不同方面。

个人考核的考核维度主要包括绩效维度、态度维度、能力维度。每一个考核维度由相应的关键业绩指标（KPI）组成，对不同的考核对象、不同考核期间应采用不同的考核维度和不同的关键业绩指标（KPI）。

绩效是指被考核人员通过努力所取得的工作成果，从以下三个方面考核。

(1) 任务绩效　体现本职工作任务完成的结果，每个岗位都有对应岗位职责的任务绩效指标。

（2）管理绩效　体现管理人员对岗位管理职能的发挥。其指标定义详见下表。

管理绩效指标定义

项目	超出目标	达到目标	接近目标	远低于目标
工作任务管理	工作安排非常合理，工作完成非常出色	工作安排合理，绝大部分工作按时、按质完成	工作安排不够合理，工作没有完全完成	工作安排非常不合理，工作完成很差
人员管理	员工的工作与其能力非常匹配，非常善于调动员工的积极性，对员工的评价、奖惩十分合理	员工的工作与其能力比较匹配，善于调动员工的积极性，对员工的评价、奖惩合理	部分员工的工作与其能力不匹配，有时不能调动员工的积极性，对员工的评价、奖惩偶尔有不合理之处	很多员工的工作与其能力不匹配，基本不能调动员工的积极性，对员工的评价、奖惩很不合理

（3）周边绩效　体现相关部门（或相关人员）团队合作精神的发挥。其指标定义详见下表。

周边绩效指标定义

项目	超出目标	达到目标	接近目标	远低于目标
协作及时性	其他部门/人员提出合理工作协助要求时，每次及时响应，解决问题远低于预期时间，协助工作完成后，每次都及时将完成情况反馈到要求协助部门/人员	其他部门/人员提出合理工作协助要求时，多数及时响应，在预期时间内解决问题，协助工作完成后，多数能及时将完成情况反馈到要求协助部门/人员	其他部门/人员提出合理工作协助要求时，少数及时响应，解决问题超出预期时间，协助工作完成后，偶尔能及时将完成情况反馈到要求协助部门/人员	其他部门/人员提出合理工作协助要求时，从不及时响应，对于需协助解决的问题根本不处理，协助工作完成后，从来没有及时将完成情况反馈到要求协助部门/人员
服务质量	其他部门对协助工作结果非常满意	其他部门对协助工作结果比较满意	其他部门对协助工作结果不太满意	其他部门对协助工作结果很不满意

态度：指被考核人员对待工作的态度。态度考核分为：积极性、协作性、责任心、纪律性。其指标定义详见下表所示。

态度指标定义

项目	超出目标	达到目标	接近目标	远低于目标
积极性	长期坚持学习业务知识；对于额外任务能主动请求并且能高质量完成；工作中善于发现问题，并经常提出新思路和建议	主动学习业务知识；主动承担一般的额外任务；工作中有时能够提出新的思路和建议	偶尔主动学习业务知识；有时主动完成一般的额外任务；能提出个别的新思路和建议	基本上不主动学习业务知识；很少主动请求承担额外任务；不能提出新思路和建议

续表

项目	超出目标	达到目标	接近目标	远低于目标
协作性	主动协助同事出色地完成工作	能够与同事保持良好的合作关系，协助完成工作	根据同事的请求能够提供一般协助	不能积极响应同事的请求或者协作任务的完成质量较差
责任心	工作有强烈的责任心	工作有较强的责任心	工作有一定的责任心	工作责任心不强
纪律性	能够长期严格遵守工作规定与标准，有非常强的自觉性和纪律性	能够遵守工作的规定和标准，有较强的自觉性和纪律性	基本能够遵守工作规定和标准，基本能够遵守纪律，但有时出现自我要求不严的情况	不能遵守工作规定和标准，经常发生违规情况，自觉性和纪律性差

能力：指被考核人完成各项专业性活动所具备的特殊能力和岗位所需要的素质能力。其指标定义详见下表。

能力评价指标定义

此部分由若干项目组成，每个项目包括几个指标，请对每个指标进行打分，并填写在相应栏内。

项目	A.超出目标	B.达到目标	C.接近目标	D.远低于目标
人际交往能力				
关系建立	A 易与他人建立可信赖的、积极发展的长期关系	B 能够与他人建立可信赖的长期关系	C 较为自我，不易与他人建立长期关系	D 刚愎自用，不易与他人相处，自我封闭
团队合作	A 善于与他人合作共事，相互支持，充分发挥各自的优势，保持良好的团队工作氛围	B 能够与他人合作共事，相互支持，保证团队任务的完成	C 团队合作精神不强，对工作有影响	D 不能与他人很好合作，独断专行
解决矛盾	A 巧妙地和建设性地解决不同矛盾	B 能够解决已发生的矛盾，不致对工作产生大的负面影响	C 解决矛盾手法生硬，影响工作顺利进行	D 遇到矛盾不知如何解决

续表

项目	A.超出目标	B.达到目标	C.接近目标	D.远低于目标
人际交往能力				
敏感性	A 对他人比较关心，容易感知别人的想法，体谅他人，善于领会他人的请求，并付之于适当的言行	B 能关心他人，体谅他人，领会他人的请求，有时帮助想办法解决	C 有时能关心他人，体会人的苦衷	D 不太关心他人，对他人的需求毫无感觉
影响力				
团队发展	A 易于与他人沟通，积极促进团队协作，在团队中是自然的核心人物，并能引导团队达到组织目标	B 能够根据公司要求努力促进团队的协作和沟通，使工作顺利开展	C 尚能与人合作，但协调不善，影响工作	D 无法与人协调
说服力	A 能够表述自己的主张、论点及理由，比较容易地说服别人接受某一看法与意见	B 能说服下级、同事、上级接受某一看法与意见	C 说服别人比较困难	D 无法说服别人，或咄咄逼人，或逃避退让
应变能力	A 待人处世很灵活，善于审时度势，很容易适应岗位、职位或管理的变化所带来的冲击，并能顺应其变化很快适应环境，取得主动	B 待人处世较灵活，能够根据公司要求，认可公司变化所带来的冲击，并能顺利地完成转变	C 对公司的变化或角色的转变不太适应，工作开展有困难	D 待人处世刻板，适应性差
影响能力	A 能积极影响他人的思维方式和发展方向	B 能以自己积极的言行带领大家努力工作	C 有时能影响他人	D 对他人几乎无影响力或完全操纵利用他人

续表

项目	A.超出目标	B.达到目标	C.接近目标	D.远低于目标
领导能力				
评估	A 能合理评价他人的技能和绩效，使下属心服口服，并能使下属明确努力方向	B 能较为合理地评价他人的技能和绩效，指出其不足	C 能够按公司要求对他人做评估	D 无法正确评估他人
反馈和培训	A 善于了解下属需要，通过一对一的反馈和培训以帮助他人成长和发展	B 能够根据实际情况，通过培训和反馈帮助他人成长及发展	C 不能很好地利用反馈和培训的手段	D 对下属的工作无反馈和培训
授权	A 善于分配工作与权力，并能积极传授工作知识，引导部属完成任务	B 能够顺利分配工作与权力，有效传授工作知识，完成任务	C 欠缺分配工作、权力及指导部属的方法，任务进行偶有困难	D 不善分配工作与权力，缺乏指导员工的方法，内部时有不服怨言
激励	A 了解他人的需求，善于引导下级积极主动地工作，用奖励和表彰等方式提高积极性，并使员工积极努力地工作	B 有制度，能够利用奖励和表彰等方式提高员工积极性	C 有一定的制度，但不能充分发挥作用，无改进措施，员工积极性不高	D 工作主要靠命令与指示
建立期望	A 善于与员工沟通，给下属订立明确合理的工作目标和标准，并建立合理的期望	B 能够与员工沟通，给下属订立明确的期望目标和标准	C 能够给下属订立工作标准和分配任务	D 无法给员工建立期望
责任管理	A 能够充分与下属沟通，督导员工的工作进展，及时反馈和培训，让下属对自己的工作担负责任	B 能够与下属沟通，注重过程管理，指导和协助员工完成任务	C 虽能与员工沟通，但缺乏对员工的指导和协助	D 放任自流

续表

项目	A.超出目标	B.达到目标	C.接近目标	D.远低于目标
沟通能力				
	A	B	C	D
口头沟通	简明扼要,具有出色的谈话技巧,易于理解	抓住要点,表达意图,陈述意见,不太需要重复说明	语言欠清晰,但尚能表达意图,有时需反复解释	含糊其辞,意图不明
	A	B	C	D
倾听	能够很好地倾听别人的倾述,很快明白倾诉人的想法和要求	能够注意倾听,力求明白	能够倾听,有时一知半解	不注意倾听,常常不知对方所云
	A	B	C	D
书面沟通	表达清晰、简洁,易于理解,无可挑剔	几乎不需修改补充,比较准确地表达意见	文章不够通顺,但尚能表达清楚主要意图	文理不通,意图不清,需做大修改
判断和决策能力				
	A	B	C	D
战略思考	能透过现象看本质,把握组织面临的挑战和机会,兼顾短期和长远目标	能够根据现状,了解组织面临的挑战和机会	主要忙于事务性工作,有时也会注意公司的前景和对策等问题	对公司的将来不太关心,也不注意工作上可能出现的机会和挑战
	A	B	C	D
创新能力	工作中能不断提出新想法、新措施,善于学习,注意规避风险,锐意求新,在工作中有较大创新	工作中能够努力学习,提出新想法、新措施与新的工作方法,并有风险意识	按部就班,很少提出新想法、新措施与新的工作方法	因循守旧,墨守成规
	A	B	C	D
解决问题的能力	能迅速理解并把握复杂的事物,发现明确、关键的问题,找到解决办法	问题发生后,能够分辨关键问题,找到解决办法,并设法解决	发生问题,能够去想解决办法,但有时抓不住关键	遇到问题,束手无策

续表

项目	A.超出目标	B.达到目标	C.接近目标	D.远低于目标
判断和决策能力				
	A	B	C	D
推断评估能力	对所做决策有良好的权衡和判断评估	大致能做出正确的判断和评估	对事物有大概的判断和评估，缺乏方法和手段，结果不能十分可信	对日常工作经常判断失误，耽误工作进程
	A	B	C	D
决策能力	善于确定决策时机，提出可行方案，合理权衡，优化选择，对困难的事处理果断得当	善于确定决策时机，提出可行方案，但在权衡、选择时偶有适当，大多数日常事务处理果断得当	能够确定决策时机，但很少提出可行方案，常求助于别人	遇事优柔寡断，缺乏主见
计划和执行能力				
	A	B	C	D
准确性	能够按照计划严格执行，并确保在每个细节上减少差错	能按照计划执行，比较注意细节，偶有差错发生并能迅速改正	能大致按计划执行，不太注意细节，偶有差错发生	工作无计划，随意，常出差错
	A	B	C	D
效率	时间和资源的利用达到最佳，工作效率高，完成任务速度快，质量高，效益好	工作效率尚可，能分清主次，能够按时完成工作，基本保证质量	工作效率较低，需要别人帮助才能完成任务	工作不分主次、效率低，经常完不成任务
	A	B	C	D
计划和组织	具有极强的制订计划的能力，能自如地指挥调度下属，通过有效的计划提高工作效率，以最佳的结果为目的	能根据公司的要求，制定相应程序和计划，在权限范围内配置资源，明确目标和方针，以及确保供应的保障	制订计划和组织实施有难度，需要别人帮助方能进行	做事无计划，缺乏组织能力

续表

项目	A.超出目标	B.达到目标	C.接近目标	D.远低于目标
了解客户需求				
客户管理	A 善于与客户沟通,准确、敏锐地把握客户的真实需求,有广泛的人际关系	B 能够与客户沟通,了解客户需求,为争取项目而维持良好的关系	C 能够与客户沟通,为争取项目而努力,但不能准确、敏锐地把握客户的真实需求	D 与客户沟通有困难,不能很好地了解客户需求
谈判能力	A 具备完善的客户管理,引导双方关系,提高项目争取的成功率	B 有较好的客户管理,能够引导客户期望,有助于项目争取的完成	C 有简单的客户管理,能够与客户建立关系,但对项目争取无帮助作用	D 无客户管理,不能与客户建立良好关系
了解客户需求	A 较高的谈判技巧,善于把握对方风格,控制情绪,引导谈判进程,成功率高	B 掌握一定的谈判技巧,积极促成谈判成功	C 谈判中表现努力,但不够灵活、耐心,有时因谈判技巧不足而无法促成谈判成功	D 无谈判技巧,致使谈判失败
专业知识与技能				
基础知识	A 知识面广博,自然科学和社会科学知识都很丰富,对某些问题有较深研究	B 知识面较广,对自然科学和社会科学知识都有较多了解	C 知识面一般,除本行业知识外,对其他知识略知一二	D 知识面较窄,除本行业外,对其他知识了解甚少
专业知识	A 系统、全面掌握本专业理论知识,对某些问题有独立见解,是本专业内的行家	B 掌握本专业的理论知识,具有一定的深度	C 一般地掌握本专业的知识,能够满足工作要求	D 对本专业知识仅有粗浅的了解,影响工作的正常开展
实务知识	A 全面掌握实务知识,精通实务内容,除出色完成本职工作外,还能指导同事的工作	B 掌握实务知识,能出色完成本职工作,在一定程度上能够指导同事的工作	C 基本掌握实务知识,能独立处理较为复杂的实务工作	D 实务知识没有完全掌握,需要同事的帮助才能完成工作

续表

项目	A.超出目标	B.达到目标	C.接近目标	D.远低于目标
专业知识与技能				
	A	B	C	D
技能技巧	本职工作操作和处理关系娴熟，具有各种本职工作所需要的资格证书	具有本职工作所需要的资格证书，工作过程中熟练处理各类关系	熟悉本职工作流程，能完成工作任务，但有些吃力	对本职工作不够熟悉，基本技能不完全具备，不能独立完成工作任务

（四）关键业绩指标（KPI）设立的原则

关键业绩指标（KPI）设立应遵循下图所示原则。

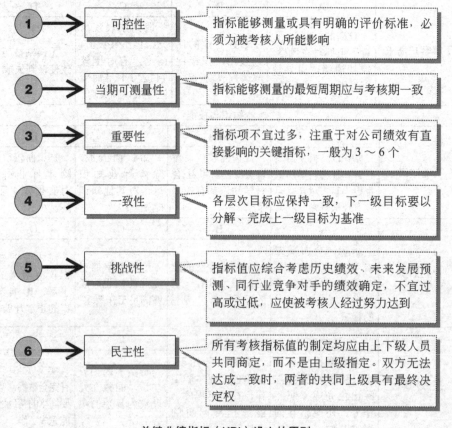

关键业绩指标（KPI）设立的原则

（五）关键业绩指标的设立

（1）在考核期初，被考核人的直接上级根据公司和本部门的计划要求、被考核人岗位职责规定的工作任务，与被考核人共同协商制定被考核人当期工作计划和目标。

（2）直接上级与被考核人共同协商将当期工作计划和目标转化为考核指标，报上一级主管领导审批后实施。

（3）工作计划和考核指标的更改需经被考核人及其直接上级商定，并报上一级主管领导批准后方可生效。

（六）关键业绩指标的权重

权重表示单个考核指标在指标体系中的相对重要程度，以及该指标由不同的考核人评价时的相对重要程度。

指标的权重一般不低于5%，过低则难以在全部指标中体现其作用；指标之间的权重差异最好不低于5%，以体现不同指标之间重要性的差异。

"一票否决"指标：对特别关键、影响全局性工作成果的指标可设立为一票否决指标，即如果某项关键指标未按标准完成，无论其他指标是否完成，本周期内的考核总体得分都视为0分。

（七）考核记录

考核期初，直接上级向被考核人说明其考核维度、指标和权重，由双方讨论认可。同时，各考核主体对被考核人的考核维度和指标充分了解，建立日常考核台账，将考核内容进行记录，作为考核打分的依据，在被考核人有疑义时作为原始凭证，以便考核申诉的处理。

（八）考核结果确认

1. 定量指标的考核结果确认

定量指标的考核结果直接根据被考评人该项指标实际完成情况与该指标的权重确定。

$$考核结果 = \sum（各项考核指标分值 \times 相应权重）$$

2. 定性指标的考核结果确认

定性指标按照"A：超出目标、B：达到目标、C：接近目标、D：远低于目标"四个标准来进行评分，每个标准对应一段相应的分值范围，总体分值范围为0~120分，评分时以5分为一个单位进行打分，考核结果的具体定义和对应关系见下表。

定性指标评分等级定义

考核得分/分	105～120	90～100	70～85	0～65
标准	A.超出目标	B.达到目标	C.接近目标	D.远低于目标
定义	实际表现显著超出预期计划/目标或岗位职责/分工要求，取得特别出色的成绩	实际表现达到预期计划/目标或岗位职责/分工要求，取得比较出色的成绩	实际表现基本达到预期计划/目标或岗位职责/分工要求，有明显不足或失误	实际表现未达到预期计划/目标或岗位职责/分工要求，有重大失误

（九）考核结果的分布

一般员工个人绩效考核结果按部门或项目分组，各组按照最终考核得分进行排序后分为优、良、中、基本合格、不合格五个等级，组内人员考核结果应参考下表所列的比例进行强制排序，使各员工的考核结果尽可能接近正态分布（见下图），以拉开考核结果，真正起到奖优罚劣的作用。

考核结果强制分布对照表（参考）

综合评定等级	优	良	中	基本合格	不合格
强制分布比例/%	5～10	15～20	其余	15～20	5～10

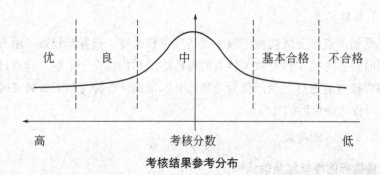

考核结果参考分布

部门负责人考核结果不进行强制排序，其考核结果按上表直接划分为优、良、中、基本合格、不合格等五个等级，按《薪酬管理体系设计方案》中规定的考核系数计算绩效工资。

各部门考核结果不进行强制排序，按照下表根据实际得分评定等级。

考核结果与评定等级对照表（参考）

考核得分/分	110～120	105～110	95～105	85～95	≤85
综合评定等级	优	良	中	基本合格	不合格

三、月度、季度考核

（一）月度、季度考核维度

1. 各级部门负责人

部门负责人的月度、季度考核只从绩效维度进行考核，包括任务绩效和管理绩效，其权重见下表。

各级部门负责人（包括副职）考核维度、权重

考核维度		季度考核权重/%	考核人
任务绩效	关键业绩指标	70	直接上级
	月度、季度工作计划（重要任务）		
管理绩效	工作任务管理	30	
	人员管理		

2. 其他员工

其他员工的月度、季度考核从任务绩效和态度两个维度进行考核，其权重见下表。

其他员工考核维度、权重

考核维度		季度考核权重/%	考核人
任务绩效	关键业绩指标	80	直接上级
	月度、季度工作计划（重要任务）		
	态度	20	

（二）月度、季度考核流程

月度、季度考核流程包括以下几个步骤。

1. 启动考核

各部门负责人在期初启动考核工作。上期的考核评定和下期工作计划确定一起启动。

2. 确定任务绩效目标

在期初5日以内（遇节假日、双休日顺延），直接上级根据公司经营计划和实际工作要求，就当期主要工作任务、考核标准、指标权重等内容与被考核人面谈，共同讨论填写"绩效考核表"。对于易量化的考核内容采用3～5个关键绩效指标进行考核，对于不易量化考核的内容采用对月度、季度工作计划（重要任务）进行考核评价的方式，然后确定要求达到的目标值和各个计划或任务的权重。确定后双方各持一份，作为本月度、季度的工作指导和考核依据。

计划执行过程中，考核双方及时沟通。被考核人直接上级须及时掌握计划执行情况，明确指出工作中的问题，提出改进建议。若出现重大计划调整，须重新填写相应的《绩效考核表》，并向上一级主管报请批准。

3. 收集资料，确定考核结果

考核期结束后，各有关部门提供考核期间公司财务、经营等方面的详细数据资料。直接上级根据资料明确被考核人各项指标实际完成值，对比目标值，计算各项指标得分，填写"绩效考核表"中考核评分部分。

4. 统计汇总考核结果

各部门负责人收集本部门被考核人的评分资料，综合办收集公司的考核评分资料，汇总考核结果。

5. 审批考核结果

各部门负责人的考核结果由公司总经理质询、审批；各部门其他人员的考核结果由公司主管领导质询、审批。

6. 考核结果反馈

直接上级将最终考核结果反馈给被考核人，双方就考核结果面谈。直接上级明确指出被考核人的成绩、优点及需改进的地方，听取被考核人的意见并详细记录。

（三）月度、季度考核结果的用途

月度、季度考核结果直接影响月度、季度的绩效工资，间接影响年度考核结果。

调动新岗位的员工，试岗期间不进行考核，其考核结果视为"中"，试岗期满后参加考核。

四、个人年度考核

（一）个人年度考核对象

年度考核对象为除以下员工以外的公司所有员工：新入职员工、在公司全年工作时间不足六个月或有其他特殊原因的员工，经公司批准可以不参加年度考核。所有不参加年度考核的员工其考核结果视为"中"。

其中：公司总经理的年度考核由董事会考核，公司其他高管人员的年度考核由公司总经理考核。

（二）个人年度考核维度

年度考核是在对个人全年各月、季、项目考核结果的基础上，考虑个人的周边绩效和部门年度考核结果，总结得出个人年度综合考核结果。同时，为了对员工的素质及发展潜力进行评估和跟踪，增加能力维度的考核，但能力评价结果不与工资和奖金直接挂钩，只是作为员工自我发展和选拔员工的一项重要依据。

（三）个人年度考核流程

（1）每年元月1～10日，综合办组织公司内部周边绩效考核。

（2）各部门负责人在每年元月10～15日汇总被考核人的评分。

（3）薪酬与考核管理委员会组织各部门负责人在每年元月10～15日进行年度绩效质询会，对其考核结果进行质询。

其他员工的考核结果报公司主管领导质询、批准，确定最终考核结果，并做出奖惩决定。

（4）元月20日前各部门将考核结果报公司综合办，综合办确定最终考核结果并做出奖惩建议，由薪酬与考核管理委员会批准后执行

直接上级将考核结果与奖惩决定反馈给被考核人，双方面谈，确定被考核人下一步改进及接受培训计划，制定具体改进措施。

考核人于下一考核年度跟踪被考核人改进计划的落实情况。

（四）个人年度综合考核

1.个人年度综合考核的维度与权重

针对不同的考核对象，考核维度与权重不同。

（1）公司高管

公司高管人员考核维度、权重

考核维度	考核人	年度考核权重/%
绩效合同得分	董事会或总经理	90
周边绩效	同级	10

（2）部门负责人

部门负责人（不含部门副职）考核维度、权重

考核维度	考核人	年度考核权重/%
年度部门考核值	经营办	30
月度、季度个人及项目考核平均值	综合办	60
周边绩效	同级	10

(3) 一般员工（部门副职相同）

一般员工考核维度、权重

考核维度	考核人	年度考核权重/%
年度部门考核值	经营办	10
月度、季度个人及项目考核平均值	综合办	90

2. 个人年度综合考核结果的用途

个人年度综合考核结果主要作为职务等级、工资等级升降、年终奖金发放、岗位职务聘任、培训等工作的依据。

依据考核结果的不同，公司做出不同的奖惩决定，一般有下图所示的几类。

用途一 职务等级升降

表现优异是职务晋升的必备条件。年度综合考核为"优"的员工，列为人才梯队的后备人选及职务晋升对象。年度综合考核为"不合格"或者连续两年考核为"基本合格"的员工将被解除劳动合同或待岗

用途二 工资等级升降

年度综合考核为"优"的员工，岗位工资等级晋升一档，但已达到本岗位最高档次工资水平的，则不再上调；年度综合考核为"基本合格"的员工岗位工资下降一档，但已达到本岗位最低档次工资水平的，则不再下调

用途三 年终奖分配

在年终奖分配时，不同的考核结果对应不同的考核系数，详见《薪酬管理体系设计方案》

用途四 岗位职务聘任

年度综合考核为"优"的员工，优先列为聘任对象

用途五 培训

针对考核成绩，公司可以提供不同的、有针对性的培训。年度综合考核为"优"的员工，优先列为深造培训的对象。考核为"基本合格"的员工，由综合办结合部门主管对其进行针对性强化培训，帮助员工改善绩效

个人年度综合考核结果的用途

（五）个人年度能力评价

1. 能力定义

指被评价人完成各项专业性活动所具备的特殊能力和岗位所需要的素质能力。不同评价对象的评价主体、能力指标不同。能力评价分为：团队合作、团队发展、战略思考能力、分析和决策能力、计划和组织能力、解决问题能力、创新能力、影响能力、口头沟通能力、书面沟通能力、员工评估、员工辅导、激励、授权、工作效率、应变能力、知识能力。

2. 评价目的

年度能力评价是为了对员工的素质及发展潜力进行评估和跟踪，评价结果不与工资和奖金直接挂钩，作为员工自我发展和选拔员工的一项重要依据。

3. 评价关系

评价关系如下表所示。

评价关系

评价对象	评价关系
各部门负责人（包括部门副职）	直接上级、同级、下级评价
一般员工	直接上级、部门同级评价

五、部门考核

（一）部门绩效考核目的

部门绩效考核是为了衡量整个部门的工作绩效，以补充个人绩效考核只针对个人职责，不对个人职权外的工作进行考核的局部性。通过部门绩效考核，可以促进从部门负责人到一般员工都充分重视部门直到整个公司的整体绩效。

部门绩效考核将作为个人年度综合考核的内容，针对不同的考核对象，以不同的权重计入个人年度综合考核结果中。

（二）考核周期

部门考核为年度考核，于次年1月15日前完成。

（三）考核关系

经营办为部门考核的负责人。考核期初，经营办在分析上一考核期公司业绩状况和本期经营目标的基础上，提出当期各部门考核指标、权重等方案，薪酬与考核管理委员会审批通过后执行。

(四)考核流程

1. 考核流程与办法

可参见个人年度考核。

2. 考核维度及权重

部门考核维度及权重见下表。

部门考核维度及权重

考核维度	考核人	年度考核权重/%
任务绩效指标考核	经营办	90
满意度调查	经营办	10

六、项目考核

(一)项目考核对象

此处所指项目包括房产部的寻址项目、工程部的装修项目和技术中心的技术开发项目,因此,参加项目考核的对象包括房产部、工程部、技术中心的负责人、参与项目的全体业务技术人员以及经营办的证照管理员。

(二)考核周期

项目考核周期按每个项目自身周期进行考核,考核时间为每个项目结束后10日内。

(三)考核组织

项目考核由公司项目评审委员会作为考核主体,经营办为具体组织部门。项目评审委员会由房产部、工程部、店管部、单店、技术中心等业务部门负责人、相关技术业务人员或外聘专家组成,主要职责如下。

(1)负责项目难度系数的确定、项目考评工作的组织、指导和监督管理;

(2)负责对项目质量、进度及安全等方面的检查工作;

(3)负责对项目考评工作中不规范行为进行纠正;

(4)会同经营办对项目考评结果进行初步审核,形成建议报告报薪酬与考核委员会审批;

(5)协助做好项目时间进度、项目经费、项目质量要求、项目工时等项目计划的确定工作;

(6)负责组织项目建设过程中关键技术难题的解决及技术协调工作。

（四）项目考核指标及权重

项目考核指标及权重见下表所示。

项目考核指标及权重

考核维度	考核人	年度考核权重/%
项目质量	评审小组	40
项目进度控制	评审小组	20
项目经费控制	评审小组	30
项目效益	评审小组	10

不同类别项目的考核指标及权重不同，在项目立项时由考核双方根据项目计划确定。

（五）项目考核流程

项目立项时，项目评审委员会就项目的重要性、项目周期、项目潜在效益、技术难度、技术复杂性、项目紧迫性等几个方面因素对项目进行预先评审，确定项目难度系数。

经营办就各项目特点并结合公司经营需求，组织项目评审委员会、财务部等相关部门，对该项目经费投入、项目周期、参加项目人数、项目人员技术水平、质量要求等指标进行制定并确定项目的考核指标。

项目结束10日内，项目评审委员会就项目完成情况进行评审，确定最终考核结果并做出奖惩建议，报考核管理委员会批准执行。

房产部、工程部、技术中心负责人的个人考核结果为本部门所有项目考核结果的平均值。

（六）项目成员的个人考核

项目成员由该部门负责人或项目负责人对其进行考核，考核周期与项目考核周期相同，考核指标根据在项目计划时确定的工作任务与目标确定，于项目结束后10日内由该部门负责人或项目负责人进行考核。

（七）考核结果的用途

项目考核结果直接作为发放项目奖的依据。

七、申诉及其处理

（一）申诉受理机构

被考核人如对考核结果不清楚或者持有异议，可以采取书面形式向相关部门如综合办申诉。公司薪酬与考核管理委员会是员工考核申诉的最终处理机构。综合办是薪酬与考核管理委员会的日常办事机构，一般申诉由综合办负责调查协调，提出建议。

（二）提交申诉

员工以书面形式向综合办提交申诉书。申诉书内容包括：申诉人姓名、所在部门、申诉事项、申诉理由。

员工申诉表

申诉人姓名		部门		岗位	
申诉事项	（ ）考核		（ ）薪资、福利		（ ）其他
申诉内容					
接待人			申诉日期		

员工申诉处理记录表

申诉人姓名			部门		岗位	
申诉事项		（ ）考核		（ ）薪资、福利		（ ）其他
申诉内容						
面谈时间				接待人		
处理记录	问题简要描述：					
	调查情况：					
	建议解决方案：					
	协调结果：					
经办人：						
备　注：						

（三）申诉受理

综合办接到员工申诉后，应在五个工作日做出是否受理的答复。对于申诉事项无客观事实依据，仅凭主观臆断的申诉不予受理。

受理的申诉事件，首先由综合办对员工申诉内容进行调查，然后与员工直接上级、共同上级进行协调、沟通。不能协调的，上报公司薪酬与考核管理委员会处理。

申诉流程如下图所示。

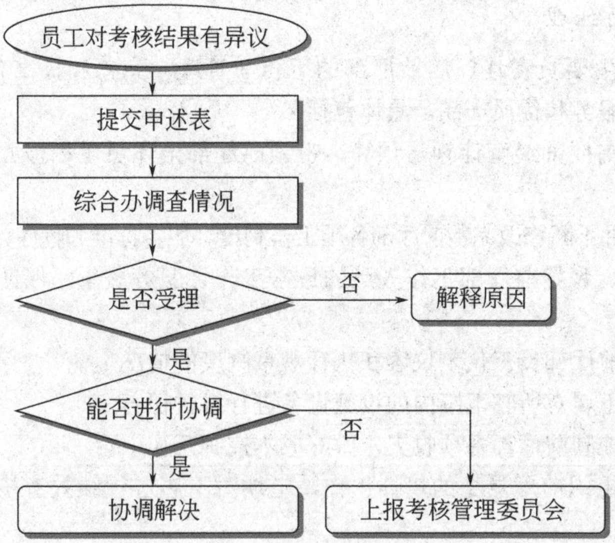

```
员工对考核结果有异议
        ↓
    提交申述表
        ↓
   综合办调查情况
        ↓
    是否受理 ──否──→ 解释原因
        │是
        ↓
   能否进行协调 ──否──→ 上报考核管理委员会
        │是
        ↓
     协调解决
```

申诉流程

第五节　连锁餐饮企业外派人员管理

一、外派人员的职责与权利

外派人员的岗位包括连锁店总经理、前厅经理、总厨师长、会计。

（一）连锁店总经理

连锁店总经理主要负责连锁店前厅、后厨、公关营销、行政后勤的全面经营管理活动，并进行监督、检查和指导。具体包括：

（1）制订连锁店的经营和发展计划；

（2）审批连锁店各项规章制度和工作规范；

（3）审核连锁店的财务预算并进行预算执行过程中的控制；

（4）定期召开部门工作会议，听取部门经理的工作汇报，指导解决连锁店日常经营中出现的问题；

（5）协调连锁店各部门之间的关系，及时解决运行中出现的沟通问题；

（6）定期向总部汇报相关工作的完成与运行状况，及时向下属传达总部的指示；

（7）组织连锁店的员工培训工作，定期对下属进行绩效考核，并提出奖惩建议；

（8）总部交代的其他工作。

（二）前厅经理

前厅经理主要负责连锁店前厅部的运转与管理，完善和提高各项服务工作，确保提高优良服务和优质产品。具体包括：

（1）拟定前厅部经营计划与预算，带领前厅部全体员工积极并超额完成前厅部经营指标；

（2）拟定并不断修改完善前厅部各项工作制度、服务标准和程序，并指导实施；

（3）巡视、督导前厅部工作人员的日常工作、服务质量，保证高质量的服务水平；

（4）检查前厅部员工仪表仪容和执行规章制度的情况；

（5）督导下属对所辖范围内的设施设备进行维护保养；

（6）严格控制前厅部各项收支，做好成本控制工作；

（7）协助组织前厅员工的培训工作，定期对下属进行绩效考核，并提出奖惩建议；

（8）做好前厅部员工的内部协调工作及前厅部与其他部门的沟通工作，尤其是前厅部与厨房部之间的关系，以确保工作效率，减少不必要的差错；

（9）完成上级领导交付的其他任务。

（三）总厨师长

总厨师长主要负责连锁店后厨部的组织、指挥和运转管理工作，并进行食品成本的控制，以创造最佳的社会效益和经济效益。具体包括：

（1）拟定厨房部工作计划和各项规章制度，并辅导实施；

（2）组织和指挥厨房工作，监督食品制备，按规定的成本生产优质产品；

（3）负责菜单的筹划和更新工作，不断更新和丰富菜品；

（4）负责菜品出品质量的检查控制工作，亲自烹制高规格及重要宾客的菜肴；

（5）定期总结分析厨房运行状况，改进生产工艺，准确控制成本，不断提高厨房的生产质量和经济效益；

（6）定期召开厨房工作会议，听取各厨房领班的工作汇报，及时处理运行中出现的问题；

（7）巡视各岗位出勤、班次安排和工作职责的执行情况；

（8）检查厨房用具及设备设施的清洁、安全及完全情况，指导厨房人员对设备用具进行科学管理；

（9）检查厨房食品及其环境的清洁卫生状况；

（10）配合总部研发部门进行新菜品的开发工作；

（11）协助组织厨房部员工的培训工作，定期对下属进行绩效考核，并提出奖惩建议；

（12）做好厨房部员工的内部协调工作及厨房部与其他部门的沟通工作，根据各厨师的业务能力和技术专长，决定各岗位的人员安排和工作调动；

（13）完成上级领导交付的其他任务。

（四）会计

会计主要负责连锁店的会计核算和财务管理工作。具体包括：

（1）拟定连锁店的财务会计制度并监督执行；

（2）组织连锁店的财务预算工作；

（3）负责连锁店日常的会计核算工作；

（4）负责连锁店的资金管理、成本费用管理等财务管理工组；

（5）编制财务报表；

（6）进行财务分析，为连锁店经理提供经营管理的决策依据。

二、外派人员的外部招聘

（一）外部招聘的渠道

外派人员的外部招聘根据其岗位和级别的不同采取相应的招聘渠道组合。具体招聘渠道如下图所示。

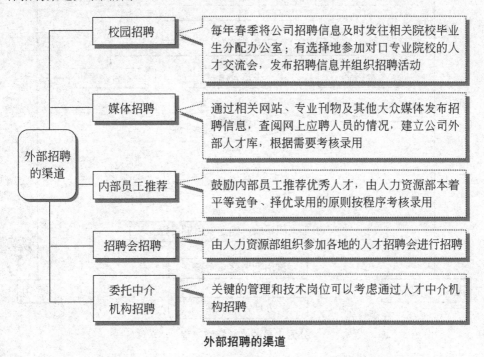

外部招聘的渠道

（二）外部招聘的流程

外派人员的外部招聘流程如下图所示。

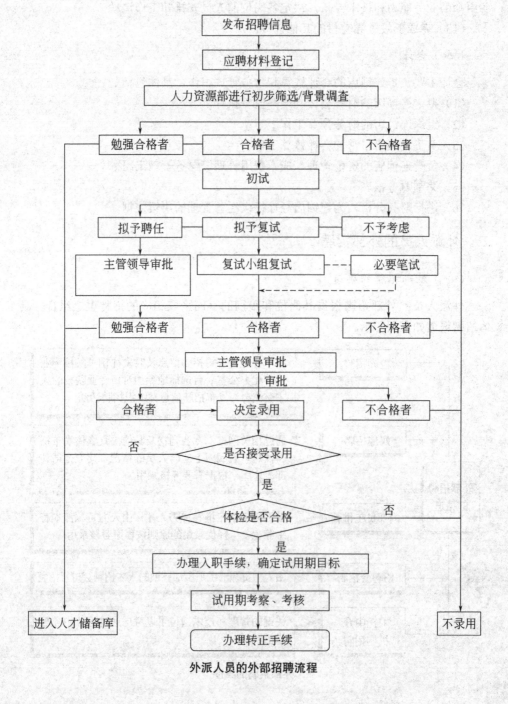

外派人员的外部招聘流程

1. 发布招聘信息

根据选定的招聘渠道，采用适当方式发布招聘信息。

2. 初步筛选

结合招聘岗位的要求，由人力资源部会同连锁企业管理部根据应聘者的简历和求职资料进行初选，并根据收集到的求职者信息建立外部人才库。

3. 初试

人力资源部向初选合格的求职者发面试通知，并要求其面试时提供学历证书、身份证等相关证件的原件。初试由人力资源部人员（主试人）和连锁企业管理部人员共同组成。人力资源部对应聘人员的智力、品德和综合素质进行初试和评价，连锁企业管理部人员对应聘人员的工作经验与能力进行初试和评价。

主试人组织具体的初试工作，做好初试记录工作，并在"应聘人员初试测评表"意见栏中填写初步面试意见。初试结果分为三种：拟予聘任、不予考虑、拟予复试。人力资源部将"拟予聘任"的人员报招聘部门分管领导审核批准，"拟予复试"的人员由人力资源部组织复试。

4. 复试

（1）成立复试小组　复试小组一般由以下三方面人员组成：连锁企业管理部人员；人力资源部经理或人力资源部其他相关人员；资深专业人士。应聘连锁店经理的人员应由公司领导进行面试，人力资源部负责协调。

（2）复试的实施　复试小组成员填写复试记录表，表明对应聘者的评语及结论。复试结束后，小组成员讨论对各应聘者的意见并分别将评价结果填写在复试结果呈报表上，送达人力资源部备案，作为下一步行动的依据。当小组成员未能达成一致结论时，提交总经理决定。

重要岗位的复试可以考虑采取笔试的形式，由人力资源部和连锁经营管理部共同组织进行。

5. 复审

通过复试的应聘人员由连锁企业管理部经理进行审核，并签署意见。所有拟录用的人员都应经总经理签字批准。

6. 录用

人力资源部根据拟录用人员体检结果，对体检合格者办理录用手续。对社会应聘人员发试用通知书，并到相应劳动部门办理劳动手续；对被录用的应届毕业生向其所在高校发接受函，签订就业协议书。同时，人力资源部将面试结果通知落选的应聘者。

7. 报到

被录用人员必须在规定时间内到公司报到。如在发出录用通知15天内不能正常报到者，可取消其录用资格。特殊情况经批准后可延期报到。

被录用的人员到公司报到后，需向人力资源部提供个人学历复印件备案，同时签订劳动合同。被录用人必须保证向公司提供的资料真实无误，一经发现虚报或伪造，公司有权立即将其辞退。

三、外派人员的内部选拔与储备

（一）外派人员选拔的组织者与职责

连锁总部应成立外派人员选拔委员会，由经理级管理人员组成，由总经理任组长。外派人员选拔委员会的主要职责是：

(1) 指导外派人员选拔工作的进行。

(2) 审批外派人员选拔的结果。

(3) 处理纠纷与申诉。

（二）外派人员的选择标准

1. 外派连锁店总经理的标准

(1) 具有强烈的事业心和责任感，忠于企业，工作认真，讲究效率，坚持原则，不谋私利，处事公正，知人善任。

(2) 具有丰富的餐饮服务业管理经验，包括餐厅服务、成本控制、后厨管理、市场营销、设备维护等方面的管理知识与经验。

(3) 具有很强的组织管理能力，能够科学地制订工作计划，有效控制成本，合理安排工作，督导各种规范与标准的执行。

(4) 具有很强的口头表达能力与撰写业务报告的能力。

(5) 具有大专以上的学历，受过系统的餐饮管理培训，有5年以上的餐饮管理经验。

(6) 身体健康，精力充沛。

2. 外派前厅经理的标准

(1) 具有较强的事业心和责任感，工作认真踏实，对人对事公正严明。

(2) 熟练掌握餐饮管理与服务的专业知识和技能。

(3) 具有较强的组织管理能力，能制定各种餐饮服务规范和服务程序，并组织员工认真贯彻执行。

(4) 具有妥善处理客户投诉及其他突发事件的能力。

(5) 具有大专以上学历，受过中级以上餐饮管理专业培训，有3年以上的餐厅管理经历。

(6) 身体健康，精力充沛，无传染性疾病。

3.外派总厨师长的标准

（1）具有较强的事业心、责任心和良好的个人素质。

（2）熟悉各厨房生产的工艺流程，全面掌握中餐生产制作方法，并有一技之长。

（3）具有较强的组织管理能力和全面的厨房成本核算及控制能力。

（4）具有中专以上学历，有3年以上从事厨房全面管理工作经历，已达高级烹调师水平。

（5）身体健康，仪表端庄。

4.外派会计的标准

（1）具有较强的事业心、责任心和良好的个人素质。

（2）熟练掌握财务、会计及税务知识。

（3）具有丰富的财务会计实践经验。

（4）具有中专以上学历，有3年以上财务工作经历。

（5）身体健康，精力充沛。

（三）外派人员的选拔程序

外派人员的选拔可采用公开竞聘的方式。外派人员的选拔程序如下图所示。

步骤一	机构设立

除外派人员选拔委员会外，设立外派人员选拔工作组。外派人员选拔工作组由人力资源部相关人员组成
外派人员选拔工作组的职责如下
(1) 发布外派人员选拔信息，安排选拔日程
(2) 接受申请人报名
(3) 审查申请人资格，确定答辩人名单，通知答辩人准备答辩
(4) 组织答辩工作，安排答辩场所和答辩时间
(5) 向外派人员小组上报答辩结果
(6) 公布外派人员选拔结果

步骤二	发布信息

外派人员选拔工作组通过公司文件向全公司发布外派人员选拔信息。规定申请人应具备的资格和上报资料的内容、时间及地点。同时应公布外派人员选拔的日程安排

步骤三 报名

全公司员工均可依据各外派岗位的资格要求和自身情况，向外派人员选拔工作组索取申请表格报名，并提供所要求的资料

步骤四 审查

外派人员选拔工作组在收取报名资料截止日后的两个工作日内完成对报名人的资格审查，确定答辩人员名单

步骤五 通知

外派人员选拔工作组通知通过审查的人员参加答辩前的问卷测试，并在答辩前一周通知参加答辩。通知内容包括答辩人员分组情况、答辩的时间、地点及其他相关事项

步骤六 答辩

外派人员选拔工作组织答辩。答辩过程为：申请人自述、考官提问和观众提问等。外派人员选拔委员会成员填写答辩评分表，外派人员选拔工作组依据答辩评分表填写答辩结果呈报表

步骤七 上报答辩结果

外派人员选拔工作组将答辩结果上报外派人员选拔委员会，委员会讨论决定人选

步骤八 聘任、公布结果

总经理签署文件做出新的聘任决定。外派人员选拔工作组通过内部网、内部报刊、橱窗等媒体公告聘任结果

步骤九 办理有关调动手续

接到聘任通知后，相关人员应在一周内完成工作交接，其中离任人员应主动按要求办理交接手续。人力资源部负责办理相关调动手续

外派人员的选拔程序

(四）外派人员派出前的储备

内部选拔的外派人员确定后即归人力资源部管理。人力资源部协调教育培训部对其进行相应的培训。培训后根据实际情况进行管理，如有外派的机会即外派至各连锁店，则转由连锁企业管理部管理，如暂无外派的机会则由人力资源部进行储备，负责其管理日常的活动，包括继续培训、连锁店实习及外出学习等。

外派人员内部选拔公告

编号：

公告日期：＿＿年＿月＿日

公司决定在公司范围内进行外派人员的选拔，岗位为＿＿＿，职级为＿＿＿。此职位对全公司员工开放。

薪金支付水平：
最低：＿＿＿＿＿　最高：＿＿＿＿＿

岗位职责及资格技能要求：
（参见所附职务说明书）

可优先考虑的技术和能力。
（这些技术和能力将使候选人更具竞争力）

招聘程序如下。
1. 申请人于＿＿＿年＿月＿日前将填好的申请表连同截至目前的履历表交至＿＿＿（某部门、某人）。
2. （　　　）部审查资格，对申请人进行初步筛选。
3. （　　　）组织初选合格的申请人参加答辩（或面试）及必要的测试。
4. （　　　）根据答辩（或面试）及测试结果决定拟聘人选。
5. 选拔结果将于＿＿＿年＿月＿日前公布。

人力资源部
年　月　日

外派人员内部选拔申请表

申请人姓名		申请日期	年　月　日
申请岗位		目前岗位	
过去工作总结：			
申请岗位工作展望：			
本人具备的资格：			
审查意见：			

外派人员内部选拔答辩结果呈报表

申请岗位			
答辩人	答辩总分		答辩均分
填表人		工作组负责人	

四、外派人员的培训与派出

（一）外派人员培训的目的

（1）保证×××产品与服务的一致性，维护×××产品与服务的质量。

（2）提高外派员工的专业技能与相关知识。

（3）保证外派人员在连锁店顺利开展工作。

（二）外派人员培训的机构

1. 外派人员培训的机构与职责

连锁总部教育培训部负责外派人员培训活动的计划和控制。其主要职责是：

（1）外派人员培训制度的拟定及修改；

（2）外派人员培训计划的拟定；

（3）向培训中心下达外派人员培训计划；

（4）建立×××连锁经营外派人员培训工作档案；

（5）建立连锁店外派人员培训档案。

2. 培训中心

培训中心主要负责外派人员培训计划的执行与培训活动的具体实施。其主要职责是：

（1）外派人员培训实施方案的拟定；

（2）各项外派人员培训计划费用预算的拟定；

（3）各项外派人员培训课程的拟定；

（4）聘请培训师；

（5）外派人员培训课程的举办；

（6）部分外派人员培训教材的编撰与修改；

（7）外派人员培训实施情况的督导、追踪与考核；

（8）外派人员培训评估的组织；

（9）外派人员培训相关档案的整理与上报。

（三）外派人员培训的内容

请参见本章第二节"连锁经营培训管理"的相关内容。

（四）外派人员的派出管理

外派人员通过培训后，人力资源部视实际情况进行管理。如果暂时没有外派的机会，则由人力资源部管理；如果存在外派的机会，由连锁企业管理部提出申请，人力资源部整理相关人员资料上报总经理审批经审批后向各连锁店外派人员，外派人员外派至连锁店后转由连锁企业管理部进行管理。

五、外派人员的考核管理

（一）考核目的

（1）通过客观评价外派人员的工作绩效、工作能力和态度，帮助外派人员提升自身工作水平，从而有利于各连锁整体绩效水平的提高。

（2）通过考核充分发挥外派人员工作的积极性与创造性。

（3）通过考核规范外派人员的作业流程，提升连锁店的经营管理水平。

（二）考核周期

对外派人员的考核可分为季度考核和年度考核。其中季度考核于下一季度初第一个月的1～15日内完成，年度考核于次年元月16～30日完成。

（三）考核维度

考核维度包括三个方面，如下图所示。

方面一	绩效
	具体可包括任务绩效、管理绩效和周边绩效。任务绩效主要体现各外派人员本职工作的完成情况，标准可参照连锁总部为各外派岗位设立的岗位任务绩效指标

方面二	能力
	指被考核人完成各项专业性活动所具备的特殊能力和岗位所需要的素质能力。能力维度可分为素质能力和知识能力。其中素质能力包括人际交往能力、领导能力、沟通能力、判断与决策能力、计划与执行能力等

方面三	态度
	指被考核人对待工作的态度。具体可包括积极性、纪律性、责任心和协作度等

考核维度

（四）考核机构与职责

1. 考核管理委员会职责

由连锁总部总经理、连锁企业管理部经理、人力资源部经理等组成公司考核管理委员会，领导考核工作，承担以下职责：

（1）最终考核结果的审批；

（2）外派人员考核等级综合评定的审批；

（3）考核申诉的最终处理。

2. 连锁总部人力资源部职责

作为外派人员考核工作具体的组织执行机构，主要负责：

（1）外派人员考核工作的计划与实施；

（2）对考核过程进行监督与检查；

（3）汇总统计考核评分结果；

（4）协调、处理各级外派人员关于考核申诉的具体工作；

（5）对外派人员季度、年度考核工作情况进行通报；

（6）对考核过程中不规范行为进行纠正、指导与处罚；

（7）建立外派人员考核档案，作为薪酬调整、职务升降、岗位调动培训、奖励惩戒等的依据。

3. 连锁总部连锁企业管理部职责

（1）协助人力资源部负责外派人员考核工作的整体组织及监督管理；

（2）负责处理外派人员关于考核工作的申诉；

（3）负责对外派连锁店总经理的考核评分；

（4）负责外派人员的考核结果反馈，并帮助员工制订改进计划。

（五）考核的程序

1. 季度考核

（1）每季度第一个月的1日，人力资源部向各考核人发放外派人员季度考核评分表。

季度考核中对于外派管理人员主要考核任务绩效与管理绩效。外派连锁店总经理由连锁企业管理部考核，其他外派管理人员由所在店的总经理进行考核。

对于外派一般人员主要考核任务绩效与态度绩效。能力指标是一项长期指标，建议在年度考核中一次使用。外派一般人员由其直接上级进行考核。

表格具体内容参见"外派连锁店管理人员季度考核评分表""外派连锁店一般员工季度考核评分表"等。

（2）各考核人对被考核人进行考核评分。

考核评分表中的所有考核指标均按照A、B、C、D四个等级评分，具体定义和对应关系如下表所示。

评分等级定义表

等级	A	B	C	D
定义	超出目标	达到目标	接近目标	远低于目标
得分/分	100	85	70	50

（3）人力资源部通过加权计算个人考核统计表中的考核指标得分与考核维度得分，得到被考核人的个人综合得分，并填制考核统计表。统计表的具体内容参见"外派连锁店管理人员季度考核统计表""外派连锁店一般员工季度考核统计表"等。

（4）人力资源部根据外派人员的综合得分确定被考核人的考核得分系数。该考核得分系数将作为外派人员月度绩效奖金与年终奖的发放依据。综合得分与个人得分系数的对应关系可参照下表。

综合得分/分	90~100	80~90	70~80	60~70	60以下
个人得分系数	1.0	0.8	0.6		

（5）人力资源部将所有外派人员的综合评定结果整理汇总后上报考核管理委员会，经考核管理委员会审批后反馈到连锁企业管理部，再由连锁企业管理部将最终考核结果反馈给被考核的外派人员。

（6）被考评者对考评结果持有异议或不清楚，可以直接到连锁企业管理部询问，若仍有异议，可向人力资源部提出书面申诉，申诉内容包括申诉事项和理由。由人力资源部转呈考核管理委员会进行仲裁。

（7）季度考核的具体流程如右图所示。

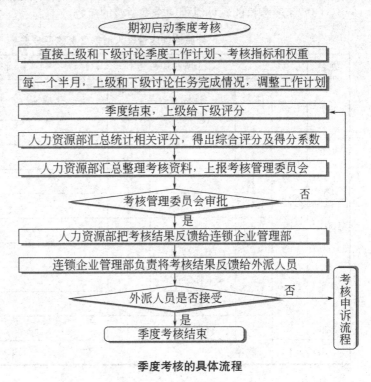

季度考核的具体流程

2. 年度考核

（1）每年的1月16日，人力资源部向各考核人发放外派人员年度考核评分表。

年度考核中，对于外派连锁店总经理，主要考核能力。季度考核中的任务绩效、管理绩效数据作为年度考核的基础数据，以一定的权重进入年度考核中。外派连锁店总经理的能力由连锁企业管理部经理和其直接下级进行考核。

对于外派一般管理人员，主要考核周边绩效与能力。季度考核的任务绩效、管理绩效数据作为年度考核的基础数据，以一定的权重进入年度考核中。周边绩效由被考核人的同级进行考核，被考核人的能力由连锁店总经理和其直接下级进行考核。

对于外派一般员工，主要考核能力。季度考核的任务绩效、态度考核数据作为年度考核的基础数据，以一定的权重进入年度考核中。被考核人的能力由其直接上级进行考核。

表格具体内容参见"外派连锁店总经理年度考核评分表""外派连锁店一般管理人员年度考核评分表""外派连锁店一般员工年度考核评分表"等。

（2）年度考核的其他程序同季度考核。统计表具体内容参见"外派连锁店总经理年度考核统计表""外派连锁店一般管理人员年度考核统计表""外派连锁店一般员工年度考核统计表"等。

（3）年度考核的具体流程同季度考核的流程。

外派连锁店管理人员季度考核评分表

姓名			所在连锁店			职务			
		序号	指标	权重/%	完成情况	A	B	C	D
绩效100%	任务绩效80%	1		16					
		2		16					
		3		16					
		4		16					
		5		16					
	管理绩效20%	1	沟通效果	5					
		2	工作分配	5					
		3	下属发展	5					
		4	管理力度	5					
考核人		签字：			年　月　日				

外派连锁店一般员工季度考核评分表

	被考核人姓名		所在连锁店			岗位			
	序号	指标	权重/%	完成情况		A	B	C	D
任务绩效 80%	1		16						
	2		16						
	3		16						
	4		16						
	5		16						
态度 20%	1	积极性	5						
	2	协作性	5						
	3	责任心	5						
	4	纪律性	5						
考核人	签字：			年　月　日					

外派连锁店管理人员季度考核统计表

被考核人姓名：　　　　所在连锁店：　　　　职务：

考核项		上级评分
任务绩效 80%	1（16%）	
	2（16%）	
	3（16%）	
	4（16%）	
	5（16%）	
	加权合计	$A_1=$
管理绩效 20%	1（5%）	
	2（5%）	
	3（5%）	
	4（5%）	
	加权合计	$A_2=$
季度考核综合得分（A_1+A_2）		
季度考核得分系数		
备注		

外派连锁店一般员工季度考核统计表

被考核人姓名：　　　　　所在连锁店：　　　　　岗位：

考核项		上级评分
任务绩效 80%	1（16%）	
	2（16%）	
	3（16%）	
	4（16%）	
	5（16%）	
	加权合计	$A_1=$
态度 20%	1（5%）	
	2（5%）	
	3（5%）	
	4（5%）	
	加权合计	$A_2=$
季度考核综合得分（A_1+A_2）		
季度考核得分系数		
备注		

外派连锁店总经理年度考核评分表——直接上级

姓名		所在连锁店		职务				
	序号	要素		权重/%	A	B	C	D
综合素质能力 10%	1							
	2							
	3							
	4							
	5							
	6							
	7							
	8							
考核人	签字：			年　　月　　日				

外派连锁店总经理年度考核评分表——直接下级

姓名			所在连锁店		职务				
综合素质能力 10%	序号	要素			权重/%	A	B	C	D
	1								
	2								
	3								
	4								
	5								
	6								
	7								
考核人		签字：			年 月 日				

外派连锁店总经理年度考核统计表

	考核项	上级评分	下级评分	同级评分	本项得分
季度得分 80%	第一季度（17.5%）				
	第二季度（17.5%）				
	第三季度（17.5%）				
	第四季度（17.5%）				
	加权合计				$F_1=$
综合素质能力 20%	1（2%）				
	2（2%）				
	3（2%）				
	4（2%）				
	5（3%）				
	6（3%）				
	7（3%）				
	8（3%）				
	加权合计	$A_2=$	$B_2=$		$F_2=A_2+B_2$
	年度总分$=F_1+F_2$				
年度考核得分系数：					

注：能力素质的每项指标评分取该项指标包括的全部因素分值的平均值。

外派连锁店一般管理人员年度考核评分表——同级

考核人姓名		所在连锁店			职务																	
	序号	指标	部门一：				部门二：				部门三：				部门四：				部门五：			
			A	B	C	D	A	B	C	D	A	B	C	D	A	B	C	D	A	B	C	D
周边绩效 10%	1	主动性2%																				
	2	响应时间2%																				
	3	解决问题时间2%																				
	4	信息反馈及时2%																				
	5	服务质量2%																				
考核人		签字：							年		月		日									

注：1.周边绩效考评主体为与被考核人业务关系较为密切的部门负责人。
2.部门一、部门二等要标示出各岗位名称。

外派连锁店一般管理人员年度考核评分表——直接上级

姓名		所在连锁店		职务				
	序号	要素		权重/%	A	B	C	D
综合素质能力 10%	1							
	2							
	3							
	4							
	5							
	6							
	7							
	8							
考核人		签字：		年	月	日		

外派连锁店一般管理人员年度考核评分表——直接下级

姓名		所在连锁店		职务				
	序号	要素		权重/%	A	B	C	D
综合素质能力 10%	1							
	2							
	3							
	4							
	5							
	6							
	7							
	8							
考核人		签字：			年　月　日			

外派连锁店一般管理人员年度考核统计表

被考核人姓名：　　　　所在连锁店：　　　　职务：

考核项		上级评分	下级评分	同级评分	本项得分
季度得分 70%	第一季度（17.5%）				
	第二季度（17.5%）				
	第三季度（17.5%）				
	第四季度（17.5%）				
	加权合计				$F_1=$
周边绩效 10%	1（2%）				
	2（2%）				
	3（2%）				
	4（2%）				
	5（2%）				
	加权合计			$C_2=$	$F_2=C_2$

续表

考核项		上级评分	下级评分	同级评分	本项得分
综合素质能力 20%	1（2%）				
	2（2%）				
	3（2%）				
	4（2%）				
	5（3%）				
	6（3%）				
	7（3%）				
	8（3%）				
	加权合计	$A_3=$	$B_3=$		$F_3=A_3+B_3$
年度总分$=F_1+F_2+F_3$					
年度考核得分系数：					

注：能力素质的每项指标评分取该项指标包括的全部因素分值的平均值。阴影部分为免填项。

外派连锁店一般员工年度考核评分表——直接上级

姓名			所在连锁店		岗位			
	序号		要素		权重/%	A	B	C	D
综合素质能力 20%	1								
	2								
	3								
	4								
	5								
	6								
	7								
	8								
考核人		签字：			年　月　日				

外派连锁店一般员工年度考核统计表

考核项		上级评分	下级评分	同级评分	本项得分
季度得分80%	第一季度（20%）				
	第二季度（20%）				
	第三季度（20%）				
	第四季度（20%）				
	加权合计				$F_1=$
综合素质能力20%	1（2%）				
	2（2%）				
	3（2%）				
	4（2%）				
	5（3%）				
	6（3%）				
	7（3%）				
	8（3%）				
	加权合计	$A_2=$			$F_2=A_2$
年度总分=F_1+F_2					
年度考核得分系数：					

注：能力素质的每项指标评分取该项指标包括的全部因素分值的平均值。阴影部分为免填项。

六、外派人员的回任管理

外派人员因合同到期、个人提出离任申请及未通过连锁总部考核等原因调回总部，由人力资源部进行管理，即外派人员的回任管理。

（一）合同到期的外派人员

（1）对于合同到期的外派人员，人力资源部可组织其填写就职意向表：继续担任外派职务或申请到其他部门工作，并上报总经理审批。

（2）人力资源部根据总经理的审批意见进行外派或安排其至相应的部门就职。

（3）如果暂时没有机会，则由人力资源部继续进行管理，负责其日常的活动，包括继续培训及外出学习等。

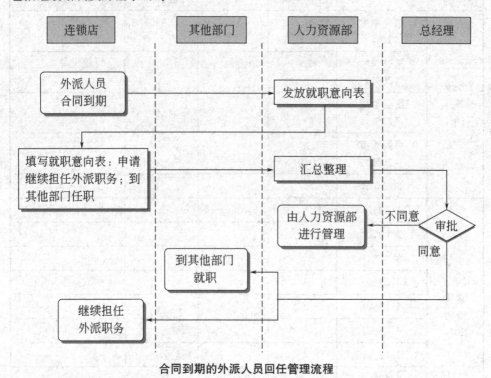

合同到期的外派人员回任管理流程

外派人员回任意向表

姓名		性别		出生日期		年龄	
所在连锁店				到职日期			
职　称				学历			
现任工作内容							
回调原因	□合同期满 □个人申请　请注明详细原因：_____ □考核不合格						
个人意向							
现任上级意见							
拟调任部门意见							
总经理意见							

(二)外派人员因个人原因提出离职申请

(1) 对于因个人原因提出离职并得到批准的外派人员,人力资源部可组织其填写意向表:申请其他外派岗位、其他部门或请假,并上报总经理审批。

(2) 人力资源部根据总经理的审批意见进行外派、安排其至相应的部门就职或办理请假手续。

(3) 如果暂时没有机会,则由人力资源部继续进行管理,负责其管理日常的活动,包括继续培训及外出学习等。

外派人员因个人原因提出离职申请的管理流程如下图所示。

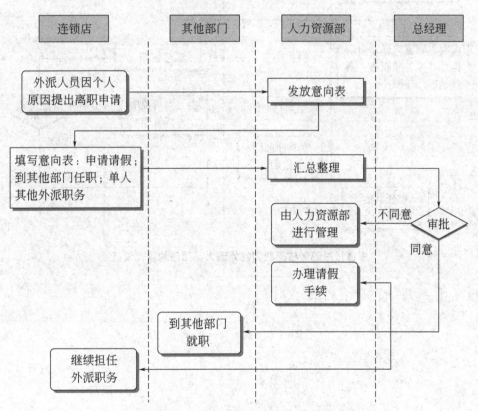

外派人员因个人原因提出离职申请的管理流程

(三)未通过总部考核而调回的外派人员

(1) 对于因未通过总部考核而调回的外派人员,人力资源部可组织其填写意向表:申请其他外派岗位或其他部门,并连同其考核资料一同上交总经理进行审批。

(2) 人力资源部根据总经理的审批意见进行外派,安排其至相应的部门就职或办理开除手续。

（3）如果暂时没有机会，则由人力资源部继续进行管理，负责其管理日常的活动，包括继续培训及外出学习等。

未通过总部考核而调回的外派人员回任管理流程如下图所示。

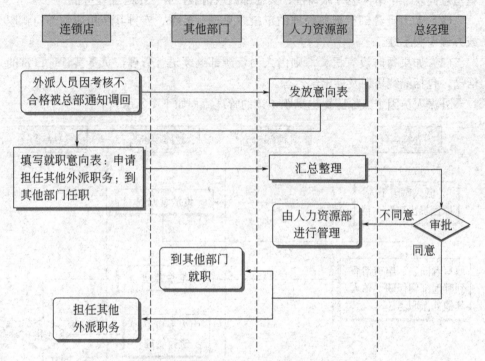

未通过总部考核而调回的外派人员回任的管理流程